❧ Mil dias em Veneza

Mil dias em Veneza

Marlena de Blasi

SEXTANTE

Título original: *A Thousand Days in Venice: An Unexpected Romance*
Copyright © 2002 por Marlena de Blasi
Copyright da tradução © 2010 por GMT Editores Ltda.
Publicado em acordo com Algonquin Books of Chapel Hill, uma divisão da
Workman Publishing Company, Nova York.
Copyright do Reader's Guide © 2003 por Marlena de Blasi e The Random House Publishing Group, uma divisão da Random House, Inc.
Copyright do Guia Romântico de Veneza © 2002 por *The Algonkian*
Todos os direitos reservados. Nenhuma parte deste livro pode ser utilizada
ou reproduzida sob quaisquer meios existentes sem autorização por escrito
dos editores.

TRADUÇÃO: Fernanda Abreu
PREPARO DE ORIGINAIS: Rachel Agavino
REVISÃO: Cristhiane Ruiz, Giuliana Alonso e Sheila Til
PROJETO GRÁFICO E DIAGRAMAÇÃO: Marcia Raed
CAPA: Raul Fernandes
IMPRESSÃO E ACABAMENTO: Bartira Gráfica e Editora S/A

CIP-BRASIL. CATALOGAÇÃO-NA-FONTE
SINDICATO NACIONAL DOS EDITORES DE LIVROS, RJ

D33c

De Blasi, Marlena
    Mil dias em Veneza / Marlena de Blasi [tradução de Fernanda Abreu]. Rio
de Janeiro: Sextante, 2010.

    Tradução de: A thousand days in Venice
    ISBN 978-85-7542-560-2

    1. De Blasi, Marlena - Residências e lugares habituais - Veneza (Itália).
2. Veneza (Itália) - Usos e costumes. 3. Veneza (Itália) - Descrições e viagens.
I. Título. II. Título: Mil dias em Veneza.

                                              CDD: 914.531
10-1496   CDU: 913(450.341)

Todos os direitos reservados, no Brasil, por
GMT Editores Ltda.
Rua Voluntários da Pátria, 45/1.404 – Botafogo
22270-000 – Rio de Janeiro – RJ
Tel.: (21) 2538-4100 – Fax: (21) 2286-9244
E-mail: atendimento@esextante.com.br
www.sextante.com.br

Para a filhinha de Walton Amos,
Virginia Anderson Amos, que cresceu e
se tornou uma linda mulher, repleta da graça
e do amor de Deus, e a quem tenho a honra
de chamar de minha amiga querida.

~

Para C.D., Lisa e Erich, meus primeiros e eternos amores.

~

Para o veneziano de olhos cor de mirtilo que soube esperar.

SUMÁRIO

Prólogo

VENEZA, 1989

*C*ontinuo sentada em meu lugar por um longo tempo depois de o trem entrar ruidosamente na plataforma da estação de Santa Lucia. *Passo uma nova camada de batom vermelho nos lábios, ponho um cloche de feltro azul, puxando-o até as sobrancelhas, e tento desamarrotar a saia. Penso por um instante na história que contei para o taxista mais cedo nesta mesma manhã, ainda em Roma. Ele me perguntou:*

— Ma dove vai in questo giorno cosí splendido? Mas para onde a senhora vai neste dia tão esplêndido?

— Tenho um encontro em Veneza — respondi com malícia, sabendo que a ideia iria agradá-lo.

Depois de me observar arrastar a volumosa mala preta com uma das rodas amassada até a curva das portas da estação de trem, ele jogou um beijo para mim e gritou:

— Porta un mio abbraccio a la bella Venezia. Mande meu abraço à bela Veneza.

Até os taxistas romanos são apaixonados por Veneza! Todo mundo ama esta cidade. Todo mundo menos eu. Nunca estive em Veneza, pois sempre fui indiferente à ideia de ficar passeando por todos os seus torpores iridescentes. Mas talvez o que eu disse ao taxista seja verdade. Curiosamente, estou me comportando como uma mulher a caminho de um encontro amoroso. Agora que finalmente cheguei aqui, porém, gostaria de poder desdenhar novamente a Velha Senhora de Bizâncio.

Desço do trem já vazio, puxo minha mala pela plataforma depois de chutar a roda quebrada para encorajá-la e passo pelo tumulto da estação, entre vendedores que oferecem água, táxis e hotéis, e viajantes tomados pela aflição das chegadas e partidas. As portas estão abertas e saio para a luz úmida e rosada pisando um lance de degraus baixos e compridos. A água cintila lá embaixo no canal. Não sei para onde olhar. A Veneza das histórias é real e se estende à minha frente. Com chapéus de palha e camisas listradas, os gondolieri são esculturas de si mesmos afixadas à popa de lustrosas embarcações negras sob um sol redondo e amarelo. À esquerda fica a Ponte dos Descalços, e a bela fachada da igreja de San Simeone Piccolo abençoa os visitantes do outro lado do canal. Veneza é toda esgarçada, remendada, linda de morrer e, qual uma feiticeira, me desarma e me tira o fôlego.

Eu espero o vaporetto, o ônibus aquático, linha 1, e a embarcação vai subindo pian piano o canal, parando 14 vezes entre a estação de trem e San Zaccaria, próximo à Piazza San Marco. Junto minha mala à grande pilha de bagagens no convés e sigo até a proa, esperando conseguir um lugar ao ar livre. Os bancos estão todos ocupados, a não ser por uns poucos centímetros sobre os quais repousa a bolsa de uma japonesa. Eu sorrio, ela recolhe a Fendi, e eu sigo em meio a ventos gelados por aquela surpreendente via. É estranho pensar que essa embarcação se tornaria meu transporte habitual, e essa água, meu caminho diário para sair de casa e ir comprar verduras, encontrar um vestido de casamento, ir ao dentista, acender uma vela em uma igreja de 1.000 anos de idade.

Ao longo da riva equilibram-se os palácios, delicadas fachadas bizantinas e góticas, o Renascimento, o Barroco, todos em uma sucessão melancólica, um colado ao outro. Acho que é para esconder melhor os segredos. Quando nos aproximamos da Ponte di Rialto, o ponto mais próximo do meu hotel, não me sinto pronta para desembarcar. Permaneço a bordo até San Zaccaria e deixo a plataforma de embarque em direção ao campanile, o campanário. Aguardo alguns instantes, prestando atenção às badaladas do La Marangona, o mais antigo dos sinos de San

Marco, aquele cujo toque solene e grave marcou, durante 15 séculos, o início e o fim do dia de trabalho dos artesãos venezianos. Houve um tempo em que o sino alertava sobre a aproximação de um inimigo, saudava um rei em visita e anunciava a morte de um doge. Alguns dizem que ele dobra de acordo com sua própria vontade e que, se alguém chega a Veneza quando estão soando suas grandiosas e nobres badaladas, isso é sinal de que essa pessoa tem uma alma veneziana, de que o velho sino se lembra dela de alguma outra ocasião. A primeira vez que um amigo me contou essa história, anos atrás, perguntei a ele como é que se poderia saber para quem o sino estava tocando se 600 pessoas estivessem passando ao mesmo tempo. "Não se preocupe", respondeu ele, "o sino nunca vai tocar para você."

De fato, La Marangona continua em silêncio quando me posto diante da torre. Não me viro para olhar para a basílica que está bem atrás de mim. Não percorro os poucos metros até a grande piazza. Não estou pronta ainda. Pronta para o quê? Digo a mim mesma que é simplesmente impossível entrar naquele que é considerado o mais divino salão do mundo toda dessarrumada e carregando uma mala quebrada. Dou meia-volta, pego o vaporetto seguinte na direção da estação e desço em Rialto. Por que meu coração está disparado? Ao mesmo tempo que agora Veneza me atrai, também desperta minha desconfiança.

I

Signora, telefone

A pequena sala está repleta de turistas alemães, alguns ingleses e uma ou duas mesas de moradores da cidade. É dia 6 de novembro de 1993, e cheguei a Veneza esta manhã mesmo, com dois amigos. Nós estamos conversando baixinho e bebericando um Amarone. O tempo passa e a sala vai se esvaziando, mas noto que uma das mesas, a mais distante de nós, permanece ocupada. Posso sentir o olhar suave e não invasivo de um dos quatro homens ali sentados. Curvo os ombros para dentro em direção à minha taça de vinho, sem realmente olhar para ele. Logo os quatro vão embora, e nós três ficamos sozinhos na sala. Alguns minutos depois um garçom se aproxima para dizer que há uma ligação para mim. Nós ainda nem avisamos aos amigos sobre a nossa chegada e, mesmo que alguém soubesse que estamos em Veneza, não teria como saber que estamos almoçando no Vino Vino. Digo ao garçom que ele está enganado.

– *No, signora. Il telefono è per lei* – insiste ele.

– *Pronto* – digo no velho aparelho de parede cor de laranja que recende a fumaça e água de colônia masculina.

– *Pronto.* Será que a senhora poderia me encontrar amanhã nessa mesma hora? É muito importante para mim – diz, em italiano, uma voz grave e articulada que nunca ouvi na vida.

No curto silêncio que se segue, acabo entendendo, não sei como, que a voz é de um dos homens que acabaram de sair do restaurante minutos antes. Embora tenha compreendido bastante bem o que ele disse, sou incapaz de responder em italiano. Balbucio algum híbrido linguístico do tipo:

– *No, grazie.* Eu nem conheço o senhor. – E penso que a voz dele me agrada muito.

No dia seguinte, decidimos voltar ao Vino Vino, que fica perto do nosso hotel. Não penso no homem de voz bonita. Mas ele está no restaurante, dessa vez sem os amigos, e é bem parecido com Peter Sellers. Ambos sorrimos. Eu vou me sentar com meus amigos, e ele, parecendo não saber muito bem como nos abordar, vira-se e sai. Alguns segundos se passam até que o mesmo garçom, agora se sentindo parte de algum acontecimento importante, chega perto de mim e diz, olhando bem nos meus olhos:

– *Signora, il telefono è per lei.* – Então se repete a mesma cena do dia anterior.

Vou até o telefone, e a bela voz se põe a falar com um inglês muito estudado, talvez achando que eu não tivesse entendido seu idioma na véspera:

– A senhora poderia me encontrar amanhã, sozinha?

– Acho que não – respondo, atrapalhada. – Acho que vou para Nápoles.

– Ah – é tudo o que a bela voz consegue dizer.

– Sinto muito – digo antes de desligar.

Nós não vamos a Nápoles no dia seguinte nem no outro. Vamos, isso sim, almoçar no mesmo restaurante, e Peter Sellers está sempre lá. Nunca nos falamos cara a cara. Ele sempre telefona. E eu sempre lhe digo que não posso me encontrar com ele. No quinto dia, uma sexta-feira, nosso último dia inteiro em Veneza, meus amigos e eu passamos a manhã no Florian planejando o resto de nossa viagem, tomando Prosecco e doses de um chocolate quente amargo e espesso misturado com Grand Marnier. Decidimos não almoçar e poupar nosso apetite para um jantar de despedida no Harry's Bar. No caminho de volta para o hotel, passamos em frente ao Vino Vino, e lá está

Peter Sellers com o nariz encostado no vidro. Um menino perdido. Paramos um instante na *calle*, e minha amiga Silvia diz:

— Entre lá e fale com ele. Ele tem uma cara boa. Vemos você no hotel.

Sento-me ao lado da cara boa com a bela voz e tomamos um vinho. Conversamos muito pouco, alguma coisa sobre a chuva, acho, e sobre por que não apareci para almoçar naquele dia. Ele me conta que é gerente de uma agência da Banca Commerciale Italiana que fica ali perto, que já é tarde e que só ele tem a chave para abrir o cofre para o expediente depois do almoço. Percebo que a cara boa com a bela voz tem mãos maravilhosas. Elas tremem enquanto ele recolhe suas coisas para ir embora. Combinamos de nos encontrar às seis e meia daquela tarde, ali, no mesmo lugar.

— *Proprio qui*, aqui mesmo — repete ele sem parar.

Volto a pé para o hotel com uma sensação esquisita e passo a tarde inteira relaxando no meu quartinho, seguindo apenas parcialmente minha tradição de ler Thomas Mann na cama. Mesmo depois de tantos anos vindo a Veneza, cada tarde é um ritual. Arrumo sobre a mesa de cabeceira alguns doces deliciosos, alguns biscoitos ou, caso o almoço tenha sido leve, um *panino* crocante que Lino, da *bottega* do outro lado da ponte em frente à minha Pensione Accademia, abriu e recheou com *prosciutto* e depois embrulhou em papel de açougue. Ajeito a colcha sob os braços e abro meu livro. Mas nesse dia passo uma hora lendo a mesma página sem lê-la de fato. E a segunda parte do ritual — aquela em que saio pela cidade para ver as imagens que Mann viu, tocar as pedras que ele tocou — nem sequer chega a acontecer. Nesse dia tudo em que consigo pensar é *nele*.

À noite, a chuva persistente se transforma em temporal, mas estou decidida a ir encontrar o estranho. A água da lagoa sobe em ondas e se derrama pela *riva* em grandes poças de espuma, e a *piazza* é um lago de água negra. O vento parece o hálito das fúrias. Consigo chegar até a segurança aquecida do bar do Hotel Monaco, mas não consigo ir além. A menos de 100 metros do Vino Vino, estou muito perto, mas não consigo chegar lá. Vou até a recepção e peço um catálogo telefônico, mas o restaurante não está na lista. Tento ligar para a *assistenza*, mas o telefonista não localiza nada. O encontro está arruinado e não tenho como entrar em contato com Peter Sellers. Simplesmente não era para ser. Volto para o bar do hotel, onde um garçom chamado Paolo enche com jornais minhas botas encharcadas e as põe junto a um aquecedor com a mesma cerimônia que alguém poderia usar para guardar as joias da coroa. Conheço Paolo desde minha primeira visita a Veneza, quatro anos antes. Só de meias, um pouco nervosa, tomando um chá, fico sentada em cima das dobras molhadas da minha saia, que exala o cheiro úmido de ovelhas na chuva, vendo os raios furiosos e faiscantes rasgarem as nuvens. Penso na primeira vez que estive em Veneza. Meu Deus, como resisti àquela viagem! Eu estava em Roma havia alguns dias e queria ficar lá. Mas acabei dentro de um trem de segunda classe que seguia para o norte.

— A SENHORA ESTÁ INDO PARA VENEZA? *— pergunta uma voz em um italiano hesitante, penetrando meu quase sonho romano.*

Abro os olhos, espio pela janela e vejo que o trem chegou a Tiburtina. Duas jovens alemãs de rosto rosado guardam suas imensas mochilas no bagageiro e deixam cair seus corpos parrudos nos assentos em frente ao meu.

— Estou — finalmente respondo, em inglês, para um espaço entre as duas. — Pela primeira vez — acrescento.

As duas são sérias, tímidas, leem obedientemente o guia Lorenzetti de Veneza e tomam água mineral no vagão quente e abafado enquanto o trem avança e sacoleja pelos campos planos ao redor de Roma e sobe as colinas da Úmbria. Torno a fechar os olhos, tentando encontrar meu lugar na vida de fantasia em Via Giulia na qual ocupava um quarto na mansarda do palazzo *rosa-ocre em frente à Academia de Arte Húngara. Eu decidira que toda sexta-feira iria comer um prato de* tripe *no Da Felice, em Testaccio. Faria compras todas as manhãs no Campo dei Fiori. Abriria uma taverna de 20 lugares no Ghetto, com uma* grande mesa em que comerciantes e artesãos viriam comer a boa comida que eu prepararia para eles. Seria amante de um príncipe corso. Sua pele recenderia a botões de néroli, ele seria tão pobre quanto eu e passearíamos juntos à beira do Tibre, envelhecendo suavemente. Quando começo a juntar as belíssimas partes do rosto do príncipe, a voz da invasora pergunta:

– Por que a senhora está indo a Veneza? Tem amigos lá?

– Não. Não tenho nenhum amigo – respondo. – Acho que estou indo porque nunca estive lá, porque acho que deveria – continuo, mais para mim mesma do que para ela. Por alguns instantes, perco completamente o rosto do príncipe, então contra-ataco: – E vocês, porque estão indo a Veneza?

– Estamos em busca de romance – responde a moça curiosa de forma bem direta.

A minha verdade, ainda mais direta, é que estou indo a Veneza porque estão me mandando até lá colher dados para uma série de artigos. Duas mil e quinhentas palavras sobre os bacari, os tradicionais bares de vinho venezianos; outras duas mil e quinhentas sobre a questão do afundamento gradual da cidade na lagoa; e uma matéria sobre restaurantes chiques. Eu preferiria ter ficado em Roma. Quero voltar para minha estreita cama de madeira verde no estranho cômodo escondido no quarto e último andar do Hotel Adriano. Quero dormir lá, ser acordada pela luz empoeirada do sol entrando pelas frestas das persianas. Gosto do jeito como meu coração bate em Roma, como consigo andar mais rápido e ver melhor. Gosto do fato de me sentir em casa caminhando entre o antigo êxtase de segredos e mentiras daquela cidade. Gosto do fato de ela ter me ensinado que eu não passo de uma scintilla, um brilho passageiro quase imperceptível. E gosto do fato de, na hora do almoço, enquanto degusto alcachofras fritas, já estar pensando no jantar. E, durante o jantar, me lembro dos pêssegos esperando por mim dentro de uma tigela de água fria ao lado da minha cama. Quando o trem avança pela Ponte della Libertà, quase consigo recuperar partes do rosto do príncipe. Abro os olhos e vejo a lagoa.

NA ÉPOCA, EU NUNCA PODERIA imaginar a doçura com que essa linda e velha princesa iria me acolher em sua tribo, como iria reluzir e dançar de um jeito que só ela é capaz, fazendo a manhã explodir com uma luz dourada, encharcando a tarde com as brumas azuladas de um transe. Sorrio para Paolo, um sorriso tribal, uma eloquência tácita. Ele permanece por perto, mantendo cheia a minha xícara de chá. Já passa das onze e meia quando o temporal melhora. Calço as botas endurecidas no formato dos jornais que as recheavam. Coloco o chapéu úmido sobre os cabelos molhados, visto o sobretudo também úmido e me preparo para o trajeto de volta até o hotel. Algo na minha consciência desperta e vai avançando devagarinho. Tento me lembrar se disse ao estranho onde estávamos hospedados. O que está acontecendo comigo? Eu, a inabalável. *Veneza, ao mesmo tempo que me atrai, desperta minha desconfiança.*

Aparentemente, eu lhe disse *sim* o nome do nosso hotel, porque encontro uma série de papeizinhos de recado cor-de-rosa debaixo da minha porta. Ele telefonou a cada meia hora, das sete à meia-noite, e o último recado me avisava que estaria esperando no lobby no hotel ao meio-dia do dia seguinte, exatamente a hora em que deveríamos sair para o aeroporto.

A manhã traz os primeiros raios de sol que vimos em Veneza nessa estadia. Abro a janela e vejo um dia límpido e suave, como um pedido de desculpas por todo o pranto da noite anterior. Visto uma legging de veludo preto e um suéter de gola rulê e desço para encontrar Peter Sellers, para olhar em seus olhos e descobrir por que um homem que mal conheço é capaz de me abalar tanto. Mas não sei se vou conseguir descobrir muita coisa, pois ele não parece falar inglês e a única conversa clara que consigo manter em italiano é sobre comida. Estou um pouco adiantada, então vou até a rua para sentir o ar e chego bem a tempo de vê-lo subindo a Ponte delle Maravegie, vestindo um *trench coat*, fumando um cigarro e carregando um jornal e um guarda-chuva. Eu o vejo antes de ele me ver. E gosto do que vejo e do que sinto.

– *Stai scappando?* Está fugindo? – pergunta ele.

– Não, eu estava indo encontrar você – respondo, usando principalmente as mãos.

Eu tinha dito aos meus amigos para esperarem, que eu iria demorar 30 minutos, uma hora no máximo. Ainda teríamos tempo de sobra para pegar um táxi aquático até o aeroporto Marco Polo e fazer o check-in no voo das três da tarde para Nápoles. Então olho para ele. Pela primeira vez realmente olho para o estranho. Tudo o que vejo é o azul de seus olhos. Eles têm a mesma cor que o céu e a água apresentam nesse dia, o mesmo tom das frutinhas pequeninas e roxo-azuladas chamadas *mirtilli*. Ele é ao mesmo tempo tímido e íntimo, e saímos caminhando sem rumo. Paramos por alguns instantes na Ponte dell'Accademia. Toda hora ele deixa o jornal cair no chão e, quando se abaixa para apanhá-lo, esbarra com a ponta do guarda-chuva nas pessoas que passam atrás de nós. Então, segurando o jornal sob um dos braços e o guarda-chuva sob o outro, ainda atrapalhando os pedestres com a ponta, ele apalpa os bolsos do paletó e da calça procurando um fósforo. Encontra o fósforo, e então inicia a mesma busca por outro cigarro para substituir o que acabou de tirar da boca e jogar no canal. Ele parece mesmo Peter Sellers.

Ele pergunta se alguma vez já pensei em destino e se acredito na existência do *vero amore*, o amor verdadeiro. Desvia os olhos de mim para fitar o canal e fala com uma espécie de gaguejar rouco durante um tempo que parece muito longo, e mais para ele do que para mim. Compreendo poucas palavras a não ser a última expressão, *una volta nella vita*, uma vez na vida. Ele me olha como se quisesse me beijar e penso que também gostaria de beijá-lo, mas sei que o guarda-chuva e o jornal vão cair dentro d'água e, além do mais, nós já passamos da idade de protagonizar cenas de amor. Não passamos? Eu provavelmente iria querer beijá-lo mesmo que ele não tivesse olhos cor de mirtilo. Mesmo que ele se parecesse um pouco com o apresentador de TV Ted Koppel. É esse lugar, a vista dessa ponte, esse ar, essa luz. Pergunto-me se teria vontade de beijá-lo se o tivesse conhecido em

Nápoles. Tomamos um *gelato* na Paolin do Campo Santo Stefano, sentados em uma das mesas da frente, sob o sol.

– O que você acha de Veneza? – ele quer saber. – Não é a primeira vez que vem aqui – diz, como se estivesse folheando algum dossiê interno que registra todos os meus passos pela Europa.

– Não, não é a primeira vez. Comecei a vir aqui no verão de 89, uns quatro anos atrás – respondo animada.

– Desde 1989? Faz quatro anos que você vem a Veneza? – pergunta ele, erguendo quatro dedos, como se a minha pronúncia de *quattro* estivesse confusa.

– Sim – digo. – Por que isso é tão estranho?

– É que eu só vi você em dezembro. Dezembro passado. Dia 11 de dezembro de 1992 – diz ele, como quem examina o dossiê mais de perto.

– O quê? – pergunto, um pouco espantada, tentando relembrar o inverno anterior e as datas de minha última visita à cidade. Sim, eu havia chegado a Veneza no dia 2 de dezembro, e depois pegado um avião para Milão no final do dia 11. Ainda assim, ele com certeza estava me confundindo com outra mulher, e estou prestes a lhe dizer isso, mas ele já está começando a contar sua história.

– Você estava passeando pela Piazza San Marco. Era pouco depois das cinco da tarde. Estava usando um sobretudo branco muito comprido, até o tornozelo, e tinha os cabelos presos como estão agora. Estava olhando a vitrine da Missiaglia, acompanhada por um homem. Ele não era veneziano, pelo menos eu nunca o tinha visto antes. Quem era aquele homem? – pergunta ele, rígido.

Antes de eu conseguir articular meia sílaba, ele já está questionando:

– Era seu amante?

Sei que ele não quer que eu responda, portanto não o faço. Ele agora fala mais depressa e eu estou perdendo palavras e expressões. Peço-lhe para olhar para mim e, por favor, falar mais devagar. Ele atende meu pedido.

– Só vi você de perfil e continuei andando na sua direção. Parei a poucos metros e simplesmente fiquei ali parado, olhando para você. Fiquei ali até você e o homem saírem da *piazza* em direção ao cais. – Ele acompanha as palavras com movimentos amplos da mão e dos dedos. Seus olhos se prendem aos meus com urgência.

– Comecei a seguir você, mas parei porque não tinha a menor ideia do que faria se ficássemos cara a cara. Quer dizer, o que eu poderia lhe dizer? Como poderia dar um jeito de conversar com você? Então deixei você ir. É a minha especialidade, sabe, deixar as coisas passarem. Procurei você no dia seguinte e no outro também, mas sabia que você tinha ido embora. Se ao menos a tivesse visto passeando sozinha em algum lugar, poderia abordá-la, fingindo que a confundi com outra pessoa. Não, eu diria como o seu casaco era bonito. Mas enfim, não tornei a encontrá-la, então guardei sua imagem na lembrança. Durante todos esses meses tentei imaginar quem você era e de onde vinha. Queria ouvir a sua voz. Senti muito ciúme do homem que estava ao seu lado – diz ele devagar. – Então, no outro dia, quando eu estava sentado lá no Vino Vino e você virou o corpo de modo que o seu perfil apareceu de leve por baixo do seu cabelo, percebi que era você. A mulher do casaco branco. Então eu estava esperando por você, entende? De certa forma estava *amando* você desde aquela tarde na *piazza*.

Eu ainda não tinha dito nada.

– Era isso que eu estava tentando lhe dizer na ponte agora há pouco, sobre o destino e o amor verdadeiro. Eu me apaixonei por você, não à primeira vista, porque só vi um pedaço do seu rosto. Para mim foi amor à meia vista. Foi o suficiente. E não ligo se você achar que eu sou louco.

~

– Tudo bem se eu falar uma coisa? – pergunto a ele bem baixinho e sem ideia do que estou querendo dizer.

20

Seus olhos agora são dois raios azul-escuros que me prendem com uma força exagerada. Olho para baixo e, quando torno a levantar a cabeça, seu olhar se suavizou. Ouço minha própria voz dizendo:

– É um presente encantador você me contar essa história. Mas o fato de você ter me visto, se lembrado de mim e depois, um ano mais tarde, ter me visto de novo não é um acontecimento tão misterioso assim. Veneza é uma cidade muito pequena, e não é improvável ver as mesmas pessoas várias vezes. Não acho que o nosso encontro seja um ato retumbante do destino. Afinal, como é que uma pessoa pode se apaixonar por um *perfil*? Eu não sou só um *perfil*; sou também coxas, cotovelos e cérebro. Eu sou uma mulher. Acho que tudo isso é só uma coincidência, uma coincidência muito comovente – digo para os olhos de mirtilo, moldando cuidadosamente o seu rústico relato para lhe dar uma forma definida, como faria com massa de pão.

– *Non è una coincidenza.* Não é coincidência. Estou apaixonado por você, e sinto muito se isso a incomoda.

– Não é que me incomode. Eu simplesmente não entendo. Ainda. – Digo isso querendo puxá-lo para perto, querendo empurrá-lo para longe.

– Não vá embora hoje. Fique um pouco mais. Fique comigo – pede ele.

– Se existe alguma coisa, qualquer coisa entre nós dois, o fato de eu ir embora hoje não vai mudar nada. Nós podemos nos escrever, conversar. Estarei de volta na primavera, e podemos fazer planos. – Minhas palavras parecem estar saindo de uma forma sincopada, forçada, e então as ouço entrar em uma quase paralisia. Imóveis como estátuas, ficamos ali sentados à margem da balbúrdia da praça no sábado. Passamos um longo tempo em silêncio antes de nos levantarmos devagar. Sem esperar pela conta, ele deixa algumas liras sobre a mesa, debaixo do pratinho de vidro de seu *gelato* de morango intocado, cujos riachos derretidos pingam sobre as notas de papel.

Meu rosto está em chamas e eu me sinto atônita, corada com uma emoção que não consigo identificar, sinistramente parecida com pavor, mas não muito diferente de alegria. Será que meus antigos presságios venezianos poderiam ter tido algum fundamento? Será que os pressentimentos ganharam vida na forma desse homem? Será *esse* o encontro? Sinto-me atraída pelo estranho. Ele me provoca desconfiança. *Veneza, ao mesmo tempo em que me atrai, desperta minha desconfiança.* Serão ele e Veneza a mesma coisa? Poderia ele ser o meu príncipe corso disfarçado de gerente de banco? Por que o Destino não pode anunciar a sua chegada, ter a forma de um burro de doze cabeças, usar uma calça roxa ou mesmo um crachá com seu nome escrito? Tudo o que sei é que eu não me apaixono, nem à primeira nem à meia vista, nem com facilidade nem com o tempo. Meu coração está simplesmente enferrujado por causa das velhas engrenagens que o mantêm fechado. É isso que penso sobre mim mesma.

Atravessamos o Campo Manin até San Luca conversando amenidades. De repente, eu paro. Ele para também, e me toma nos braços. Ele me abraça apertado. Eu o abraço também.

Quando saímos de Bacino Orseolo para San Marco, os cinco sinos da La Marangona estão badalando. É ele, penso. É ele o burro de doze cabeças vestido com a calça roxa! Ele é o Destino, e os sinos só me reconhecem quando estou ao seu lado. Não, isso é besteira. Delírios da menopausa.

Cinco horas se passaram desde que saí do hotel. Ligo para meus amigos que ainda estão me esperando lá, peço para levarem minha bagagem e prometo encontrá-los no aeroporto. O último voo para Nápoles sai às sete e vinte. O Grande Canal está mais vazio do que deveria estar, livre do emaranhado habitual de esquifes, gôndolas e *sandoli*, o que permite ao *tassista* acelerar com seu táxi aquático, fazendo-o avançar enquanto se choca brutalmente com a água. Peter Sellers e eu ficamos em pé no vento, avançando rumo a um sol cada vez mais baixo, vermelho-escuro. Tiro da bolsa uma garrafinha prateada e um copinho fino de uma bolsinha de veludo. Sirvo conhaque, e bebemos juntos. Novamente ele parece prestes a me beijar, e dessa vez o faz – nas têmporas, nas pálpebras, antes de encontrar minha boca. Não passamos da idade.

Já que não temos nenhum amuleto mais poderoso, trocamos telefones, cartões de visita e endereços. Ele pergunta se pode nos encontrar no final da semana aonde quer que estejamos. Digo que não é uma boa ideia. Informo a ele nosso itinerário, pelo menos tudo o que minha memória permite, para podermos nos dizer bom-dia e boa-noite de vez em quando. Ele pergunta quando vou voltar para casa, e eu respondo.

2

Tem um vezeniano na minha cama

Dezoito dias mais tarde, e apenas dois depois de eu voltar aos Estados Unidos, Fernando chega a Saint Louis, a primeira visita de sua vida ao meu país. Trêmulo, branco feito giz, ele atravessa o portão de desembarque. Tinha perdido a conexão no aeroporto JFK depois de não conseguir percorrer suficientemente depressa uma distância maior do que o comprimento do Lido, a ilha vizinha a Veneza onde ele mora. O voo havia sido, disparado, o período mais longo que ele suportara sem um cigarro desde os 10 anos de idade. Fernando aceita as flores que lhe estendo e voltamos os dois para casa, como se sempre tivéssemos feito isso e sempre fôssemos fazer.

Ainda de sobretudo, chapéu, luvas e cachecol, ele percorre a casa a passos leves como quem tenta reconhecer alguma coisa. Surpreso que a Sub-Zero seja uma geladeira, abre uma das suas portas esperando encontrar um armário de roupas.

– *Ma è grandissimo* – comenta, maravilhado.

– Você está com fome? – pergunto, começando a me ocupar na cozinha. Ele espia um cesto de *tagliatelle* que eu havia esticado e cortado naquela mesma tarde.

– Vocês também têm massa fresca nos Estados Unidos? – pergunta, como se isso fosse equivalente a encontrar uma pirâmide no Kentucky.

Encho a banheira para ele como faria para um filho ou um antigo

24

amante, coloco óleo de sândalo na água, acendo velas, arrumo toalhas, sabonetes e xampu sobre uma mesa próxima. Sirvo um copinho de xerez Tio Pepe. Depois de um alarmante intervalo de tempo, ele volta para a sala de estar, andando lentamente, relaxado, esplêndido, com os cabelos molhados penteados para trás. Está vestindo um roupão de lã verde-escuro de modelo tradicional, que tem um dos bolsos meio rasgado e saliente por causa de um maço de cigarros. Usa meias quadriculadas bordô esticadas até os joelhos magros, e seus pés estão calçados com grandes chinelos de camurça. Eu lhe digo que ele parece Rudolf Valentino. Ele gosta do comentário. Arrumei para nós dois a mesinha de centro em frente à lareira da sala. Eu lhe entrego uma taça de vinho tinto e nos sentamos sobre as almofadas. Ele gosta disso também. Então eu janto com o estranho.

Há uma travessa branca oval de alhos-porós refogados misturados com *crème fraîche* e aromatizados com vodca, borbulhantes e dourados sob uma crosta de queijo Emmenthal e parmesão. Não sei como dizer "alho-poró" em italiano, então sou obrigada a me levantar para ir pegar o dicionário.

– Ah, *porri* – diz ele. – Eu não gosto de *porri*. – Torno a folhear rapidamente as páginas, fingindo ter cometido um erro.

– Não, não são *porri*; são *scalogni* – minto para o estranho.

– Nunca provei – responde ele, dando uma mordida. E na verdade o estranho gosta muito de alho-poró, desde que seja chamado de echalota. Em seguida sirvo o *tagliatelle*, finas fitas amarelas com um molho de nozes ao forno. Ora estamos à vontade, ora pouco à vontade. Sorrimos mais do que conversamos. Tento lhe falar um pouco sobre o meu trabalho, que sou jornalista e escrevo principalmente sobre comida e vinho. Conto a ele que sou chef. Ele meneia a cabeça com indulgência, mas não parece achar as minhas credenciais nada atraentes. Parece satisfeito com o silêncio. Preparei uma sobremesa, uma receita que não fazia havia anos, um bolo de aspecto engraçado feito com massa de pão, ameixas roxas e açúcar mascavo. O sumo grosso e escuro da fruta, misturado ao açúcar caramelado, libera um belo vapor espesso e pegajoso, e colocamos o bolo entre nós dois para comê-lo direto da velha assadeira em que o levei ao forno. Ele termina o que sobrou do caldo de ameixa e nós tomamos o restante do vinho tinto. Ele se levanta e vai até o meu lado da mesa. Senta-se junto a mim, me olha bem nos olhos, então vira delicadamente o meu rosto um pouco para a direita, segurando meu queixo. – *Si, questa è la mia faccia* – diz, com um sussurro. – Sim, este é o meu rosto. E agora desejo ir com você para a sua cama. – Ele pronuncia as palavras de forma lenta, clara, como se as houvesse ensaiado.

Quando ele adormece, é com a bochecha encostada no meu ombro e um braço ao redor da minha cintura. Fico acordada, acariciando seus cabelos. Tem um veneziano na minha cama, digo quase em voz alta. Pressiono a boca no topo de sua cabeça e me lembro novamente daquela tarefa bruscamente requisitada recebida tantos anos antes da minha editora: "Vá passar duas semanas em Veneza e volte com três matérias. Nós vamos mandar um fotógrafo de Roma", dissera ela sem qualquer cerimônia. Por que não nos encontramos naquela primeira viagem? Provavelmente porque minha editora não me disse para voltar com um veneziano. No entanto, ali está ele dormindo, um estranho de pernas compridas e finas. Mas agora eu também preciso dormir. Durma, digo a mim mesma. Mas não consigo. Como poderia dormir? Lembro-me da grande indiferença que sempre sentira em relação a Veneza. Sempre havia encontrado um jeito de me manter afastada dessa cidade. Certa vez, viajara quase até os limites das águas que a rodeiam, percorrendo a *autostrada* de Bergamo a Verona e a Padova, quando, a pouco mais de 30 quilômetros de distância, virara abruptamente meu pequeno Fiat branco em direção a Bologna. Porém, depois de curada a antiga implicância com a cidade durante minhas primeiras horas em Veneza, eu sempre havia procurado motivos para voltar, implorando por trabalhos que pudessem me levar para qualquer lugar próximo dela, percorrendo os cadernos de viagem dos jornais em busca da passagem certa e mais barata.

Na última primavera, eu me mudei da Califórnia para Saint Louis, no Missouri, e passei dois meses em um quarto alugado enquanto terminava a reforma da casa e inaugurava um pequeno café. Em junho, a vida já estava organizada: o café, uma crítica de restaurante semanal para o *Riverfront Times*, um trajeto diário em minha nova cidade. Mesmo assim, o desejo de viajar vinha me visitar. No início de novembro, inquieta, eu havia seguido de volta para os doces braços de Veneza na companhia de meus amigos Silvia e Harold. Nunca pensei que estivesse indo para *estes* doces braços, penso, enquanto me aconchego junto ao veneziano.

~

Todas as manhãs, ficamos sentados junto à lareira da cozinha, de frente um para o outro nas cadeiras de braço de veludo cor de ferrugem, cada um com seu dicionário bilíngue, um bule cheio e fumegante, uma jarrinha de creme e um prato de broas com manteiga sobre a mesa à nossa frente. Assim acomodados, conversamos sobre nossas vidas.

– Eu não paro de tentar me lembrar de coisas importantes para lhe contar: sobre minha infância, sobre quando eu era jovem. Acho que sou o protótipo do cara comum. Nos filmes, eles me chamariam para fazer o papel do homem que não fica com a mocinha. – Ele não se mostra triste com essa autoimagem nem tampouco parece estar tentando se justificar.

Certa manhã, ele pergunta:

– Você se lembra dos seus sonhos?

– Dos sonhos que tenho durante a noite, você quer dizer?

– Não. Do que você sonha acordada. Daquilo que você achava que queria? De quem achava que iria ser? – diz ele.

– É claro que me lembro. Já vivi muitos desses sonhos. Eu queria ter filhos. Esse era o maior de todos eles. Depois que eles nasceram, a maioria dos meus sonhos tinha a ver com eles. E, quando ficaram mais velhos, comecei a sonhar de um jeito um pouco diferente. Mas realmente vivi muitos dos meus sonhos. E os estou vivendo agora. Lembro-me dos que viraram fumaça. Eu me lembro de todos eles e sempre tenho outros novos pairando por aí. E você?

– Não. Não muito. E, até agora, cada vez menos. Eu cresci pensando que sonhar fosse muito parecido com pecar. Os discursos da minha infância, de padres e professores, do meu pai, eram todos sobre lógica, razão, moralidade, honra. Eu queria pilotar aviões e tocar saxofone. Saí de casa para o colégio interno aos 12 anos e, acredite, morar com os jesuítas não contribuiu muito para me incentivar a sonhar. Quando eu voltava para casa, o que não era muito frequente, as coisas lá também eram soturnas. A juventude, e sobretudo a adolescência, foram fases desagradáveis pelas quais quase todo mundo tentou me fazer passar o mais rápido possível.

Ele está falando muito depressa, e preciso lhe pedir várias vezes para ir mais devagar, para explicar uma palavra ou outra. Ainda estou na parte dos jesuítas e do saxofone, enquanto ele já passou para *la mia adolescenza è stata veramente triste e dura*.

Ele acha que a solução para a minha dificuldade de compreensão é o volume, então inspira como um tenor idoso e sua voz se expande até virar um trovão.

– O desejo do meu pai era que eu ficasse rapidamente *sistemato*, encaminhado na vida, que arrumasse um emprego, um caminho seguro, e me mantivesse nele. Bem cedo eu aprendi a querer o que ele queria. E, com o tempo, fui acumulando sobre meus olhos camadas e mais camadas de uma atadura quase transparente, que cobria meus sonhos.

– Espere – peço, folheando o dicionário para tentar encontrar *cerotti*, ataduras. – O que aconteceu com seus olhos? Por que estavam com ataduras? – pergunto.

– *Non letteralmente* – ruge ele. Está impaciente.

Eu sou uma estúpida que, depois de 12 horas morando com um italiano, ainda não consegue acompanhar o ritmo de suas metáforas galopantes. Para me fazer entender sua história, ele acrescenta uma terceira dimensão. Fica de pé. Depois de esticar as meias por cima dos joelhos enrugados e de ajeitar o roupão, amarra um pano de prato em volta dos olhos e espia pela borda. O estranho combinou velocidade e volume com atuação. Com certeza isso dará conta do recado. Ele prossegue:

– E, depois de passado mais tempo, o peso das ataduras, seu fardo, passou a ser quase imperceptível. Eu às vezes apertava os olhos e espiava por baixo da gaze para ver se ainda conseguia ter um vislumbre dos antigos sonhos sob uma luz verdadeira. De vez em quando eu os via. Na maioria das vezes, era mais cômodo simplesmente voltar para debaixo das ataduras. Quer dizer, até agora – diz ele baixinho depois de terminado o espetáculo.

Talvez ele seja o homem que não ficaria com a mocinha a menos que a mocinha fosse Tess Durbeyfield ou Anna Karenina. Ou, quem sabe, Edith Piaf, penso. Ele tem uma tristeza tão profunda, reflito. E está sempre querendo falar sobre o "tempo".

Quando lhe pergunto por que ele cruzou o oceano tão depressa, ele me diz que estava cansado de esperar.

– Cansado de esperar? Você chegou aqui dois dias depois de eu voltar para casa – lembro.

– Não. Eu quis dizer cansado de *esperar*. Agora entendo o que significa desperdiçar meu tempo. A vida é *conto*, contabilidade – diz o bancário que vive dentro dele. – É uma quantidade desconhecida de dias preciosos que uma pessoa só tem permissão de sacar um por vez. Não se aceitam depósitos. – Essa alegoria fornece uma oportunidade brilhante para mais atuação do estranho. – Usei muitos dos meus dias para dormir. Um a um, o que mais fiz foi esperar que eles passassem. É bastante comum uma pessoa simplesmente encontrar um lugar seguro para esperar tudo passar. Sempre que eu começava a examinar as coisas, a pensar no que estava sentindo, no que eu queria, nada me tocava, nada importava mais do que as outras coisas. Eu fui preguiçoso. A vida passou e eu fui levando, *sempre due passi in-*

dietro, sempre dois passos atrás. *Fatalità*, fatalidade. Fácil. Sem riscos. Tudo é culpa ou mérito de alguma outra pessoa. Então agora chega de esperar – diz ele como se estivesse falando com alguém bem longe nas coxias.

Quando chega a minha vez, começo lhe contando um ou outro fato marcante – quando nos mudamos de Nova York para a Califórnia, histórias sobre a minha breve e terrível passagem pelo Instituto de Culinária dos Estados Unidos no Hyde Park, sobre viajar levada pelo meu estômago para os lugares mais remotos da França e da Itália, atrás de alguma comida ou algum vinho perfeitos. Tudo soa como uma história e, depois de um curto rol de relatos, percebo que nada disso tem importância agora, que tudo o que eu fiz antes deste minuto foi um preâmbulo. Mesmo nesses primeiros dias juntos, está muito claro que meu sentimento pelo estranho superou todas as outras aventuras da minha vida. Ele embaralhou tudo e todos de quem eu pensava estar me aproximando ou me afastando. Amar Fernando é como uma única e incisiva jogada do destino que me permite ver todos os padrões que outrora me deixavam perplexa e às vezes me torturavam. Não tenho a pretensão de compreender esses sentimentos, mas estou disposta a respeitar o caráter sagrado do inexplicável. Parece que eu também herdei minhas ataduras. É incrível o que um homem carinhoso pode fazer para abrir um coração.

Ele me acompanha ao café todos os dias de manhã e me ajuda com a segunda fornada, picando alecrim e salpicando de farinha o forno Hobart. Adora tirar a *focaccia* do forno usando a pá de padeiro feita de madeira, e aprende a depositar com destreza o pão quente e achatado sobre a grade de esfriar. Sempre preparamos uma *focaccia* pequena só para nós dois e a colocamos para assar no lugar mais quente do forno, de modo que ela sai moreninha, cor de avelã. Nós a cortamos com as mãos impacientemente e a devoramos ainda fumegante, queimando os dedos. Ele diz que ama a minha pele quando ela recende a alecrim e pão recém-assado.

À tarde, se tenho uma coluna para entregar ou alguma coisa para resolver com minha editora, passamos no escritório do jornal. Passeamos pelo Forest Park. Jantamos no café, ou então vamos ao Balaban's ou ao Café Zoe, depois seguimos para os clubes de jazz do centro. Ele não entende muita coisa sobre geografia, e leva três dias para se convencer de que Saint Louis fica no Missouri. Diz que agora entende por que o agente de viagens em Veneza ficou irritado quando ele tentou reservar uma passagem para Saint Louis, em Montana. Mesmo assim, continua a sugerir que passemos o dia no Grand Canyon ou almocemos em Nova Orleans.

Certa noite, chegamos tarde de um jantar no Zoe. Tínhamos conversado muito sobre a vida quando meus filhos eram pequenos. Pego na minha escrivaninha uma pequena caixa forrada de tecido verde cheia de fotos, para lhe mostrar uma imagem da casa de Lane Gate Road, em Cold Spring, Nova York, de que todos nós gostávamos tanto. Sentado junto à lareira, o estranho observa as antigas imagens. Sento-me ao seu lado e vejo que ele não para de voltar a uma foto de Lisa recém-nascida no meu colo. Diz que o rosto dela é muito bonito e bastante parecido com seu rosto nas fotos de adulta, muito parecido com seu rosto de mulher. Ele me diz que o meu rosto também é bonito, que Lisa e eu somos muito parecidas. Diz que gostaria de ter me conhecido naquela época, que gostaria de poder tocar o rosto que era o meu naquela velha fotografia.

Então o estranho começa a desamarrar meu corpete e suas mãos são lindas, grandes e quentes, um pouco desajeitadas enquanto roçam minha pele através da renda macia. Ele começa limpando algumas migalhas do meu decote, entre meus seios.

– *Cos'è questo?* O que é isso? O seu dia inteiro está registrado aqui. Temos indícios de torrada de centeio queimada; dois, talvez três tipos de biscoito; *focaccia*; um *brownie* de café... está tudo aqui, arquivado dentro da sua lingerie – diz ele enquanto vai provando os pedacinhos reveladores. Rio até começar a chorar, e ele continua: – E essas lágrimas. Quantas vezes por dia você chora? Você vai sempre estar cheia de *lacrime e bricole*, de lágrimas e migalhas? – Ele me empurra sobre minha cama fresca e macia e, quando me beija, sinto o gosto das minhas próprias lágrimas misturadas com um sabor quase imperceptível de gengibre.

"Você vai sempre estar cheia de lágrimas e migalhas?" Ele é um velho sábio, penso, me lembrando da sua pergunta enquanto o observo dormir. Sim, migalhas são o símbolo eterno da minha mania incontrolável de beliscar comida, e meus seios formam uma boa prateleira para recolhê-las. E também há uma certa constância em relação às lágrimas. Eu tenho o choro tão fácil quanto o sorriso, e quem poderia me dizer por quê? Existe algo muito antigo que ainda me arranha por dentro. Alguma coisa bem lá no fundo de mim. Essas não são as lágrimas ardentes, copiosas e noturnas que ainda choro por minhas antigas feridas. "Quem não tiver nenhuma sobra de antigas feridas levante a mão", disse meu amigo Misha certa noite, após tomar uma dose dupla de vodca. Depois de um dos seus pacientes se suicidar com uma pistola de cabo de madrepérola.

Grande parte do meu choro é de alegria e assombro, não de dor. O lamento de um trompete, o hálito morno do vento, o som da sineta de uma ovelha errante, a fumaça de uma vela que acabou de se extinguir, a primeira luz da manhã, o crepúsculo, a claridade da lareira. Belezas cotidianas. Eu choro pela embriaguez da vida. E talvez, só um pouquinho, pela rapidez com que ela passa.

Menos de uma semana depois, acordo um dia de manhã com uma baita gripe. Nunca fico gripada. Há muitos anos não tenho sequer um resfriado, e agora, justo agora, com esse veneziano deitado na minha cama de seda cor-de-rosa, estou ardendo em febre, com a garganta em chamas e não consigo respirar por causa da pedra de quase 50 quilos em cima do meu peito. Estou começando a tossir. Tento me lembrar do que tenho no armário de remédios que possa me proporcionar algum conforto, mas sei que lá dentro só tem vitamina C e um frasco de óleo de cânfora todo lambuzado e sem rótulo que venho carregando desde Nova York e provavelmente já tem uns 10 anos.

– Fernando, Fernando – resmungo dos labirintos inflamados da minha garganta. – Acho que estou com febre. – Neste ponto, ainda não entendo que, na alma de todo italiano, a palavra e o conceito de "febre" evocam a peste. Acho que esse fenômeno é uma manifestação de memória medieval. Onde há febre, certamente haverá uma morte vagarosa e purulenta. Ele pula da cama, repetindo *"febbre, febbre"*, e depois torna a pular na cama e leva as mãos à minha testa e ao meu rosto. Pronuncia a palavra *"febbre"* a intervalos de três segundos, como se fosse um mantra. Coloca o ouvido sobre meu peito, a bochecha ainda quente do travesseiro, e acelera o mantra. Diz que o meu coração está batendo muito depressa e que isso é um sinal grave. Quer saber onde eu guardo o termômetro e, quando lhe digo que não tenho um, pela primeira vez vejo o semblante de Fernando ficar atormentado. Pergunto se o fato de eu não ter um termômetro em casa torna o nosso relacionamento impossível.

Sem se preocupar com roupa de baixo, ele veste a calça jeans e enfia um suéter, preparando-se para uma missão de salvamento. Pergunta-me como se diz *termometro* em inglês e, como a pronúncia é parecida com o italiano, não consegue diferenciar as duas palavras. Escrevo-a em um Post-it junto com "Tylenol e algum remédio para gripe". Rir dói muito, mas eu rio mesmo assim. Fernando diz que a histeria é comum em casos como esse. Ele verifica seu dinheiro.

Fernando tem liras e duas moedas de ouro da África do Sul. Digo a ele que a farmácia só aceita dólares, e ele joga as mãos para o alto dizendo que não há tempo a perder. Veste apressadamente o sobretudo, enrola o cachecol no pescoço, enfia o chapéu de pele e calça uma luva na mão esquerda – a luva direita desapareceu no meio do voo sobre o Atlântico. Assim equipado para as batalhas que talvez tenha que enfrentar sob o frio de pouco mais de 4ºC durante a viagem de três quarteirões até Clayton, o veneziano sai de casa. Essa será a sua primeiríssima atividade socioeconômica sozinho nos Estados Unidos. Ele torna a entrar em casa para pegar o dicionário e me beija mais duas vezes, balançando a cabeça, mal acreditando que eu tenha sido alvo de tamanha tragédia.

Empanturrada de chá quente e de todos os pequenos comprimidos e poções ministrados pelo veneziano, passo a maior parte do dia dormindo, e sigo assim a noite toda. Uma vez, quando acordo, vejo-o sentado na beirada da cama me encarando, e seus olhos são dois poços de doçura.

– A febre passou, você agora está linda e fresca. *Dormi, amore mio, dormi.* Durma, meu amor, durma. – Olho para ele, para seus ombros estreitos e curvados, para seu rosto que ainda é uma imagem de preocupação. Ele se levanta para ajeitar o cobertor e vejo-o curvado acima de mim vestido com sua conservadora roupa de baixo de lã, que chega até os joelhos. Penso que ele se parece com um homem magro na praia antes de mandar buscar seu exemplar de *Cultura da musculação.* E que é a coisa mais linda que já vi.

– Você achou que eu fosse morrer? – pergunto.

– Não. Mas fiquei assustado. Você estava muito doente. Ainda está, e agora precisa voltar a dormir. Mas sabe, só para o caso de você morrer *mesmo* antes de mim, eu tenho um plano, um jeito de encontrá-la. Não quero esperar mais 50 anos, então vou falar com São Pedro e perguntar diretamente pela cozinha, pelo forno a lenha, para ser mais exato. Você acha que no Paraíso tem um forno de pão? Se tiver, você vai estar lá, toda suja de farinha e cheirando a alecrim. – Ele me diz tudo isso enquanto puxa os lençóis, tentando arrumar os cantos com a mesma precisão de um quartel militar. Finalmente satisfeito com o resultado, torna a se sentar ao meu lado e, com um barítono sussurrado, o veneziano desconhecido tão parecido com Peter Sellers e um pouco com Rudolf Valentino canta uma canção de ninar. Acaricia minha testa e diz:

– Eu sempre quis que alguém cantasse para mim, sabe, mas agora descobri que o que mais quero é cantar para você.

Na manhã seguinte, seguindo o cheiro de seu cigarro aceso, saio correndo em direção à sala de estar.

– Você não deveria estar de pé – diz ele em inglês, mandando eu voltar para a cama. Ele se deita ao meu lado e adormecemos. Dormimos o sono das crianças.

Na manhã do dia de sua volta para Veneza, deixamos de lado nossa conversa ao pé da lareira, deixamos o café nas xícaras. Não passamos no café. Nem sequer falamos muita coisa. Damos uma volta demorada pelo parque, depois encontramos um banco para descansar um pouco. Um bando de gansos grasna e bate as asas com exuberância no ar frio e cristalino.

– Eles não estão meio atrasados para migrar? – pergunto.

– Um pouco – responde ele. – Talvez estivessem esperando algum deles chegar, ou talvez estejam perdidos. A única coisa que importa é que agora eles estão a caminho. Como nós – diz.

– Como você é poético – digo.

– Algumas semanas atrás, eu nem teria olhado para essas aves, nem sequer as teria escutado. Agora me sinto parte das coisas. Sim, me sinto *conectado*. Acho que é essa a palavra. Já me sinto casado com você, como se sempre tivesse sido casado com você, mas não conseguisse encontrá-la. Nem me parece necessário pedi-la em casamento. Parece melhor dizer: por favor, não se perca de novo. Fique perto. Fique bem perto de mim. – Ele tem a voz de um menino contando segredos.

∼

Depois de voltar do aeroporto para casa nessa noite, acendo um fogo na lareira do quarto e jogo almofadas ali em frente como ele fez todas as noites. Fico sentada onde ele se sentou, visto sua camiseta de lã por cima da minha camisola e sinto-me menor e mais frágil do que nunca. Ficou tudo combinado. Ele vai começar a cuidar da papelada em Veneza para preparar nosso casamento. Eu vou encerrar minha vida nos Estados Unidos e me mudar para a Itália assim que possível, o mais tardar em junho. Resolvo dormir em frente à lareira, tiro um cobertor da cama e me deito debaixo dele. Sinto o cheiro do estranho que emana de sua camiseta. Adoro esse cheiro. "Eu amo Fernando", digo para mim mesma e para o fogo. Estou atordoada com esse novo fato na minha vida, mais pela rapidez de sua chegada do que por sua veracidade. Procuro alguma sensação de *folie à deux*. Não encontro nenhuma. Mais do que estar cega de amor, eu estou conseguindo ver o amor, vê-lo de verdade.

Nunca tive sequer a sensação passageira de algum dia ter sido posta em cima de um cavalo branco por um príncipe de cabelos encaracolados, pelo "homem que seria meu rei", pelo "homem da minha vida". Nunca senti a terra tremer. Nunca. O que senti, o que sinto, é *tranquilidade*. Com exceção daquelas primeiras horas que passamos juntos em Veneza, não houve confusão, não houve desconcerto, nada do raciocínio ou da ponderação que se poderia julgar naturais para uma mulher mergulhada até os joelhos na meia-idade e que está pensando em dar o grande passo. Agora todas as portas estão abertas e, atrás delas, há uma luz cálida e amarela. Isso não parece uma perspectiva nova, mas sim a primeira e única perspectiva a pertencer exclusivamente a mim, a primeira perspectiva que não resultou de um compromisso nem de uma reavaliação. Fernando é uma primeira escolha. Eu nunca tive de convencer a mim mesma a amá-lo, nem de ponderar suas qualidades e seus defeitos em um bloco de anotações. Tampouco tive, mais uma vez, de lembrar a mim mesma que eu já não era mais tão jovem, que deveria me sentir grata pelas atenções de mais um "homem muito gentil".

Muitas vezes, somos nós que não deixamos a vida ser simples. Por que precisamos espremê-la, mordê-la e arremessá-la contra o que nos convencemos serem nossos grandes poderes racionais? Nós violamos a inocência das coisas em nome da racionalidade para podermos seguir sem interrupção nossa busca por paixão e sentimento. *Vamos respeitar o caráter sagrado do inexplicável.* Eu o amo.

Pernas finas, ombros estreitos, tristeza, delicadeza, belas mãos, bela voz, joelhos enrugados. Nenhum saxofone. Nenhum avião. Fantasmas ardilosos.

Espero por um sono que não chega. São quase três da manhã e me lembro que dali a cinco horas e meia a corretora de imóveis e seus colegas vão chegar todos juntos para dar uma olhada na casa. Pergunto-me como será minha audiência com a consulesa italiana em Saint Louis, que, pelo que me disseram, é uma bruxa siciliana. Sei quanto estou arriscando com o estranho, porém, mais do isso, sei que, aconteça o que acontecer, pela primeira vez na vida estou apaixonada.

3

Por que eu não deveria ir morar às margens de uma lagoa no Adriático com um estranho de olhos cor de mirtilo?

Um frio espantoso me acorda. Uma luz opaca e tênue refletida na neve se anuncia por trás da renda branca da cortina. Branco sobre branco, e Fernando foi embora. Corro para aumentar a calefação e em seguida vou até a janela admirar o espetáculo. Uns 30 centímetros de neve já cobriram a varanda. Será que os corretores ainda vêm? Será que devo esperar para começar a arrumar tudo? Percorro os cômodos que agora parecem menores ou maiores, vazios sem as coisas de Fernando a enfeitá-los – suas malas abertas, seus sapatos e toda a sua bagagem muito colorida. Sinto falta da bagunça que se foi junto com ele, o que não é nenhum pouco o meu perfil. Lembro-me da manhã de junho em que fechei a compra da casa. Banquei a durona inflexível, passando a mão pelas superfícies, fazendo muxoxos diante de manchas de tinta sobre os pisos de mogno liso, ameaçando cancelar tudo porque o controle do portão da garagem não funcionava. A reforma da casa tinha sido uma saga de 12 meses, 10 deles conduzidos a longa distância, de Sacramento.

– Lareira na cozinha, no quarto e na sala? – zombou o empreiteiro durante nossa primeira reunião. Nos últimos dois meses da obra, eu havia me mudado para a casa de Sophie: uma nova amiga, outra mulher também em fase de transição, em busca tanto de companhia quanto da renda obtida alugando cômodos de sua velha casa bolorenta. Todos os dias eu passava várias horas na obra, entretida com algum pequeno projeto pessoal, ou então correndo de um lado para outro, ajudando os operários. Pensei na revolta dos pintores na manhã em que cheguei dizendo:

– Quero que cada quarto seja pintado com um tom imperceptivelmente mais claro de terracota, entenderam? – Eu havia espalhado no chão diversas fichas coloridas. – E a sala de jantar eu gostaria que fosse pintada com esse vermelho primário aqui, aberto e brilhante – prossegui, brandindo uma amostra de adamascado.

– Vermelho, vermelho mesmo, como o seu batom? – perguntou um deles, incrédulo.

– Isso, exatamente. Vermelho como batom. – Sorri, perfeitamente satisfeita com a sua rápida compreensão. Afinal, o que havia de tão estranho com vermelho? É a cor da terra, da pedra, do poente, dos celeiros, das escolas, e com certeza pode ser a cor das paredes de um pequeno cômodo iluminado por velas em que as pessoas se sentam para jantar.

– Minha senhora, vai ser preciso seis, talvez oito demãos para uma cor escura assim ficar uniforme – alertou outro pintor. – Ela vai fazer o espaço parecer menor, fechado – acrescentou.

– Isso, o espaço vai ficar aconchegante, convidativo – falei, como se estivéssemos concordando um com o outro.

Lembro-me de ir visitar os pintores na obra, levando chá gelado e as primeiras cerejas maduras, redondas e ainda mornas da cerejeira de Sophie. E, quando a obra terminou e quase todos os operários, limpos e perfumados, compareceram à inauguração da casa, foram os pintores que fotografaram a sala de uma centena de ângulos, dois deles chegando a voltar várias vezes para tirar fotos dos espaços com luzes de diferentes horários do dia. A linda casinha, feita com tanto amor, no final das contas fora uma obssessão de vida curta. Tudo o que eu queria agora era me ver livre dela, deixá-la para trás depressa e ir morar em uma casa que eu nunca vira, um lugar que Fernando, com uma careta, descrevera como "um apartamento bem pequeno em um condomínio do pós-guerra que precisa de muitos reparos".

– Que tipo de reparos? – perguntei, animada. – Pintura e móveis? Cortinas e estofados novos?

– Para ser mais exato, há muitas coisas a pôr em ordem. – Eu aguardei. Ele prosseguiu: – Não foi feita muita coisa desde a construção, no início dos anos 1950. O apartamento era do meu pai, que o alugava. Eu o herdei.

Comecei a pensar em coisas grotescas, tentando evitar uma decepção futura. Imaginei cômodos quadrados com janelas pequenas, muito plástico, tinta verde-hortelã e rosa-flamingo descascando por toda parte. Não eram essas as cores da Itália do pós-guerra? Teria sido bom se ele me dissesse que morava em um apartamento de terceiro andar enfeitado com afrescos em um palazzo gótico com vista para o Grande Canal, ou quem sabe no antigo ateliê de Tintoretto, onde a luz seria esplêndida. Mas ele não disse. E não era por causa da casa de Fernando que eu estava indo para Veneza.

Eu estava desesperada de saudades dele, chegava a farejar a casa em busca de algum resquício da fumaça de seu cigarro. Quando passava pela sala, podia vê-lo ali com seu sorriso de Peter Sellers, braços cruzados para dentro em direção ao peito, me chamando com os dedos. "Venha aqui dançar comigo", dizia ele, enquanto seu recém--comprado e muito querido disco de Roy Orbison gemia no aparelho de som. Eu sempre largava meu livro ou minha caneta e nós dançávamos. Quero dançar agora, descalça, tremendo de frio. Como quero dançar com ele. Lembro-me das pessoas andando lentamente pela Piazza San Marco, como se estivessem valsando. Eu iria mesmo viver lá? Iria mesmo me casar com Fernando?

Terror, doença, traição, desilusão, casamento, divórcio, solidão: tudo isso havia me visitado bem cedo na vida, perturbando minha paz. Alguns dos demônios foram passageiros, enquanto outros montaram acampamento no meu quintal. E lá ficaram. Um a um, eles foram embora, deixando uma impressão da visita que me tornou mais forte, uma pessoa melhor. Agradeço pelo fato de os deuses terem sido impacientes comigo, de não terem esperado eu ter 30, 40 ou 77 anos, de terem me concedido a graça de me desafiar quando eu era tão jovem. Os desafios fazem parte da vida de qualquer pessoa, mas se, ainda jovem, você aprende a encará-los, a usá-los para combater seus demônios e, mesmo que não fuja, consiga superá-los, então a vida pode ser melhor. É o longo, suave e falso deslizar casual pela vida que parece levar uma pessoa, mais cedo ou mais tarde, a dar de cara no muro. Eu nunca deslizei por nada, mas sempre me senti grata pela oportunidade de continuar tentando ver as coisas de um jeito mais alegre. De toda forma, a esta altura, já não restava mais muita coisa a temer. Uma infância infeliz, salpicada aqui e ali por acontecimentos terríveis, me causou tristeza e vergonha precoces. Eu não parava de pensar que eu é que devia ser toda errada, tão horrível, a causa de toda aquela épica agonia da minha família. Ninguém nunca se esforçou muito para me dissuadir dessa ideia. Por que eu não podia viver em uma casa com janelas douradas onde as pessoas eram felizes, onde ninguém tinha pesadelos nem sentia um medo paralisante? Eu queria estar em qualquer lugar onde ninguém estivesse golpeando minha nova vida com antigas dores, fustigando-a como um cinto de couro.

Quando compreendi que era eu, eu mesma, quem tinha de construir a casa com as janelas douradas, pus mãos à obra. Curei dores de amor, aprendi a fazer pão, criei filhos, inventei uma vida que me proporcionava bem-estar. E agora estou escolhendo deixar essa vida para trás. Permito-me recordar meus medos avassaladores quando as crianças eram pequenas, as fases de penúria, as vezes em que pedia aos deuses mais tempo, para ser forte e ter saúde suficiente para cuidar dos meus filhos, para vê-los crescer mais um pouco. Não é isso que as mães solteiras fazem? Temos medo de que alguém mais forte do que nós leve embora nossos bebês. Temos medo de que alguém julgue gravemente errado o trabalho e as escolhas que fazemos. Já somos exigentes o bastante com nós mesmas. E, mesmo em nossos pontos fortes, os outros apontam nossas falhas. No máximo, somos parcialmente boas. Tememos a pobreza e a solidão. Uma Nossa Senhora, com crianças a seus pés. Tememos o câncer de mama. Sentimos os medos de nossos filhos. Tememos a velocidade com que deixam de ser crianças. *Esperem. Por favor, esperem um pouco, acho que agora entendi. Acho que posso fazer melhor. Será que podemos simplesmente repetir o mês passado? Como foi que você fez 13 anos? Como chegou aos 20? É claro, você precisa sair de casa. Sim, eu entendo. Eu te amo, meu filho. Eu te amo, mamãe.*

No começo, falei com mais frequência do que o normal com Lisa e Erich, meus filhos. Eu ligava, e eles me faziam um milhão de perguntas que eu não tinha certeza de como responder, ou então eles ligavam só para saber se eu estava bem, se tinha dúvidas ou coisas desse tipo. Depois de algumas semanas, passamos a nos falar com menos frequência e certa tensão. Durante esse período, eles precisaram falar mais entre si do que comigo, pois precisavam lidar com o choque e talvez com a alegria e com o medo. Lisa me ligava, eu chorava e ela só dizia: "Mãe, eu te amo."

Erich veio me visitar. Levou-me para jantar no Balaban's e ficou sentado do outro lado da mesa examinando meu rosto com atenção. Convencido, então, de que pelo menos a minha aparência continuava a mesma, passou um longo tempo sentado bebendo seu vinho sem dizer nada. Finalmente, começou com:

– Espero que você não esteja com medo disso tudo. Vai ser bom para você. – Era uma tática clássica sua: me reconfortar, quando era ele quem estava morrendo de medo de alguma coisa.

– Não, não estou com medo – falei. – E espero que você também não esteja.

– Medo? Eu, não. Só preciso reajustar minha bússola. Você e a minha casa sempre estiveram no mesmo lugar – disse ele.

– E ainda estaremos. Só que agora a sua casa e eu vamos estar em Veneza – respondi.

Eu conhecia a diferença entre ir para a universidade sabendo que sua casa ficava a poucas centenas de quilômetros de distância e ver a mãe desmontar essa casa e ir morar na Europa. Agora a casa dele estaria a 10 mil quilômetros e não seria acessível nos fins de semana prolongados. E havia também aquela pessoa chamada Fernando. O acontecimento foi bem menos dramático para minha filha, pois já fazia muitos anos que ela morava em Boston, onde estava muito envolvida com sua vida afetiva, seus estudos e seu trabalho. Desejei que meus filhos pudessem se sentir parte desse meu futuro, mas aquilo não estava acontecendo a nós três juntos, como a maioria dos eventos de nossa vida até então. Dessa vez, algo estava acontecendo apenas comigo. Parte de mim sabia que nós éramos um time antigo, que nem mesmo um oceano seria capaz de separar. Outra parte sabia que a infância deles estava acabando e que, de um jeito estranho, a minha estava começando.

As partes realmente preciosas da minha vida são portáteis, não dependem da geografia. Por que eu não deveria ir morar às margens de uma lagoa no Adriático com um estranho de olhos cor de mirtilo sem deixar nenhum rastro de migalhas de *biscotti* para achar o caminho de volta? Minha casa, meu carro chique, até mesmo o meu país natal não eram, por definição, eu. Meu santuário, meu eu sentimental eram viajantes experientes. E eles iriam aonde quer que eu fosse.

～

Afasto os devaneios, ponho a chaleira no fogo, começo a encher a banheira, ligo para o café para saber se o padeiro chegou na hora e se está sóbrio, e ponho Paganini para tocar baixinho. Os corretores imobiliários não vão demorar a chegar.

Em vez de sair correndo para limpar a casa inteira, opto pela sedução mais elementar das lareiras acesas e crepitantes e pelo cheiro de algo salpicado com canela emanando de dentro do forno. Depois de acender as três lareiras, corto um pouco de massa de *scones* que sobrou de um dos cafés da manhã de Fernando, guardada há três dias, arremato os bolinhos de massa com especiarias, açúcar e grandes pedaços de manteiga, e fecho a porta do forno no mesmo instante em que a campainha toca. Acolho o grupo que, apesar da tempestade de neve, chega todo junto, como que movido por uma ordem divina. A brigada passa por mim em fila indiana, largando sobretudos e cachecóis em cima de um sofá para revelar os elegantes blazers mostarda e, sem nenhuma cerimônia, inicia a inspeção. São 11 corretores ao todo. Os murmúrios contidos de aprovação logo dão lugar a exclamações satisfeitas quando alguém abre a porta do banheiro de hóspedes com paredes forradas de um cinza azulado, outra pessoa ergue os olhos para o lustre de cristal austríaco do século XIX no teto da sala de estar, e uma terceira se deixa afundar na suavidade de veludo cor de cobre da poltrona em frente à lareira da cozinha.

– Quem foi o seu arquiteto?

– Quem fez a obra desta casa?

– O seu decorador deve ser de Chicago.

– Meu Deus, esta casa é incrível – diz o único homem entre as mulheres. – Por que é que a senhora quer vendê-la?

– É incrível mesmo – sussurra outra corretora, com ar conspirativo. – Isto aqui é tão romântico que faz eu me sentir desarrumada.

– Você *está* desarrumada – confirma o cavalheiro.

– Como é que a senhora vai conseguir sair daqui? – pergunta outra. Obviamente era a minha vez de falar.

– Bom, estou saindo daqui porque vou me casar com um veneziano. – Respiro fundo. – Vou morar em Veneza – digo baixinho, com deleite, saboreando as palavras. Será que essa pessoa sou eu, essa é a minha voz? A brigada responde com um longo silêncio. Quando um deles fala, todos falam ao mesmo tempo.

– Quantos anos a senhora tem?

– Como conheceu esse homem?

– Ele é um conde ou algo do tipo? – pergunta uma das mulheres, ansiosa para florear a história.

Acho que, acima de tudo, eles querem saber se ele é rico. Dizer sem rodeios que ele é relativamente pobre iria deixá-los perplexos e estragar sua fantasia, então opto por uma meia-verdade.

– Não, ele não é conde. É bancário e a cara do Peter Sellers – digo.

– Ah, querida. Cuidado. – Quem está falando é a desarrumada. – Mande alguém investigar esse homem, quer dizer, investigar de verdade. Quatro anos atrás, minha amiga Isabelle conheceu um napolitano em Capri, e ele quase a convenceu a se casar depressa, até que uma noite ela acordou e o encontrou tendo uma conversa romântica aos sussurros no celular da varanda de seu quarto de hotel. Ele teve a cara de pau de dizer a ela que só estava dando boa-noite à mãe.

A história dela parece um inadequado coquetel de pura inveja misturada a um desejo genuíno de me proteger. Ela não conhece Fernando, penso. O fato de eu também não conhecê-lo parece irrelevante.

Uma das corretoras, tentando resgatar o tema mais sinfônico da história, diz:

– Aposto que ele tem uma casa lindíssima. Como ela é?

– Ah, acho que a casa dele não é tão linda assim. Ele mora em um condomínio dos anos 1950 na praia. Na verdade, eu ainda nem fui lá – respondo.

– A senhora quer dizer que está vendendo a sua casa e empacotando a sua vida inteira sem ter... – A pergunta dela é interrompida pelo cavalheiro que tenta acalmar o grupo.

– Talvez seja por Veneza que a senhora esteja apaixonada. Se eu tivesse uma chance de me mudar para Veneza, não daria a mínima para o aspecto da casa. – Eles continuam a falar e a fazer brincadeiras sem mim.

Quando a brigada vai embora, uma das corretoras fica para trás para apresentar uma proposta de compra da minha casa em seu próprio nome. A oferta é séria, razoável, e não muitos milhares de dólares abaixo do preço que eu e Fernando havíamos estabelecido com meu advogado. Ela me diz que há muito tempo planeja terminar seu casamento, sair do emprego e abrir sua própria corretora. Diz que encontrar essa casa com uma sala de jantar vermelha como batom é o último botão necessário para ativar seu programa de renascimento.

– Não vou deixar nenhum pozinho mágico aqui – aviso. – Comprar esta casa não significa que você vai se apaixonar por um charmoso espanhol ou algo assim. É só uma casinha bonita e normal – digo tolamente, querendo protegê-la do seu impulso e, quem sabe, proteger a mim mesma do meu. – Por que você não pensa um pouco e conversamos depois? – continuo sem olhar para ela, como se eu fosse uma adulta e ela uma criança.

– Quanto tempo a senhora pensou antes de dizer sim ao veneziano? Tudo está acontecendo exatamente como deveria – diz, com uma voz saída de algum ponto nebuloso dentro dela. – Gostaria de saber que móveis a senhora está disposta a vender – continua.

Muito tempo depois, fiquei sabendo que, com algum jeitinho para se encaixar nas leis de zoneamento, minha sala de jantar vermelha se transformou no escritório de onde ela administra sua corretora independente.

~

Ligo para meus filhos. Ligo para meu advogado. Fernando me liga. Eu ligo para Fernando. Será que tudo iria ser assim tão simples? Tiro meu vestido preto elegante e visto um jeans com botas, lembrando que preciso fazer uma encomenda ao fornecedor de carne antes das dez. Telefono para o Sr. Wasserman sem pensar previamente no que iria preparar para o cardápio da noite. Ouço minha própria voz lhe dizer que vou precisar de 50 pernas de cordeiro. Eu nunca havia preparado pernas de cordeiro no café antes. Acostumado às minhas encomendas de caça e vitela, o Sr. Wasserman hesita por meio segundo, em seguida me garante que a carne será entregue antes das três.

– Como a senhora vai prepará-la? – ele quer saber.

– Refogada em molho de tomate com açafrão, sobre um leito de lentilhas francesas e com uma tira de pasta de azeitonas pretas – anuncia minha voz de chef sem me consultar.

– Reserve uma mesa para mim às sete e meia, pode ser? – pede ele. Depois de deparar com o carro coberto de gelo, percorro a pé os quase dois quilômetros até o café, embora nunca antes houvesse ido a pé para o trabalho. É claro que eu também nunca antes tivera sentimentos românticos em relação à velha fumaça de um cigarro italiano pairando no meu quarto. E aquelas pernas de cordeiro. Sigo avançando pela neve alta que continua a cair com força, e meu velho sobretudo branco se arrasta pelo chão atrás de mim produzindo um ruído suave. Pergunto-me quando vou começar, se é que vou, a sentir tristeza em relação a todas aquelas coisas nas quais estava pondo um ponto final. Será que iria perder a coragem na última hora? Seria de fato a coragem que estava me fazendo avançar? Ou seria bravata? Será que eu via a mim mesma como alguma marinheira de primeira viagem já não muito jovem que finalmente partia rumo à aventura? Não. Meu amigo Misha diz que eu sou *la grande cocotte* com as mãos cheias de farinha. Ou manchas de tinta. Coragem nunca me faltou. E vamos retroceder um pouco: por que eu deveria sentir angústia ou anuviar o que estava perfeitamente claro? Não há nada que eu queira mais do que ficar com Fernando. De toda forma, junho parece distante, segura e tristemente distante.

Quando me aproximo da esquina das ruas Pershing e DeBalivier, lembro-me de que tenho uma reunião com meus sócios antes do almoço. Eles são pai e filho, o primeiro é um velho magistrado rancoroso, o segundo, um filósofo de bom coração que está administrando o restaurante para agradar ao pai dominador. O filho ainda não entendeu que a opção do pai é jamais ficar satisfeito. Nossa conversa é rápida e casual, um divórcio quase agradável, e combinamos que, no dia 15 de junho, um dia depois de nosso último evento marcado e exatamente um ano depois de eu me mudar para minha casa, seria o meu último dia como sócia. Ligo para

Fernando. Embora ainda seja 19 de dezembro, ele diz para eu já reservar minha passagem. Ainda não é nem meio-dia e já vendi minha casa e combinei uma saída elegante de uma parte da minha vida profissional. Tudo que me resta a fazer agora é refogar lentamente 50 pernas de cordeiro.

4

Isso já aconteceu com você?

*A*ntes de Fernando voltar para Veneza, havíamos esboçado uma espécie de linha do tempo, estabelecendo prioridades e determinando prazos nos quais tudo deveria estar feito. Foi ele quem achou melhor vender a casa logo em vez de alugá-la por um tempo para ver o que acontecia. Venda o carro também, dissera ele. Assim como as poucas obras de arte de valor e os móveis. Eu deveria chegar à Itália apenas com aquilo que fosse realmente *indispensabili*. Resisti, até me lembrar da conversa que já tivera comigo mesma sobre "casa, carro chique, etc". Ainda assim, achei-o insensível, falando daquele jeito sobre a casa como se ela fosse apenas um recipiente bonito dentro do qual eu iria aguardar o momento de partir, uma plataforma de lançamento bem decorada. Mas também me lembrei de outra conversa que tivera comigo mesma apenas poucos dias depois de conhecer Fernando. Ele precisava estar no comando.

Eu já sabia comandar. Para o bem ou para o mal, sempre havia me mostrado mais do que disposta a enfrentar a vida toda vez que o destino me proporcionava alguma margem de manobra. Mas Fernando havia passado a vida inteira como um observador sonolento, vendo os acontecimentos e os aceitando com uma espécie de obediência passiva. Segundo ele, ter me telefonado naquela tarde em que nos vimos pela primeira vez em Veneza e, mais ainda, ir atrás de mim nos Estados Unidos, tinham sido as primeiras atitudes que ele se atrevera a tomar por vontade própria. Ele é frágil, penso. Fernando agora possui uma finíssima camada de consciência de si mesmo e precisa desesperadamente estar no controle. Então que assim seja. Por mais que eu saiba comandar, também sei seguir quando confio em alguém. Mas sei também que o fato de seguir às vezes incomoda.

– Vamos simplesmente começar pelo começo – disse o homem que passou a maior parte da vida em dois apartamentos em uma ilha com menos de dois quilômetros de largura e 11 de comprimento, o homem que começou a trabalhar em um banco aos 23 anos, quando o que queria mesmo era pilotar aviões e tocar saxofone. No entanto, sem que ele pedisse nada, seu pai havia garantido um emprego para ele e depois estendido sobre a sua cama um terno, uma camisa e uma gravata, posto um par de sapatos no chão – todos novos – e dito a Fernando que o estariam esperando no banco na manhã seguinte às oito. E ele foi. E continua a ir até hoje. Foi curioso ele me dizer para ser uma iniciante quando tantas coisas na sua vida iriam permanecer exatamente como estavam. Será que iriam mesmo?

Assim, precisei decidir o que iria atravessar o oceano e o que iria ficar para trás, e coisas muito estranhas entraram na lista do que iria comigo. Uma mesinha oval preta, com tampo de mármore e pernas rebuscadamente esculpidas; quase uma centena de taças de vinho de cristal (mesmo que eu estivesse indo morar no paraíso do vidro artesanal!); livros de mais, fotografias de menos, uma quantidade de roupa menor do que achei que levaria (as garçonetes do café ganharam de presente peças arrematadas durante uma vida inteira de liquidações da Loehmann's e da Sym's); uma velha colcha de patchwork da Ralph Lauren; um faqueiro de prata antigo (que, por motivos de segurança, foi embalado e despachado separadamente, mas nunca chegou a Veneza); e almofadas, dezenas delas – pequenas, não tão pequenas, com borlas, cordões, babados, de chintz, de seda, de tapeçaria, de veludo, parecendo uma porção de pedacinhos dos muitos lugares nos quais vivi. Pequenos vestígios de vidas passadas, pensei. Restos de meus ninhos bem decorados. Será que elas, talvez, iriam amortecer minha aterrissagem?

Dividi grande parte do restante em pequenos legados. Sophie estava transformando um quarto de hóspedes em escritório, por isso ficou com a escrivaninha francesa. Eu sabia que minha amiga Luly queria a grade de pão, então certa noite nós a pusemos no banco de trás do seu carro. Houve muitas outras cenas como essa. E, em vez de ficar triste por estar me separando de tanta coisa, fiquei muito empolgada com meu recente e relativo minimalismo. Parecia que eu havia limpado todas as ervas daninhas, esfregado e cavado a terra até chegar à China.

Meus dias de espera foram cheios. Manhãs no café, tardes escrevendo, depois de volta ao café para as últimas etapas de preparação dos pratos. Entre tudo isso, eu encaixava idas ao consulado italiano, nos confins da cidade, que consistia em uma escrivaninha de madeira já muito surrada, uma máquina de escrever portátil Smith Corona muito velha e uma *palermitana* – uma senhora nascida em Palermo – mais velha ainda, esposa do corretor de seguros em cujo escritório funcionava o consulado. *La signora* tinha cabelos cor de berinjela, um tronco roliço e pernas longas e finas. Usava as unhas pintadas de vermelho-vivo e tragava cigarros de um jeito ávido, encovando as bochechas. De alguma forma, ela dava um jeito de sugar a fumaça para dentro do nariz e da boca ao mesmo tempo, depois inclinava a cabeça para trás e fazia as últimas espirais subirem rodopiando, sem nunca deixar de segurar o cigarro em brasa bem junto ao rosto, entre aqueles dedos pintados de vermelho. Ela sussurrava muito. Era como se o marido – sentado a uma imensa mesa de fórmica a dois metros de distância – não devesse ouvir nossa conversa. Sempre datilografando na Smith Corona, ia registrando a minha história de vida em maços de papel de carta oficial fornecido pelo governo italiano.

Meus dados pessoais, meus motivos para me mudar para a Itália, documentos que comprovassem meu estado civil livre e desimpedido e minha condição de cidadã respeitadora das leis, o tamanho da conta bancária com a qual eu entraria em meu novo país, documentação pré-nupcial para satisfazer às exigências do Estado e da Igreja – tudo foi transcrito. Era um trabalho que talvez pudesse ter sido realizado em menos de 40 minutos eficientes, mas a senhora de Palermo achou por bem estender a tarefa por quatro encontros que duraram a manhã inteira. A *signora* queria conversar. Queria ter certeza, sussurrou por entre a fumaça, de que eu sabia o que estava fazendo.

– O que a senhora sabe sobre os homens italianos? – desafiou ela, os olhos semicerrados cercados e marcados por olheiras escuras. Eu apenas sorri. Ofendida com meu silêncio, ela pôs-se a datilografar mais depressa e a carimbar os papéis com violência, repetidamente, com o grande selo do Estado italiano. Tentou outra vez. – Eles são todos uns *mammoni*, filhinhos da mamãe. Foi por isso que me casei com um americano. Os americanos são menos *furbi*, menos dissimulados – sussurrou. – Tudo o que os americanos querem é uma TV de tela grande, jogar golfe aos sábados, ir ao Rotary Club às quartas, e de vez em quando ver você trocar de roupa. Nunca reclamam da comida desde que seja carne, esteja quente e seja servida antes das seis. A senhora já cozinhou para um italiano? – sussurrou ela um pouco mais alto.

À medida que suas perguntas iam ficando mais íntimas, a *signora* datilografava e carimbava mais furiosamente. Ela me disse para deixar meu dinheiro em um banco americano e meus pertences no guarda-móveis. Eu estaria de volta em um ano, afirmou. Guardou para o final sua história sobre a loura de Illinois que se divorciou do marido político bonitão para se casar com um romano que já mantinha uma esposa em Salerno e, como se decobriu depois, um namorado a quem fazia visitas mensais em Amsterdã. Paguei-lhe honorários aleatórios e exorbitantes, peguei meu dossiê grosso e montado com perfeição, aceitei seus leves beijos recendendo a Marlboro e fui embora de carro, perguntando-me por que algumas mulheres pareciam ter uma compulsão por me salvar do estranho.

Eu passava quase todas as noites sozinha, em uma espécie de ócio suave. Antes de ir embora do café, embalava alguma coisinha gostosa para meu jantar, e às oito da noite já estava em casa. Vestia por cima da camisola a camiseta de lã de Fernando, que eu ainda não havia lavado, acendia a lareira em um dos cômodos e me servia uma taça de vinho. À procura da mesma sensação boa de ter *limpado as ervas daninhas, esfregado e cavado até chegar à China*, que experimentara ao me desfazer dos meus bens materiais, eu agora queria cuidar de coisas mais espirituais do que bules de prata e armários. Queria estar pronta para aquele casamento.

Desafiei fantasmas, olhando para trás e vendo velhas sombras iluminadas por cenas antigas e estranhamente palpáveis. Pude ver os olhos bondosos e úmidos da minha avó, e nós duas ajoelhadas ao pé da cama rezando o terço. Eu sempre terminava antes dela porque, a cada três contas, pulava uma. Ela sabia, mas nunca me repreeendeu. Foi com ela que aprendi sobre o mistério. Ou talvez o mistério fosse uma coisa tão natural e fácil para nós duas quanto chorar ou retirar as ervas daninhas do magro canteiro de malvas e zínias que ficava ao lado do barracão nos fundos da casa. Era fácil ir a pé até o Rosy's ou até a loja da vendedora de café, subir os três degraus íngremes e entrar na Perreca's para comprar dois pães redondos e crocantes – um para o jantar, outro para a caminhada de um quarteirão e meio de volta para casa. Minha avó era uma mulher contida, até mesmo fechada, com a maioria das outras pessoas, mas juntas ela e eu compartilhávamos segredos. Quando eu ainda era jovem demais para entender de verdade, ela me contou sobre o seu menininho.

Ele tinha 5 anos, acho, ou talvez menos, e toda manhã ela o acordava antes do resto da família e o mandava atravessar correndo a estreita rua em frente à casa e ir até os trilhos do trem buscar carvão para o velho fogão de ferro. Então, juntos, os dois acendiam o fogo, preparavam o café e tostavam o pão, e depois acordavam os outros.

Certo dia de manhã, enquando ela olhava pela janela da cozinha, acompanhando o filho com os olhos como sempre fazia, uma composição curta de vagões de carga da linha Baltimore & Ohio fez a curva depressa, muito antes do horário marcado. O trem surgiu do nada. Com os gritos abafados pelo barulho do metal em movimento, ela viu o trem atropelar seu menino. Caminhou sozinha até onde ele estava e, enrolando-o nas saias, levou-o para casa.

Quando meus filhos nasceram, e talvez antes mesmo disso, comecei a entender por que ela havia me contado espontaneamente a história que nunca, desde o acontecimento, 50 anos antes, tinha sido capaz de contar a ninguém. As pessoas conheciam a história, é claro, mas ninguém jamais a ouvira de sua boca. Ela havia enfrentado a mais horripilante de todas as dores humanas, e o seu relato foi um legado: me proporcionou um ponto de vista que sempre seria útil para mim, um prisma através do qual eu iria examinar minhas próprias dores, de forma a dedicar a quantidade ideal de energia à gravidade e à solução dos problemas.

Tive pouco tempo com minha avó. Eu costumava desejar ser mais velha do que todos os seus filhos, mais velha até do que ela, para poder cuidar dela. Mas minha avó morreu sozinha no início de uma noite de dezembro. Estava nevando. E os farrapos da minha ilusão em relação à família morreram junto com ela. A dor da solidão infantil ainda me assombra. No entanto, durante aqueles instantes fugidios em que minha avó segurava a minha mão, sempre que ela estava perto o suficiente para eu sentir seu cheiro, a vida era completa e doce. Ainda é.

Durante essas noites solitárias em frente à lareira da minha casa, descobri fios muito finos, um desenho, minha própria história. Abri as comportas do tipo de lembrança que parece um anseio melancólico por algo perdido ou por algo que nunca existiu. Acho que a maioria de nós tem isso, esse hábito potencialmente destrutivo de manter registros mentais que se acumulam, se distorcem, depois se quebram e se espalham até os confins mais distantes da razão e da consciência. O que fazemos é acumular a dor, colecioná-la como peças de vidro vermelho. Nós a exibimos, a empilhamos. Até que ela se torna uma montanha na qual podemos subir, esperando e exigindo empatia e salvação. "Ei, está vendo isto aqui? Está vendo como é grande a minha dor?" Nós olhamos para as pilhas dos outros, as medimos e gritamos: "Minha dor é maior do que a sua." É tudo meio parecido com a mania medieval de construir torres. Cada família demonstrava seu poder pela altura de sua torre pessoal. Mais uma camada de pedra, mais uma camada de dor, ambas medidas de poder.

Eu sempre me esforcei para derrubar minha pilha, para selecionar e rejeitar o máximo de entulho possível. Agora, mais ainda, obriguei--me a olhar para trás e examinar direitinho tudo aquilo que estava terminado e tudo aquilo que nunca aconteceria. Eu estava decidida a ir para junto de Fernando e, se houvesse alguma chance de levarmos nossa história além daquele começo, eu sabia que teria de viajar leve.

Tinha praticamente certeza de que as pilhas do estranho iriam proporcionar trabalho suficiente para nós dois.

Tirando meus filhos, não conversei com quase ninguém durante esses últimos meses em Saint Louis. Eu queria seguir a minha própria opinião. Houve duas exceções. Misha, meu amigo de Los Angeles, foi me visitar e condenou minha intenção de me casar com Fernando, atribuindo-a categoricamente à crise da meia-idade. Já Milena viu as coisas de outra forma. Uma florentina que havia passado mais de 30 de seus então 56 anos morando na Califórnia, minha melhor amiga, Milena, tinha um temperamento severo e se expressava principalmente com os olhos. Tentar interpretar o que ela dizia ao telefone era enlouquecedor. Se quisesse saber o que ela achava da minha novidade, eu teria de encontrá-la pessoalmente. Fui visitá-la em Sacramento, e só então, sentada em frente àqueles olhos argutos e escuros, pude sentir sua aceitação.

– Pegue esse amor com as duas mãos e segure firme. Ele só aparece uma vez na vida.

Quando lhe falei sobre as cínicas previsões de Misha, Milena taxou-o de profeta de meia-tigela, mas seus vaticínios podiam até estar certos. E, com os olhos perdidos ao longe, queixo erguido, lábios franzidos, ela desdenhou o pessimismo de Misha com um aceno de sua linda mão morena.

– Se isso for amor, se houver a mínima possibilidade de ser amor de verdade, por que você iria ligar para essas coisas? Quanto lhe custa viver essa história a fundo? Custa muito? Tudo o que você tem? Agora que aconteceu, você se atreveria a dar as costas para ele em nome de alguma coisa ou de alguém? – Ela acendeu um cigarro e tragou com força. Já havia acabado de falar.

– Isso já aconteceu com você? – perguntei. Quando ela respondeu, seu cigarro já era quase uma guimba.

– Sim, acho que aconteceu comigo uma vez. Mas tive medo de os sentimentos mudarem. Tive medo de alguma forma de traição, então me afastei. Eu traí o *sentimento* antes que ele pudesse me trair. E talvez eu achasse que viver com aquela intensidade toda fosse me sufocar. Então escolhi uma espécie de compromisso agradável, seguro, uma emoção inferior à paixão e superior à tolerância. Não é isso que a maioria de nós escolhe? – questionou ela.

– Acho a *intensidade* linda. Nunca me senti tão serena como desde que conheci Fernando – falei. Ela riu.

– Você continuaria serena até no inferno. Começaria a cozinhar, assar e redecorar. Você é a sua própria serenidade. Ela não surgiu nem vai desaparecer por causa de Fernando – disse ela. No outono seguinte, os médicos diagnosticaram o câncer de Milena. Ela morreu na noite de Natal de 1998.

~

Muito depressa e ao mesmo tempo muito devagar, junho chega, e na véspera da viagem Erich vem passar a noite comigo. A casa está vazia como um celeiro. No chão do meu quarto, improvisamos dois colchões com os cobertores que a equipe da mudança deixou para trás, arrumamos por cima lençóis limpos emprestados por Sophie, bebemos o que sobrou do Grand Marnier e passamos a noite inteira conversando, apreciando os ecos que nossas vozes produzem na casa vazia. Na manhã seguinte, a despedida é relativamente fácil, pois combinamos que ele irá passar um mês em Veneza, em agosto. O motorista, Erich e dois vizinhos me ajudam a pôr as bagagens na van. Meu novo minimalismo parece ter ganhado peso.

É preciso meia hora para empurrar e arrastar tudo até o terminal e o guichê da Alitalia. As tarifas de excesso de bagagem são excessivamente altas e desejo ter seguido o conselho de Fernando de levar apenas o *indispensabile*. Não resta nada a fazer senão abrir as malas e montar um bazar bem ali em frente ao balcão de check-in.

Os funcionários da companhia aérea me ajudam a abrir zíperes e fivelas enquanto vou retirando tesouros. Então dou início aos trabalhos.

– Alguém quer esse serviço de chá de Limoges? – E continuo: – Tenho aqui uma mala cheia de chapéus, chapéus de inverno, de palha, com véus, penas e flores. Alguém quer um chapéu? – Logo passageiros e passantes começam a se aglomerar, alguns só para ver, outros arrematando minhas coisas com alegria e incredulidade. Estou oferecendo uma caixa de cabernet Chateau Montelena 1985 e um baú cheio de sapatos quando o comandante do meu voo passa acompanhado de sua tripulação. Nós nos reconhecemos de outras vidas: ele como cliente ocasional do café, eu como "aquela chef". Ele para. Faço um relato resumido da minha história e, depois de uma rápida conversa com um funcionário, ele acena me pedindo para acompanhá-lo e se curva para sussurrar:

– Tudo vai ser resolvido.

Um comissário de bordo me conduz até a sala de espera da primeira classe, outro traz uma bandeja com uma garrafa de Schramsberg Blanc de Noir e uma taça de champanhe. Um deles saca a rolha, serve e me entrega a taça pelo pé. Fico impressionada. Começo a tomar goles a intervalos de 20 segundos enquanto futuco minhas sandálias novas da Casedei e fico soltando e tornando a prender os cabelos. Não paro de tentar me lembrar de respirar. Uma mulher de uns 50 anos usando um chapéu Stetson, botas de couro de crocodilo e uma calça capri vem se sentar ao meu lado depois de evitar os seis outros sofás desocupados.

– Você é uma mulher em transformação? – começa ela. Não tenho certeza de ter escutado direito, então simplesmente continuo a encerar minhas sandálias enquanto lanço a ela um sorriso de boas-vindas.

Ela repete a pergunta e dessa vez não tenho outra escolha senão acreditar nos meus ouvidos, então respondo:

– Bom, acho que todos nós somos. Espero que sim. Quer dizer, a vida em si não é transformação? – Ela me olha com uma piedade covarde, inclinando a cabeça e se preparando para ensinar uma lição à minha inocência, e nesse instante sou resgatada por um funcionário da companhia aérea e escoltada até o segundo andar do 747, bem longe do meu assento original na classe econômica.

Os comissários me servem comida e me bajulam, e recebo muita atenção dos quatro executivos milaneses que são meus companheiros de cabine. Depois que todos os passageiros estão acomodados, chocolate e conhaque são devidamente consumidos, o comandante liga o microfone e nos deseja bons sonhos. Ele acrescenta que, em homenagem à americana que está indo para Veneza se casar, vai tomar a liberdade de cantar a versão em italiano da canção de Roberto Carlos "Por isso corro demais". A quase 30 mil pés de altitude, com uma voz rouca e sensual, ele entoa: *"Veloce come il vento lo correvo verso te, la strada sempre iguale scompariva agli occhi mili."**

Quando o sol nasce, ainda estou acordada. A pequena cabine está repleta da luz de junho e finjo tomar café como se aquela fosse uma manhã como outra qualquer. O cantor romântico disfarçado de co-

---

* A tradução do italiano é: Veloz como o vento eu corria na tua direção, a estrada sempre igual desaparecia diante dos meus olhos." Na versão original, este trecho equivale aos versos: "Meu bem qualquer instante que eu fico sem te ver aumenta a saudade que eu sinto de você." *(N. do E.)*

mandante anuncia nosso pouso em Milão. Fico ali sentada, toda trêmula, dominada por um turbilhão de emoções, em uma queda livre gelada de uma vida rumo a outra. Agarro-me aos braços do assento como se eles e as batidas velozes e fortes do meu coração pudessem forçar a imensa aeronave a pousar mais depressa ou a se imobilizar. Uma última tentativa de controle, talvez. Eu já havia aterrissado na Itália muitas vezes, como viajante, uma visitante com passagem de volta. Só tenho tempo de enxugar as lágrimas do rosto, soltar os cabelos e tornar a prendê-los uma última vez. O avião toca o solo com um *tum* bem suave.

5

Savonarola poderia ter morado aqui

Tum. O primeiro carrinho de malas é empurrado pelas portas de vaivém que ligam a área de recuperação de bagagens ao horrível hall amarelo e preto do aeroporto de Malpensa. O bondoso capitão cuidou para que todas as minhas coisas, com exceção das que já haviam sido doadas, chegassem junto comigo. *Tum.* Um guarda da fronteira, que supervisiona a operação, deixa a arma automática pendurada no cinto enquanto empurra um carrinho após o outro até o saguão de desembarque e eu observo.

– *Buona permanenza, signora* – diz ele em *sotto voce*, quase sem mexer a boca. – Boa estadia para a senhora. Espero que ele seja um cavalheiro de verdade.

– Como o senhor sabe que tem um homem me esperando? – pergunto.

– *C'è sempre un uomo* – responde ele com uma saudação. – Tem sempre algum homem.

Ponho duas malas de mão sobre os ombros retesados e sigo minha bagagem até a multidão à espera dos passageiros. Ouço Fernando antes de vê-lo.

– *Ma, tu sei tutta nuda* – diz ele por trás de um buquê de margaridas amarelas, da mesma cor da camisa Izod que está usando para fora de uma calça verde quadriculada. Ele parece uma anchova em *technicolor*, muito magro – quase pequeno –, em pé no meio dos outros atrás da barreira. Olhos de mirtilo no meio de um rosto bronzeado, muito diferente de seu rosto de inverno. Eu vou me casar com esse estranho de camisa Izod, digo a mim mesma. Vou me casar com um homem que nunca vi no verão. Essa é a primeira vez que caminho em sua direção enquanto ele fica parado. Tudo à volta dele parece ter um tom de sépia, apenas Fernando é colorido. Mesmo hoje, quando caminho em direção a ele, seja num um restaurante, debaixo da torre do relógio ao meio-dia, na banca da vendedora de batatas na feira, ou em nossa própria sala de jantar repleta de amigos, ainda me lembro dessa cena e, por meio segundo, novamente só ele está colorido.

– Mas você está toda nua – repete ele enquanto me esmaga contra as margaridas que continua a segurar com força junto ao peito com uma das mãos. Estou de camiseta branca, sandálias novas e uma saia curta azul-marinho, as pernas de fora. Ele também nunca me viu no verão. Ficamos parados, calados durante um longo tempo em meio a esse primeiro abraço. Estamos tímidos, confortavelmente tímidos.

Conseguimos encaixar a maioria das malas e caixas no porta--malas e no banco traseiro do carro, apertadas como sardinhas em lata. Ele prende as que sobram ao teto usando um pedaço de corda plástica.

– *Pronta?* – pergunta em italiano.

Como uma versão jubilosa de Bonnie e Clyde prestes a roubar a história de amor de nossas vidas, seguimos zunindo para o noroeste a 130 quilômetros por hora. O ar-condicionado do carro solta grandes lufadas de ar gelado e as janelas estão abertas, deixando entrar o ar já quente e úmido do lado de fora. Ele precisa das duas coisas.

Elvis solta a voz. Fernando conhece todas as letras, mas só foneticamente.

– O que isso quer dizer? – pergunta ele.

– Não consigo parar de te amar. É inútil tentar. – Vou traduzindo letras nas quais nunca prestei atenção, palavras que ele passou a vida inteira escutando.

– Eu senti sua falta desde os meus 14 anos – diz ele. – Pelo menos foi quando comecei a perceber que sentia a sua falta. Talvez tenha sido até antes. Por que você esperou tanto tempo para vir para mim? – Tudo isso me parece uma *mise-en-scène*. Pergunto-me se ele se sente assim. Será possível algo ser tão bom? Eu, que considero Shostakovich um modernista, me vejo ali berrando "I can't stop loving you" para a grande planície do rio Pó que se estende, sem nenhuma árvore, pelo feio interior industrial da Itália. Talvez esse seja o encontro pelo qual sempre esperei.

Duas horas e meia depois, pegamos a saída para Mestre, o porto que armazena o petróleo de todo o norte da Itália e que sempre arrota um hálito negro. Será mesmo possível Veneza viver colada a essa monstruosidade? Quase imediatamente vem a ponte, a Ponte della Libertà, Ponte da Liberdade, com seus oito quilômetros de extensão e seus modestos quatro metros e meio de altura, estendendo-se sobre as águas para ligar Veneza a *terra firma*. Estamos quase em casa. É meio-dia em ponto, o sol está a pino, e a lagoa parece um grande espelho quebrado que cintila e ofusca. Comemos grossas fatias de pão com casca crocante cobertas com mortadela, que é o almoço servido pelo bar do estacionamento enquanto aguardamos a balsa que vai nos levar até o Lido.

A travessia no *Marco Polo* demora 40 minutos, cruzando a lagoa e descendo o canal da Giudecca até a ilha chamada Lido di Venezia, a praia de Veneza. Há 1.300 anos, era ali que moravam os pescadores e agricultores. Hoje sei que é um balneário *fin-de-siècle* decadente que, em seus dias de glória, recebeu *literati* europeus e americanos que iam ali descansar e jogar. Sei que sua cidadezinha de Malamocco, outrora a aldeia romana de Metamaucus, foi sede da república veneziana no século VIII, que o Lido abriga o Festival de Cinema de Veneza, e que lá existe um cassino. E Fernando me contou tudo isso tantas vezes que sou capaz de imaginar a pequena igreja da cidade e, na minha mente, consigo ver sua singela fachada de pedra vermelha virada para a lagoa. Sei que Fernando morou no Lido quase a vida inteira. Quanto ao resto, ainda preciso descobrir.

Depois que o condutor embarca o carro na balsa, Fernando me dá um beijo, passa um longo tempo me olhando e então diz que vai subir até o convés para fumar. O fato de ele não me convidar para ir também me deixa perplexa, mas só um pouco. Se eu quisesse mesmo ir até lá em cima, eu o faria. Então me recosto e fecho os olhos, tentando me lembrar do que eu sabia que devia estar esquecendo. Não havia mesmo nada pendente? Nada por fazer? Não. Nada. Não tenho nada para fazer, ou será que, justamente, tenho tudo para fazer? O carro se inclina com o movimento do mar. Talvez eu seja a única pessoa propensa a sentir alguma espécie de *ritmo*. Não há mais nada nessa hora a não ser um espaço recém-surgido, nítido e fresco, rumo à luz. Sinto uma curiosa, mas não desagradável, espécie de mudança de equilíbrio. *Sinto* isso de verdade. Um de meus pés ainda está a dez mil quilômetros de distância. No mesmo instante em que a balsa encosta no cais, Fernando volta para o carro, e juntos descemos da embarcação.

Durante um rápido trajeto pela ilha, ele vai apontando os lugares importantes, tanto pessoais quanto culturais. Tento me lembrar há quanto tempo não durmo de verdade e conto 51 horas.

– Por favor, podemos ir para casa agora? – peço em meio a meu transe.

Ele sai da Gran Viale Santa Maria Elisabeta, a larga avenida que margeia o lado da ilha virado para o mar, entra em uma ruazinha tranquila atrás das salas de cinema do Festival e da elegância muito surrada do Cassino, e então em um estreito *vicolo*, um beco, emoldurado por velhos plátanos cujas folhas se esticam umas na direção das outras formando uma arcada refrescante. Um grande portão de ferro se abre para um pátio sombrio, ladeado por vagas estreitas, para um único carro italiano. Acima, erguem-se três níveis de janelas, a maioria delas fechada com *persiane*, persianas de metal. Exatamente como ele prometeu, sua casa fica dentro de um bunker de concreto do pós-guerra. Não há ninguém lá, exceto uma mulher muito baixinha de idade indeterminada que se move depressa em volta do carro como se dançasse a *tarantella*.

63

– *Ecco Leda*. Esta é Leda, nossa simpática zeladora – diz ele. – *Pazza completa*. Completamente maluca.

A mulher tem os olhos erguidos com uma expressão de súplica. Estará comovida com a nossa chegada? Na verdade, ela não nos cumprimenta, seja com um resmungo, um dar de ombros ou um meneio da cabeça.

– *Ciao, Leda* – diz ele sem olhar para ela nem me apresentar. Leda gorgoleja alguma coisa sobre não deixar o carro por muito tempo em frente à entrada do prédio.

– *Buona sera, Leda* – tento. – *Io sono Marlèna*. Boa noite, Leda. Meu nome é Marlena.

– *Sei americana?* – pergunta ela. – Você é americana?

– *Si, sono americana* – respondo.

– *Mi sembra più francese*. Parece mais francesa – comenta ela, como se estivesse dizendo que sou de Marte. Enquanto descarregamos o carro, ela continua sua *tarantella*. Por mais que eu tente, não consigo evitar algumas olhadas furtivas na sua direção. Ela é um gnomo faustiano com olhos negros feito duas azeitonas escondidos debaixo de sobrancelhas fartas como as de um gavião. Ao longo dos três anos seguintes, não a ouvirei rir sequer uma vez, embora vá ouvir seus gritos de reclamação e ver seus punhos erguidos na direção do céu mais vezes do que desejo me lembrar. Também ficarei sabendo que ela só usa os dentes para ir à missa. Mas ali, naquele momento, eu a romantizo. Tudo de que ela precisa é um pouco de carinho e uma torta morninha de chocolate meio-amargo, penso.

Enquanto empurramos e arrastamos minhas malas pelo corredor até o elevador, algumas pessoas entram ou saem do prédio. *Buon giorno. Buona sera*. Os diálogos são sucintos. Por eles, nós poderíamos muito bem estar carregando cadáveres dentro de sacos de aniagem. Nas últimas viagens até o carro, reparo em mais de uma pessoa debruçada na mesma quantidade de janelas recém-abertas. *L'americana è arrivata*. A americana chegou. Preparando-me para uma cena de *Cinema Paradiso*, espero pelo menos uma mulher de meias pretas e lenço nos cabelos vir me apertar contra um peito generoso recendendo a água de flor de laranjeira e sálvia. Mas ninguém aparece.

Elevadores são anúncios e, assim como halls de entrada, contam a história de uma casa. Aquele ali, cuja composição atmosférica já não tem mais oxigênio nenhum depois de passar 50 anos transportando cargas humanas fumantes, tem um metro quadrado, piso de linóleo e é pintado de um azul-turquesa brilhante. Seus cabos gemem e estalam quando carregam mais de uma pessoa. Leio que o limite de peso é 300 quilos. Nós mandamos as malas sozinhas, umas poucas de cada vez, enquanto subimos correndo três lances de escada para recebê-las na porta do apartamento. Fazemos isso seis vezes. Fernando não pode mais esperar para abrir a porta. Ele anuncia o gesto dizendo:

– *Ecco la casuccia*. Eis a casinha.

No início, não consigo ver nada a não ser os contornos de caixotes e caixas de papelão que parecem empilhados por toda parte. Um forte cheiro de inundação paira no ar. Com um peteleco no interruptor, Fernando acende uma lâmpada no teto que ilumina o espaço e nessa hora percebo que é tudo uma brincadeira. Espero que seja uma brincadeira. Ele me levou para um lugar abandonado, para alguma espécie de depósito no terceiro andar só para me fazer rir, então é isso que começo a fazer. Começo a rir dizendo:

– *Che bellezza*. Que amor. – Então seguro o rosto com as mãos e balanço a cabeça. Talvez seja esse o momento em que a velha senhora se adianta para me apertar contra o peito e me levar até minha verdadeira casa. Reconheço minha caligrafia em uma das caixas, e fica claro que *essa* é a minha verdadeira casa. Sem nenhum indício de ostentação, trata-se do antro de um asceta, a simples cabana de um acólito. Savonarola poderia ter morado aqui, pois tudo nesse lugar sugeria a adoração por um verniz medieval intocado pela passagem do tempo ou de qualquer pessoa empunhando um espanador. Eu vim morar na penumbra fechada da Bleak House de Charles Dickens. Começo a compreender o verdadeiro significado da palavra "veneziana".

O espaço é espantosamente pequeno, e logo penso que isso é bom, que uma casa pequena e inóspita será mais fácil de reformar do que um casarão. Fernando me abraça por trás. Começo a abrir as malditas *persiane* para deixar entrar ar e luz. A cozinha é um ovo, com um fogão de brinquedo. No quarto, uma tapeçaria oriental bizarra cobre uma das paredes, uma coleção de medalhas de esqui muito antigas pende de ganchos enferrujados em forma de garras e, como espectros pálidos, andrajos de cortinas flutuam acima de uma porta alta que dá para uma varanda abarrotada de latas de tinta. A cama é um colchão de casal no chão e uma cabeceira de madeira cheia de nós, pesada e muito trabalhada, está encostada na parede atrás dele. Andar no banheiro é um perigo, pois há vários ladrilhos quebrados e faltando e, bem no meio do caminho entre a pia e o bidê, ergue-se a forma volumosa de uma antiquíssima máquina de lavar. Reparo que a mangueira da máquina escoa dentro da banheira. O apartamento tem mais três cômodos minúsculos cujas histórias são terríveis demais para contar. Não há nenhum indício de preparação para a chegada da noiva e Fernando não se mostra constrangido nem parece estar se desculpando quando me diz:

– Aos pouquinhos vamos deixar tudo do nosso jeito.

Ele havia me falado muitas vezes com sinceridade sobre onde e como vivia, que o *onde* e o *como* eram sintomas passivos da sua vida, que o apartamento era o espaço onde ele dormia, via televisão, tomava banho. Se estou atordoada com o choque dessa primeira visão, é culpa de um embelezamento que eu mesma inventei. Isso não é nada mais do que uma recepção honesta. É bom que Fernando saiba que eu vim para a Itália por causa dele, não por causa de sua casa. Casas são mais fáceis de encontrar do que adoráveis estranhos, penso. E penso também em um homem que conheci na Califórnia. Jeffrey era obstetra, bem-sucedido, loucamente apaixonado por Sarah, uma artista morta de fome loucamente apaixonada por ele. Depois de anos de idas e vindas, ele largou Sarah por uma oftalmologista extremamente bem-sucedida com quem se casou quase imediatamente.

O seu raciocínio não dava lugar para sentimentalidades. Segundo ele, com a médica ele teria uma casa melhor. Ou seja, Jeffrey se casou com uma casa. Esse pensamento me tranquiliza. Tirando isso, sinto falta da minha cama de baldaquino francesa. Quero beber um bom vinho em uma taça bonita. Quero velas e um banho de banheira. Quero dormir. Enquanto começamos a abrir espaço em cima da cama, ele torna a dizer o que tinha dito antes lá em Saint Louis:

– Está vendo, tem *un pò di cosette da fare qui*, tem algumas coisinhas a fazer aqui.

~

Uma lua em forma de foice brilha do outro lado da janela alta e pequenina do quarto de dormir. Concentro-me nela, tentando me tranquilizar para dormir. Ainda estou no avião, ou quem sabe no carro ou na balsa. Atravessei cada etapa da odisseia desse dia em velocidades decrescentes. É como se, em algum ponto da viagem de lá até aqui, houvesse ocorrido uma espécie de lapso, uma morte curta, durante a qual uma época passou o bastão à época seguinte. Em vez de chegar à *fronteira* de uma vida nova, já estou dentro dela, já atravessei o espelho e estou bem no meio do palco. É impossível controlar as sensações. Não consigo dormir. Como poderia? Agora sou eu que estou aqui, deitada na cama do veneziano. Fernando dorme. Seu hálito morno sopra regularmente sobre o meu rosto. Estou à procura de ritmos? Esse é um ritmo, acho. Bem baixinho, começo a cantar "I can't stop loving you". Como uma canção de ninar. Se, como dizem, os sonhos que se sonha logo antes de acordar representam a verdade, o que representam os sonhos sonhados logo antes de adormecer? Entrego-me a meios sonhos. Serão eles meias verdades?

6

Se eu pudesse dar Veneza a vocês por uma única hora, seria essa

Sou acordada pelo cheiro de café e de um estranho recém-barbeado. Ele está em pé ao lado da cama, segurando uma bandeja com uma pequena cafeteira surrada e fumegante, xícaras, colheres e um saco de açúcar. À luz da manhã, a casa me aterroriza, mas ele está radiante. Decidimos trabalhar por duas horas e combinamos que o que conseguirmos arrumar da bagunça nesse tempo será suficiente para o primeiro dia. Às onze, já estamos descendo as escadas correndo. Ele quer ir até Torcello, onde, segundo diz, podemos conversar, descansar e ficar a sós.

– Por que Torcello? – pergunto.

– *Non lo so esattamente*. Não sei ao certo. Talvez porque esse pedaço de terra é ainda mais antigo do que Veneza. – Ele quer que comecemos pelo começo. – Hoje é meu aniversário, nosso aniversário, não é? – pergunta.

Nós nos acomodamos na proa do *vaporetto*, de frente para o vento. Ali não é possível nem necessário falar. Seguramos a mão um do outro com força. Ele beija minhas pálpebras e, escoltados pelas gaivotas que passam voando, seguimos deslizando sob um céu de Tiepolo através de lagoas imemoriais, passando por prainhas de areia abandonadas, ilhotas que outrora foram hortas e currais de ovelhas. Atracamos no cais em Canale Borgognoni. Torcello é a antiga mãe de Veneza, solitária, amarela. Ecos primitivos flutuam pelo ar. Segredos são sussurrados ali: *Pegue a minha mão e rejuvenesça comigo; não se apresse, não durma; seja um iniciante; acenda as velas; mantenha aceso o fogo; atreva-se a amar; diga a verdade a si mesmo; mantenha-se enlevado.*

Já passam das duas da tarde e, mortos de fome, vamos nos sentar em uma das mesas sob as árvores na Ponte del Diavolo, a Ponte do Diabo, para comer cordeiro assado no forno a lenha, rúcula ao molho do próprio cordeiro, e nacos e mais nacos de um pão gostoso. Comemos suaves queijos de montanha regados com mel de castanheira. Passamos um longo tempo sentados, até sermos os únicos a fazer companhia ao velho garçom – o mesmo que lembro de ter me servido *risotto coi bruscandoli*, risoto com brotos de lúpulo, na primeira vez em que estive em Torcello, muitos anos atrás. Ele ainda usa uma gravata de seda cor de salmão e tem os cabelos cobertos de brilhantina repartidos ao meio. Gosto disso. No meio de tantas mudanças, sinto um apego em relação a esses fatos constantes. Felicíssimo, o garçom fica dobrando guardanapos enquanto nós, igualmente felizes, nos demoramos comendo cerejas pretas pescadas uma a uma dentro uma tigela de água gelada.

Erguida por ordem direta de Deus ao bispo de Altinum, a Basilica di Santa Maria Assunta em Torcello é um altar ornado em homenagem a um rei bizantino. Dentro de sua imensa caverna o ar parece carregado, assombrado, sagrado. Uma grande Virgem de Bizâncio segurando o menino Jesus, esguia e escura, monta sua guarda impiedosa do alto da abóbada da abside. Uma igreja rural sem paróquia. Pergunto a um monge trajando vestes marrons sobre os horários da missa. Ele passa, roçando seu hábito em mim, e flutua até o outro lado de uma porta fechada por uma tapeçaria. Talvez meu italiano seja rústico demais para merecer sua resposta. Do lado de fora, corro a mão pelo trono de mármore alisado por um milhão de mãos antes da minha, desde o tempo em que Átila se sentou ali para orquestrar a destruição em meio ao capim fustigado pelo vento. Sinto vontade de dormir ali, naquela campina, de descansar em meio a sua grama áspera e a suas lembranças. Quero dormir onde dormiam os primeiros venezianos, pescadores e pastores do século VI, foragidos em busca de paz e liberdade. Vistos dali, o apartamento e seu verniz medieval parecem pouco importantes.

Voltar ao Lido para descansar e trocar de roupa nos parece perda de tempo, então descemos do *vaporetto* em San Marco. Já que enchi minha bolsa de mão como se fosse uma bolsa de viagem, o toalete feminino do Monaco será meu vestiário. Seus drapejados de chintz verde-água e cor de pêssego já vieram em meu socorro mais de uma vez. Sentada em frente ao espelho, por algum motivo penso em Nova York, no número 488 da Madison Avenue e na Herman Associates, em como eu viajava do norte do estado até a cidade quatro vezes por semana para redigir textos publicitários e "aprender o ofício". Os Herman adorariam saber que cruzei o oceano para me casar com o estranho. Reivindicariam o crédito por terem instigado meu senso de aventura muito tempo atrás. Afinal de contas, foram eles que me mandaram apresentar uma campanha publicitária ao governo do Haiti poucas semanas depois da fuga do ditador Baby Doc.

Lembrei-me dos dois homens vestidos com jeans manchados de gordura e ostentando largos sorrisos que me acompanharam pela pista de pouso até uma van toda pichada e me conduziram, silenciosos e apressados, por aquelas que foram as cenas mais tristes de desespero humano e as paisagens mais espetaculares de beleza natural que já vi na vida. Mais tarde naquela mesma noite, fiquei deitada na minha cama de hotel sob um mosquiteiro remendado, respirando o ar espesso e adocicado, escutando os tambores. Exatamente como acontece nos filmes. Mas onde está o homem da Interpol, aquele de cabelos grisalhos e smoking branco, que deveria entrar no meu quarto de mansinho mais ou menos nessa hora e me chamar para ser cúmplice de alguma traição noturna?

Durante a semana que passei no Haiti, não vi nenhuma outra mulher europeia ou americana, pois as outras agências nova-iorquinas haviam despachado rapazes de rosto imberbe vestidos de azul-escuro. Um agente de polícia também fazia parte do comitê de turismo. Gentil o suficiente para deixar a arma automática em cima da mesa, ele se sentou ao meu lado. Minha mão roçava na bandoleira da arma sempre que eu pegava um pedaço de papel. Comecei minha apresentação nervosa, mas fui ganhando confiança, ímpeto até, e quando voltei para Nova York tinha ganhado o cliente.

Agora, sentada em frente ao espelho, lembro-me de sair correndo do escritório da Madison Avenue na maioria das noites após o trabalho para passar alguns instantes sentada na frente de outro espelho, o do toalete feminino do Bendel's. Uma dose de civilidade antes de embarcar no trem de 17h57 até Poughkeepsie, pegar as crianças, cozinhar, jantar, ajudar os filhos com os deveres de casa, dar banho neles e terminar o demorado ritual de colocá-los para dormir. "Mãe, eu sei exatamente do que vou querer me fantasiar no Dia das Bruxas", dizia Erich todas as noites, desde julho.

"Boa noite, garotão. Boa noite, menininha." Isso faz muito tempo. Mas não tanto assim. O que estou fazendo aqui sem eles? Por que isso tudo não aconteceu 15, 20 anos atrás? Então lavo o rosto, mudo de sapato, troco a saia de linho preta por outra de voile fino. Ponho brincos de pérola. A noite caiu sobre Veneza, e o adorável estranho adora pérolas, então ponho também um colar delas. Ópio.

O eterno barman do Monaco é Paolo, o querido Paolo, que recheou minhas botas com jornal oito meses antes, quando faltei a meu primeiro encontro com Fernando. Ele nos conduz até a varanda para o brilho de uma noite que vai caindo devagar. Traz um vinho gelado e diz:

– *Guardate*. Olhem. – Ele aponta com o queixo para a gravura a meia-tinta, o Canaletto, aceso à nossa frente sob a última luz rosada do sol. Aquele seu quadro cotidiano o encanta e surpreende. Aos meus olhos, Paolo nunca será velho.

Do outro lado do canal fica um prédio baixo, a casa de alfândega marítima dos últimos dias da república. O promontório se ergue acima da lagoa sobre um milhão de palafitas de madeira e, no topo de sua torre de pedra, dois Atlas gêmeos sustentam uma imensa esfera dourada, um pedestal para Fortuna, deusa do destino. A estátua é linda. Um vento tímido está tentando dançar com ela agora. E os finos raios de luz lhe caem bem.

– *L'ultima luce.* A última luz – dizemos um para o outro como uma prece.

– Prometa que sempre estaremos juntos sob a última luz – diz Fernando sem precisar de promessa nenhuma.

Se eu pudesse dar Veneza a vocês por uma única hora, seria essa, e os acomodaria nessa cadeira, sabendo que Paolo estaria por perto, cuidando do seu conforto, certa de que a noite que chega para roubar aquela estupenda *última luz* também levará embora as suas mágoas. É assim que seria.

– Vamos caminhar até Sant'Elena – diz ele. Cortamos pela *piazza* e tomamos a direção da Ponte della Paglia, pegamos a Ponte dei Sospiri, chegamos à Riva degli Schiavoni, passamos pelo Danieli e por outra ponte, passamos por uma estátua de bronze representando Vittorio Emmanuele a cavalo, e atravessamos mais uma ponte em frente ao Arsenale.

– Quantas pontes ainda faltam? – pergunto.

– Só mais três. Depois um barco de Sant'Elena até o Lido, um quilômetro a pé até o apartamento, e chegamos – responde ele. Nada nessa vida é para os fracos de coração.

Dois dias depois, Fernando volta ao trabalho no banco. Não conheço ninguém na cidade, meu italiano é precário e muitas vezes distorcido, e só tenho duas coisas a que me apegar: uma espécie de calma filosófica – uma noção de "santuário portátil" – e meu adorável estranho. Estou livre para começar a colorir o espaço *recém-surgido, nítido e fresco* que parece ser a minha vida.

Nosso plano é promover uma reforma radical no apartamento depois de nos casarmos. Vamos trocar o revestimento das paredes e do teto, pôr janelas novas, reformar de cima a baixo o banheiro e a cozinha, comprar móveis que nos agradem. Por enquanto, basta uma transformação rápida do ambiente graças a uma boa faxina e muitos panos. Fernando me diz para confiar em Dorina, sua *donna delle pulizie*, ou faxineira. Faxineira? Que faxina ela fez?

Dorina chega às oito e meia da minha primeira manhã sozinha. Gorda e sem tomar banho há muito tempo, é uma mulher de 60 e poucos anos que troca seu avental listrado por outro avental listrado, trazido dentro de uma sacola de compras vermelha amassada junto com um par de sapatos de salto de madeira carcomidos na parte de trás. Ela começa a andar de um lado para outro carregando um balde de água suja, e passa de cômodo em cômodo com o mesmo balde de água suja e a mesma esponja imunda. Pergunto a Fernando se poderíamos encontrar alguém com mais energia, porém ele recusa, dizendo que Dorina está com ele há muitos anos. Aprecio sua lealdade a Dorina. O segredo é apenas mantê-la afastada do balde e arrumar alguma outra coisa para ela fazer: compras, pequenos remendos, passar roupa, espanar. Eu posso me encarregar da primeira faxina antes de ela voltar. Tenho 13 dias, e não é exatamente a *terra inteira* que terei de esfregar. Posso terminar tudo em quatro, quem sabe cinco dias. Torno a pensar em meu mantra noturno de Saint Louis: *Limpar ervas daninhas, esfregar e cavar até chegar à China*.

Fernando ajuda me mostrando como usar a enceradeira. O aparelho mais parece o protótipo de um motor de lambreta vertical. Embora seja leve, não consigo controlar a velocidade, e o aparelho faz de mim gato e sapato, sacudindo-me de um lado para o outro até eu perguntar se é preciso um capacete para operá-lo. Ele não acha graça. O fato de nem ele nem Dorina jamais terem tido uma oportunidade de usar a enceradeira não diminui o status do aparelho a seus olhos.

– É a última palavra em tecnologia italiana – diz o rude estranho.

Depois de a enceradeira lhe dar um safanão até o outro lado da sala, nós a guardamos em silêncio e não tornei a vê-la desde então. Com certeza ele um dia mandou Dorina levá-la para casa.

Na manhã seguinte, despejo água misturada com vinagre por toda parte e esfrego o chão com um esfregão novo, com fios verdes. Despejo um pouco de líquido marrom de uma lata com o rótulo Marmi Splendenti, Mármores Resplandescentes, e encero o chão patinando para lá e para cá com os pés envoltos nos macios envelopes de feltro que Fernando usa como chinelos. Depois de passadas compridas e constantes, o mármore adquire um certo brilho. Os músculos das minhas coxas ardem. Embora o piso não chegue a estar resplandescente, seu tom de antracito com veios cor de ferrugem me agrada e fico animada para continuar. Para Fernando, não é a mesma coisa. Cada etapa do trabalho o faz experimentar um instante de luto antes de dar de ombros e demonstrar um entusiasmo moderado. Escavamos o sítio arqueológico, remexendo coisas com um interesse antropológico, ajoelhando-nos junto a armários mofados e réplicas de baús de navio. Dentro de um deles, encontro um kit de 54 fitas cassete com o invólucro de plástico intacto e intitulado *Memoria e Metodo*. O kit promete "ordenar a mente".

– *Accidenti* – diz ele. – Que droga, eu procurei isso por toda parte.

– A cada noite, livramos o apartamento de mais uma camada de seu passado, e os olhos de Fernando parecem os de um pássaro moribundo. Suas idas à lata de lixo são como funerais. É ele quem está incentivando essa faxina temporária, mas mesmo assim ela lhe causa angústia. Ele quer progresso sem mudança.

Começo a estabelecer rituais de sobrevivência. Assim que Fernando sai para trabalhar de manhã, tomo um banho, me visto e, evitando o elevador, desço correndo as escadas, passo pelo gnomo, saio pelo portão e viro à esquerda – são 13 metros até a soleira perfumada de fermento e salpicada de açúcar da Maggion. Pequena e gloriosa *pasticceria* cujo confeiteiro residente parece uma mistura de bonequinho de biscoito de gengibre com querubim. Lá dentro, sinto-me quase febril de tanta alegria. *Esta doceria fica ao lado da minha casa*, penso. Peço dois *cornetti* de damasco, duas belezinhas crocantes e tostadas parecidas com croissants, devoro o primeiro a caminho do bar para tomar um *cappuccino* (46 metros) e o segundo a caminho do *panifício*, a padaria (talvez 64 metros, talvez menos), para uma pequena investigação, onde acabo comprando 200 gramas de *biscotti al vino*, uns biscoitos crocantes feitos com vinho branco e azeite, sementes de funcho e raspas de laranja. Digo a mim mesma que eles serão meu almoço. Na verdade, os biscoitos são para comer enquanto caminho pela beira d'água, margeando uma faixa de areia onde as ondas quebram que é a praia privativa do Hotel Excelsior. Embora Fernando me assegure que eu posso atravessar o lobby, sair pelas imponentes portas de vidro dos fundos e descer até o mar sem ninguém me parar, prefiro passar por cima da baixa mureta de pedra de uma varanda que dá para o mar e descer pela encosta até chegar às margens úmidas e marrons do Adriático. Estou ainda mais próxima de um estado febril. *O mar fica em frente a minha casa, do outro lado da rua*, penso. No verão e no inverno, sob a chuva, envolta em peles, em uma toalha, e uma vez desesperada, percorrerei esse trecho do Adriático todos os dias durante três anos da minha vida.

Torno a subir a escada para trabalhar, depois torno a descê-la mais duas ou três vezes durante a manhã para tomar café *espresso*, receber grandes lufadas de ar não bolorento e comer uma, ou quem sabe duas, tortinhas de morango compradas no querubim de gengibre. As saídas e entradas são registradas pelo gnomo e seus asseclas, todos uniformizados com um avental florido. As únicas palavras que trocamos são *buon giorno*. Já perdi as esperanças de encontrar a senhora acolhedora usando meias pretas e tenho menos certeza do poder da ternura e do chocolate meio amargo. Há um aparelho de som no apartamento, mas as únicas fitas, além de *Memoria e Metodo*, são, é claro, Elvis e Roy, então eu canto. Canto sobre a imensa alegria de um novo começo. Quantas casas eu já montei?, pergunto a mim mesma. Quantas outras ainda irei montar? Há quem diga que, uma vez terminada a sua casa, está na hora de morrer. Minha casa ainda não está terminada.

No terceiro dia, a faxina está quase no fim e estou pronta para começar a fazer compras. Fernando quer que a gente escolha tudo juntos, então, quando ele sai do trabalho, eu o encontro no banco e vamos à Jesurum comprar pesados lençóis de cor ocre, uma colcha, um edredom, todos debruados com 15 centímetros de bainhas bordadas. Compramos diversas toalhas grossas brancas enfeitadas com cetim cor de chocolate e escolhemos um ocre mais escuro para uma toalha de mesa de adamascado em relevo e guardanapos grandes como panos de prato. Essas coisas custam mais caro do que um piano de cauda pequeno, mas pelo menos serão mimos na toca do estranho.

Em outro dia, compramos uma colcha de renda marfim maravilhosa em uma *bottega* perto do Campo San Barnaba. Carregando nosso tesouro, dobramos uma esquina e percorremos alguns metros até uma balsa, um mercado de verduras flutuante que, muitas encarnações atrás, percorreu a Fondamenta Gherardini todos os dias por 700 ou 800 anos. Compramos um quilo de pêssegos. Rendas e pêssegos, é isso que o estranho tem nas mãos. Isso é bom. E é nessa cena que penso enquanto embolo e prendo a renda à luminária de teto do quarto, esticando bem as bordas e amarrando-as às traves da cabeceira da cama. Nós agora temos um baldaquino. Nós agora temos um *boudoir*.

Um vaso de vidro azul-cobalto que encontro debaixo da pia fica maravilhoso com galhos de forsítia comprados da florista no *imbarcadero*, o embarcadouro. Uma grande tigela quadrada do mesmo tom de azul, antes usada como um extravagante cinzeiro, agora contém alcachofras pendendo na ponta de longos caules grossos e limões ainda presos às folhas e galhinhos. Ameixas da variedade Reine Claude, da cor de grama que acaba de brotar, estão empilhadas em um cesto que saiu da ilha da Madeira e passou por Nova York, Califórnia e Missouri até, mais recentemente, chegar à nossa casa aqui na Itália. Livros se enfileiram por prateleiras de vidro limpíssimas sobre as quais outrora moravam aeromodelos capengas e toneladas de velhos jornais cor-de-rosa, a *Gazetta dello Sport*. Arrumo umas 20 fotografias em porta-retratos de prata sobre a tampa recém-lustrada com cera de abelha do que parece um maravilhoso baú de pinho, uma *cassapanca*, como ele a chama. Segundo ele, seu pai trouxe o baú de Merano, cidade na fronteira com a Áustria onde sua família morou e onde ele nasceu.

Morrerei com um amor incorrigível e carnal por tecidos. Para mim, tecidos são mais importantes do que móveis. Tirando as heranças e antiguidades, prefiro cobrir uma relíquia triste e sem graça com tecidos e grinaldas do que abrir a porta para o homem da loja de móveis Ethan Allen. Sem um pingo de vergonha, sigo para o mercado do Lido, montado todas as quartas-feiras às margens dos canais. Compro uma peça de adamascado bege cujos muitos metros, sem bainha, irão aquecer um sofá de couro preto. Com uma peça de seda crua cor de creme, faço uma espécie de embrulho de presente com as duas cadeiras descombinadas, moldando sacos para cada uma delas e amarrando-os na base com cordões de seda. A mesa de vidro e metal da sala de jantar é envolta em uma colcha de linho branco, cujas pontas são enroladas em volta das pernas formando gordos nós. Como se fossem joias, disponho uma coleção de castiçais georgianos polidos e reluzentes enfileirados no centro da mesa.

Encontro posições perfeitas para quase todas as velhas almofadas que não consegui abandonar em Saint Louis. Todas as lâmpadas de baixo consumo de energia são substituídas por *bugie* – "mentiras", na tradução literal –, lâmpadas noturnas de baixa intensidade e velas aromatizadas com baunilha e canela. Luz do sol de dia, luz de velas à noite: a eletricidade pode parecer redundante. Eu fico feliz, mas o estranho faz cara feia.

Na verdade, Fernando fica lívido quanto lhe mostro as paredes recém-lavadas do quarto. Segundo ele, em Veneza só se podem lavar paredes no outono, quando o ar está relativamente seco, ou então a temida *muffa* negra, o mofo, virá fazer a festa. Meu Deus, como se isso fosse fazer alguma diferença, penso. Empunhando meu secador de cabelos, nos revezamos para subir em uma escada e secar as paredes.

Ele lamenta pelas plantas mortas que exilo na varanda junto com as latas de tinta.

– *Non sono morte, sono solo un po' addormentate.* Elas não estão mortas, estão apenas um pouco adormecidas.

– Você deve saber como é isso – murmuro enquanto torno a levar as plantas para o quarto, aparando suas folhas secas até os caules sem seiva. Começo a ver como é conveniente falar um idioma que a pessoa que amamos não entende. Atravesso o apartamento batendo os pés com força, deixando atrás de mim um rastro de folhas amassadas e me perguntando por que, apenas uns poucos centímetros abaixo do amor, sempre paira um leve desejo de vingança.·

Um tapete branco de lã da Sardenha oculta os escombros do banheiro, e o espelho com moldura vermelha de plástico acima da pia é substituído por outro, fumê e chanfrado, em uma moldura barroca comprada de Gianni Cavalier, em Campo Santo Stefano. Ele nos convence a comprar duas arandelas em forma de lírio folheadas a ouro para pendurar de cada lado do espelho, embora não haja fiação para ligá-las.

– Vocês podem prendê-las à parede e colocar velas dentro – diz ele, e é isso que fazemos. Aliviado de sua melancolia, o espaço agora está suave, convidativo. Dizemos que mais parece uma casa ou chalé de campo do que um apartamento. Começo a chamar o lugar de "a *datcha*", e Fernando adora isso. Agora o apartamento parece um bom lugar para se estar, para comer, beber e conversar, para pensar, descansar, fazer amor. Fernando percorre o espaço três, quatro vezes por dia, examinando tudo, tocando em tudo, ostentando um meio-sorriso de aprovação ainda hesitante.

Ardendo de curiosidade, o gnomo certa noite toca a campainha brandindo uma correspondência confiscada para garantir sua entrada.

– *Posso dare un occhiata?* Posso dar uma olhadinha?

Os comentários dela deixam Fernando contente.

– *Ma qui siamo a Hollywood. Brava, signora, bravissima. Auguri, tanti auguri.* Isto aqui parece até Hollywood. Muito bem, senhora, parabéns. Felicidades, muitas felicidades – diz ela, tornando a descer a escada depressa. À meia-noite, o *bunker* inteiro já estará sabendo. Graças ao gnomo, começo a entender que Fernando precisa de aprovação, de confirmação, antes de poder aceitar o que estou fazendo. Se eu conseguir agradar à multidão, agradarei a ele. Sete anos e três casas depois, no momento em que estou contando isso a vocês, ele ainda espera um testemunho, quem sabe dois, antes de relaxar e conceder sua aprovação.

Assim conquistado, Fernando começa a convocar vizinhos e colegas para virem dar uma olhada no apartamento. Ninguém é convidado a se sentar ou a tomar uma taça de vinho. Cada um deles sabe que sua função é examinar e relatar o que viu para o restante da ilha. Eu faço parte da mobília, uma poltrona estofada com um tecido *vintage* Norma Kamali, e ninguém fala diretamente comigo. Dirigindo-se ao ar 15 centímetros acima da minha cabeça, uma dessas pessoas talvez solte alguma banalidade do tipo: "*Signora, le piace Venezia?* A senhora está gostando de Veneza?" Então, como em uma espécie de minueto robotizado, vira-se de supetão e sai. Aprendo que essa é uma forma de vida social veneziana, que alguns desses "visitantes" passarão anos comentando sobre os momentos agradáveis que passaram em nossa casa. Nada ainda parece real e começo a me perguntar se algum dia irá parecer. Mais ainda, começo a me perguntar se conseguirei me lembrar do que significa *real*, caso algum dia isso reapareça. Estou brincando de casinha. É mais ou menos como quando meus filhos eram bebês e eu podia brincar de boneca. Mas não, isso é diferente. Naquela época eu era bem mais velha.

Embora ele esteja em seu próprio terreno, fazendo as coisas que sempre fez, Fernando também passou para o outro lado do espelho. Ele sobe e desce as mesmas avenidas, diz *buona sera* às mesmas pessoas, compra cigarros na mesma tabacaria, bebe o mesmo aperitivo no mesmo bar que frequenta há 30 anos, mas, apesar de tudo isso, nada é igual a antes. Fernando tem a sua própria estranha.

– Você também está vivendo outra vida – digo a ele.

Ele responde que não. Diz que essa não é outra, mas sim sua primeira vida.

– Pelo menos a primeira vida em que estou sendo algo mais do que um observador – afirma. Há uma doce amargura em meu estranho. E um tremor ardente de raiva, por tanto tempo reprimido. Penso no quão solitário deve ser simplesmente avançar aos trancos e barrancos, segurar-se enquanto a vida o leva. Acredito no destino, em uma espécie de predestinação fundamental, mas mesclada a uma estratégia pessoal. Quando ainda era muito jovem, lembro-me de sentir alívio ao ler Tolstói: "A vida tomará forma", prometia ele. Embora eu não acreditasse completamente nisso, ficava muito feliz por saber que a vida poderia fazer pelo menos uma parte de seu trabalho sozinha, que eu poderia descansar de vez em quando. Mas dormir como Fernando havia dormido era triste.

É sábado à noite e, sem destino, nós flutuamos. No convés de um *vaporetto*, tiro um Prosecco da bolsa; depois de mais ou menos uma hora no congelador, a bebida está muito gelada e suas bolhas precisas e intensas atingem a língua como um anestésico. Fernando se mostra tímido e torce para que ninguém o confunda com um turista, mas toma grandes goles do espumante.

– *Hai sempre avuto una borsa così ben fornita?* Você sempre teve uma bolsa tão bem guarnecida? – pergunta ele. Minha bolsa é uma sacola de bebê evoluída, explico. *Tento* explicar. Nós já começamos a falar num híbrido de nossos idiomas, uma espécie de versão caseira do esperanto. Ou então às vezes ele faz uma pergunta em inglês e eu respondo em italiano. Um busca conforto no outro. A embarcação vai singrando a água escura, atravessando um ar úmido e sedoso banhado em uma luz rosada que fica âmbar antes de se tornar dourada.

Desembarcamos no Zattere, trocamos de *vaporetto* e voltamos para San Zaccaria. São quase nove da noite. Curiosamente, há poucos turistas na rua e, no ar pesado, a *piazza* cochila. Nossos passos ecoam, distantes, enquanto violinos executam músicas de Vivaldi e Frescobaldi entre os cafés espalhados pelo espaço deserto. Não há ninguém para dançar, então *nós* dançamos. Dançamos mesmo quando não há música, até alguns alemães ruidosos a caminho do jantar começarem a dançar conosco.

– *Sei radiosa* – diz Fernando. – Você está radiante. Veneza lhe cai muito bem. Isso raramente acontece, mesmo com os venezianos, e os estrangeiros quase sempre são ignorados, ofuscados pela cidade. A maioria dos estrangeiros fica invisível em Veneza. Mas você não – diz ele baixinho, quase como quem diz que seria mais fácil para ele se eu o fosse.

Resolvemos jantar no Il Mascaron, em Santa Maria Formosa, restaurante que sempre foi um dos meus preferidos em visitas anteriores a Veneza. Adoro me aproximar do balcão de madeira antiga do bar, repleto de garrafões de Refosco, Prosecco e Torbolino. Gigi serve doses de Tokay borbulhante e cheio de espuma depois de seu longo e comprimido trajeto pela torneirinha. Nós lhe dizemos o que gostaríamos de comer, dentre os *antipasti* servidos em pratinhos ovais: *baccalà mantecato, castraure, sarde in saor, fagioli bianchi con cipolle* – mousse de bacalhau, pequenas alcachofras do tamanho de um polegar, sardinhas ao molho azedo, feijão branco com cebola. Sabores antigos, pungentes, sensuais. A Veneza dos cânones nos dentes de um garfo.

Quando voltamos para o *vaporetto*, o ar já está encharcado de um azul cada vez mais escuro. Sinto um calafrio de reconhecimento. *Essa é a minha vizinhança.* Estou trôpega, chorosa, mas mesmo assim – como se essa sempre tivesse sido a minha sensação, como se tudo isso sempre tivesse me pertencido – sinto-me à vontade nessa felicidade. Mas o Sr. Temperamental, cujo humor está em constante mudança, interrompe essa paz.

Quando lhe pergunto sobre um ou outro *palazzo*, sobre algum artista, alguma época, ele responde com indiferença ou então nem sequer responde: um guia relutante.

– Veneza não é exótica para os venezianos – diz ele. – Além do mais, não sei todas as respostas. Existem partes da cidade que nunca visitei. Quero que você me conheça primeiro, que se sinta à vontade comigo, e depois nos preocuparemos em fazer você se sentir à vontade com *ela* – diz ele, como um amante ciumento. – Afinal de contas, você não está aqui de férias – continua.

Férias, sinto vontade de gritar. *Você por acaso se lembra de como passei essas últimas semanas?* Quando baixo os olhos para minhas mãos, que parecem ter duzentos anos de idade, sinto vontade de gritar ainda mais alto. Mas só seria capaz de gritar essas palavras em inglês, e já sei que ele iria se refugiar atrás da incompreesão mesmo que compreendesse cada maldita sílaba.

– Eu não consigo achar nada na minha própria casa. Procuro uma tesoura e não encontro – diz ele, com seu já familiar olhar de pássaro morto.

– Eu nem *tenho* uma casa – lembro a ele, pronunciando as palavras da forma mais diabólica de que sou capaz. Peguei o embalo agora, e não ligo mais para o fato de ele me compreender ou não. Vou dizer tudo o que estou sentindo, e na minha própria língua. – Não tenho equilíbrio, não tenho emprego. E amigos? E quanto a alguém, qualquer pessoa, para me olhar nos olhos e me dar as boas-vindas? E um copo limpo? – desabafo.

Caminhamos mais um pouco antes de ele parar novamente e, iluminado pelo luar e ostentando um esboço de sorriso, como se houvéssemos acabado de nos revezar na leitura de um livro infantil, dizer:

– Me diga o que eu posso fazer para você se sentir *em casa*. – É minha vez de não responder. A vingança paira no ar.

7

Aquele instante de opulência logo antes da maturidade

Devagar, muito devagar, começo a sentir que estou mesmo em casa. Às vezes saio de cena por um instante, verificando se há em nós algum vestígio de farsa. Será que somos pessoas gastas fingindo serem novas? Não. Mesmo a mais rigorosa medição de nossa pulsação dá um resultado negativo. Não somos velhos. Estamos naquele instante de opulência logo antes da maturidade, o instante em que o amor fica suspenso em uma nota suave e sustentada de entusiasmo. Em meio à luz cor de canela e a uma ternura que se perpetua, nós, estranhos, vivemos bem juntos na pequena *datcha*. Como casal, existe algo em nós que dá uma impressão de risco, de aventura, como as bolhas intensas de um bom Prosecco. Mesmo quando desnorteamos um ao outro, quando enlouquecemos um ao outro com nossos gritos, há dentro de nós um eco alegre e metálico, como o ressoar de algo dourado e de algo prateado despencando depressa por sobre pedras molhadas. A sensação é de estarmos vivendo à beira do êxtase.

～

O estranho gosta que eu lhe conte histórias. Certa noite, esparramado no sofá com a cabeça no meu colo, ele diz:

– Me fale sobre a primeira vez em que você viu Veneza.

– Você já conhece essa história – respondo com um grunhido.

– Não conheço a história *toda*. Conte tudo. Você estava com um homem, não é? – Ele se senta e me olha.

– Eu não estava com homem nenhum, mas e se estivesse? – respondo, meio provocando.

Mas ele está sério e gentil.

– Por favor, só me conte a história.

– Tudo bem. Mas feche os olhos e escute de verdade, porque é uma história linda. Tente não dormir – peço. – Você já conhece a parte sobre eu estar em Roma, sobre não querer sair de Roma para vir a Veneza. Mas eu tinha que escrever um texto sobre a cidade, então *precisava* vir. Você se lembra de tudo isso? – pergunto, situando o acontecimento como uma boa contadora de histórias.

– Sim. Eu me lembro que você chegou de trem e desceu em San Zaccaria para poder escutar o La Marangona.

– Mas ele nunca tocou – interrompo.

– Mas ele nunca tocou. Então por que você não cruzou a praça? Como é que pôde ficar bem ali na entrada e virar as costas? – pergunta ele, tornando a se sentar para poder ler o meu rosto. Acende um cigarro na chama da vela, atravessa a sala e abre as portas que dão para a pequena varanda. Uma vez lá fora, apoia-se na balaustrada de frente para mim, à espera.

– Não sei, Fernando. Eu simplesmente não estava pronta. Não estava pronta para os sentimentos que Veneza despertou em mim desde aquele primeiro instante em que saí da estação de trem. Era como se Veneza fosse mais do que um lugar. Era como se fosse uma pessoa, alguém ao mesmo tempo conhecido e totalmente estranho, alguém que tivesse me surpreendido com a guarda baixa. Naquela época, eu estava bastante cansada. Já tinha estado em muitos lugares, já tinha visto muita coisa e simplesmente não estava preparada para o frenesi de emoções daquele instante – explico.

– Assim como não estava preparada quando me conheceu? – pergunta ele.

84

– É. Muito parecido com quando conheci você – respondo. – Agora venha deitar aqui de novo e feche os olhos para eu poder contar a história.

Fernando se acomoda.

Com o mapa na mão, vou na direção de um lugar chamado Il Gazzettino, o pequeno hotel que meus editores escolheram para mim. Encontro o Campo San Bartolomeo com relativa facilidade, depois sigo o fluxo à esquerda e entro no caminho estreito e escuro da Merceria, empurrando e puxando minha mala pelo beco.

– Campo San Bartolomeo? Você passou bem em frente à porta do banco – diz ele, como se aquilo tivesse sido um desrespeito deliberado.

– Fique quieto e continue de olhos fechados – ordeno.

Abro a porta de um hall de entrada minúsculo e vazio e puxo a corda da campainha junto à parede. Il Gazzettino, cujo estilo de decoração passei a conhecer mais tarde como falso veneziano, é feito quase inteiramente de vidro de Murano – candelabros, vasos e esculturas de formas e cores chamativas cobrem todas as superfícies do hotel com exceção daquelas ocupadas por lascivos e zombeteiros personagens de carnevale. A luz é fraca. Começo novamente a sentir saudades de Roma. Pela porta atrás de mim adentra uma mulher baixinha e risonha chamada Fiorella, que se apresenta enquanto acomoda a grande e maldita mala debaixo do braço e a carrega escada acima. Meu quarto também está decorado de acordo com a temática do estabelecimento e, para me defender, penduro um xale rendado por cima do pior dos arlequins sorridentes. O caráter grotesco do lugar se dissolve com a luz da única janela que dá de fundos para o desfile de beleza veneziano do Sottoportego de le Acque. Suspendo-me até o peitoril da janela, recosto-me no batente das grossas venezianas pretas e passo algum tempo sentada respirando aquela cena. Aplaudo o velho basso que faz uma serenata de uma gôndola no canal mais abaixo, e ele retribui com uma profunda reverência, dobrando o corpo na cintura, como se o barquinho balouçante fosse um adereço no palco do La Fenice. A luz se transforma em sombras e sinto um pouco de frio. Outra vez dentro do quarto, saio dançando por ele feito um boxeador, sem saber por onde começar a abraçar Veneza. E o jantar? Será que devo ir ver a piazza agora ou esperar escurecer? Decido lavar os cabelos e trocar de roupa, depois sair para passear pelo bairro tentando me equilibrar pelas ruas daquela cidade aquática, em busca de um bom aperitivo.

Prendo os cabelos e ponho um vestido justo feito com um corte de seda cor de açafrão comprado anos antes em Roma e que inicialmente pretendia transformar em uma saia para minha penteadeira. É um vestido bonito, penso enquanto afivelo as sandálias de pele de cobra cinzenta. Vou passear por Veneza.

– Você ainda tem esse vestido? – ele quer saber.

– Não. Eu engordei e ele ficou apertado, então usei-o para fazer umas capas de almofada. E, se você me interromper outra vez, vou dormir – ameaço.

Fiorella recomenda que eu espere o dia seguinte para começar a procurar os lugares mais típicos para comer e beber e aconselha que eu fique por perto, logo depois da esquina, no Antico Pignolo. Eu iria aprender que Fiorella sempre consegue o que quer. Ela telefona para o Pignolo, reserva uma mesa, recomenda seriamente que eles me tratem bem e manda eu subir imediatamente para o quarto para trocar de sapato – tudo isso antes mesmo de eu poder protestar. Finjo não entender o que ela diz sobre os sapatos e saio correndo em direção a um crepúsculo cintilante como seda molhada.

Desafiando Fiorella outra vez, subo depressa – novamente, como se tivesse um encontro marcado – a Merceria até a Calle Fiubera, cruzo a Calle dei Barcaroli e a Calle del Fruttarol e chego ao Campo San Fantin. Sento-me em frente à Taverna della Fenice para bebericar um Prosecco, tomada por um estranho consolo. Será alguma delicada carícia do vinho, do ar agradável e úmido sobre a minha pele? A velha princesa provoca em mim um distanciamento de causar arrepio. Ainda assim, não me sinto fora de lugar; sinto-me estranhamente em casa. Na volta, flutuo mais do que caminho, parando para espiar pelos cantos, tocando a superfície gasta de uma parede ou uma gigantesca cabeça de leão feita

de bronze que, disfarçada de aldraba, protege um pequeno palácio.
Estou começando a entender o jogo rítmico de gato e rato que se pode
jogar com Veneza. Vendo a luz se transformar em sombra e novamente
em luz, vou vagando por suas ruelas úmidas e apertadas. Da mesma
forma que às vezes vaguei pela vida. Assim, quando chego à minha mesa
com uma hora e meia de atraso, estou encabulada e faminta.

– E depois do jantar você foi a San Marco? – interrompe Fernando.

– Fui – respondo.

Atravesso a Piazzetta dei Leoncini e encaro a piazza. Ela parece um
longo e largo salão de baile, e as altas cúpulas da basílica são o seu por-
tal. As paredes são grandes arcos desenhados em uma tela branca; o
chão é feito de pedra, alisado pelas chuvas, pelas águas da lagoa e por
mil anos sendo pisado pelos pés de pescadores e cortesãs, de mulheres no-
bres de colo branco, de velhos doges e crianças famintas, de conquista-
dores e reis. Há algumas pessoas passeando pela praça e outras poucas
sentadas no Quadri. É do Florian que vem a música. O conjunto está
tocando "Weiner Blut" e dois casais de certa idade dançam sem emba-
raço. Escolho uma mesa junto a eles e fico ali, tomando um café ame-
ricano, até não restar mais ninguém dançando, sentado ou tocando
violino. Deixo algumas liras sobre a mesa para não incomodar o grupo
de garçons que afrouxa as gravatas e acende os cigarros uns dos outros.
Não tenho certeza de qual é o caminho de volta para o medonho quar-
tinho acima do Sottoportego de le Acque, mas bastam algumas curvas
erradas por calli silenciosas para encontrar o hotel de Fiorella.

Certo dia, vou de carro até Torcello passear pela alta grama das cam-
pinas e descansar na penumbra de Santa Maria dell'Assunta, cons-
truída no século XVII. Vou me sentar sob a pérgula na Osteria al Ponte
del Diavolo para comer um risoto com brotos de lúpulo servido por um
garçom de cabelo repartido ao meio, cheio de gomalina, e usando uma
gravata cor de salmão.

– Foi onde nós comemos em nosso primeiro fim de semana aqui
– comenta Fernando.

Visito dúzias de igrejas e os sublimes quadros escondidos dentro de al-

gumas delas. Nessa primeira visita, não ponho os pés na Accademia ou no Correr. Minha pesquisa sobre os bacari, *os bares onde se bebe vinho, é bastante intermitente e espontânea. Quando passo em frente a um deles, paro e saboreio um Incrocio Manzoni ou um copo de Malbec ou de Recioto, sempre com alguma espécie maravilhosa de* cicheti, *tira--gostos. Aprecio os ovos levemente cozidos cortados ao meio, com as gemas alaranjadas e macias e enfeitados com uma fatia de sardinha fresca e com pedacinhos de polvo frito temperados com azeite, ou então as alcachofrinhas do tamanho de um polegar ao molho de alho. Na verdade, acho fácil evitar a Veneza da qual por tanto tempo desconfiei. Ela exige que se escolha claramente entre se aproximar dos clichês ou se afastar deles. O sangue de seu coração corre logo abaixo de sua máscara. Exatamente como o meu, penso. Veneza só exige um pouco de coragem como preço para adentrar suas trilhas sentimentais.*

Não sei há quanto tempo ele pegou no sono, nem por que não reparei no som fraco de seus roncos. De toda forma, fiquei feliz pela oportunidade de escutar minha própria história. Com cuidado, acompanho-o até a cama pensando que ele só vai acordar no dia seguinte, mas, quando está na cama, ele se apoia no cotovelo:

– Amanhã à noite você me conta *tudo*?

Durante nossos banhos de banheira, o estranho tem menos dificuldade de se manter acordado. E logo descobrimos que nossas melhores conversas acontecem na banheira. Para duas pessoas tão cheias de mistério, existe entre nós uma intimidade espiritual que não precisa de incentivo. Assim como em nossa primeira noite em Saint Louis, sou eu que preparo o banho. Despejo na água punhados de sais de chá-verde e óleo de sândalo, uma quantidade exagerada de espuma de banho com aroma de pinho, e uma ou duas gotas de almíscar. Sempre deixo a água quente demais, e sempre estou submersa entre bolhas e vapor quando Fernando entra no banheiro. Ele acende as velas. Leva quatro minutos inteiros para se adaptar à temperatura da água, e sua pele clara fica muito vermelha.

– *Perchè mi fai bollire ogni volta?* Por que você sempre tenta me cozinhar? – Durante um dos banhos, o assunto é crueldade. Sinto vontade de lhe contar mais sobre meu primeiro casamento.

– Eu traí meu primeiro marido – começo, abrindo-me com ele. – Ele era um homem paciente que esperou eu lhe dar um motivo claro para me deixar. Não conseguia simplesmente dizer "não amo você, não quero continuar casado, não quero mais você nem esses filhos". Ele só me disse essas coisas mais tarde. Na época, tudo o que fez foi reforçar minhas inseguranças claramente patológicas sobre ser uma pessoa digna de amor. Ele é psicanalista – continuo. – E muito ardiloso. O que ele fez foi parar de falar comigo. Ele se retraiu e me deixou sozinha, para fracassar e ter medo, me perguntando o que estava acontecendo. E, quando ele falava, era quase unicamente para me ridicularizar e me ameaçar. Parecia gostar de sua enorme capacidade de me assustar.

O rosto de Fernando agora não está mais vermelho, mas muito pálido. Cada frase parece levar cinco minutos para ser traduzida, depois outra eternidade para ele compreendê-la. Pelo menos a água está esfriando. Mas eu estou aos prantos.

– Eu nem sequer entendia o que era depressão – retomo –, mas com certeza devia estar deprimida. Durante a pior fase, estava grávida de Erich. Talvez eu já soubesse que o pai dele havia se afastado de nós. Quem ficou animada com o primeiro chute do bebê foi Lisa, minha filha. Foi ela, com a cabeça no meu colo, quem se deleitou com os movimentos do irmão, quem os traduziu para mim. Nós duas cantávamos para o bebê, dizíamos a ele quanto já o amávamos, que mal podíamos esperar para segurá-lo. Mesmo assim, de certa forma, Erich já nasceu conhecendo a tristeza.

Agora Fernando também está chorando e diz que precisa me abraçar, então saímos da banheira, vamos para o quarto e nos deitamos.

– Logo depois de Erich nascer, houve momentos em que confrontei meu marido, dizendo a ele que estava sozinha e assustada. "Por que você está sendo tão cruel?", perguntava. "Por que não abraça sua filha? Por que não pega o bebê no colo? Por que você não nos ama?" Mas ele só estava ganhando tempo, esperando sua deixa para ir embora. Então eu dei a deixa, Fernando, dei a ele o motivo perfeito para sair de casa. Conheci um homem e me apaixonei perdidamente. Achei-o gentil e sensível. Eu o via pouco, mas tinha certeza de que essa paixão era uma expressão de amor. "Ah, então é assim que é", eu pensava. Quando meu marido seguiu meu rastro muito óbvio, eu ainda acreditava que iria lutar por mim. Mas ele saiu de casa em três dias. Mesmo assim, tudo iria ficar bem porque o outro homem realmente me amava. Eu tinha certeza de que ele realmente me amava.

Fiz uma pausa e olhei nos olhos de Fernando, depois continuei:

– Só que eu não podia contar tudo ao meu amante pelo telefone, então embarquei em um trem, encontrei-o para almoçar e disse: "Ele descobriu. Ele descobriu tudo, agora foi embora e nós estamos livres." "Livres para quê?", ele perguntou, sem tirar o cigarro da boca. "Para ficar juntos. É isso que você quer, não é?", perguntei a ele. Ele era um mestre na arte da hesitação. Junto com uma nova lufada de fumaça, eu o ouvi dizer: "Sua boba." Ele deve ter dito outras coisas, mas é só disso que me lembro. Levantei-me da cadeira e fui cambaleando até o toalete feminino. Fiquei lá dentro um tempão, passando mal. Quando saí do cubículo, a mulher que arrumava o banheiro estava à minha espera com um pano úmido na mão. Disse para eu me apoiar nela, para me sentar. Eu tentei rir dizendo que talvez estivesse grávida. "Não. Isso é coração partido", disse-me ela. Os franceses dizem que as mulheres só morrem do primeiro homem. Para mim, a morte aconteceu duas vezes na mesma semana.

Ficamos ali deitados sem dizer nada até Fernando se ajoelhar na cama e, baixando os olhos para mim e com as mãos nos meus ombros, dizer:

– Não existe neste mundo uma agonia capaz de ser mais forte do que a ternura.

8

Todo mundo liga para como vai ser julgado

Com a mesma frequência com que dou ao estranho motivos para chorar, pareço lhe dar ainda mais motivos para rir. A um colega seu do banco, que é de Pisa, digo que considero os *piselli* um dos povos mais simpáticos da Itália. Infelizmente, o que acabo de dizer é que acho as *ervilhas* um dos povos mais simpáticos da Itália. *Piselli* quer dizer ervilhas. Quem nasce em Pisa é *pisano*. Mas o *signor* Muzzi é esperto o suficiente para não reagir à minha gafe e loquaz o bastante para repetir e enfeitar a história de modo a fazer *l'americana* causar alvoroço entre os funcionários e clientes.

Sem constrangimento algum, sinto-me contente por ter protagonizado essa cena cômica. Como estou muito concentrada em me alegrar no dia a dia, quase não percebo o mal-estar que está começando a tomar conta de mim: uma leve tristeza, um hematoma que vem, vai e torna a voltar, uma nostalgia. Não é um sentimento trágico nem contradiz a satisfação dessa nova vida. Mas basicamente sinto falta do meu próprio idioma. Sinto falta dos *sons* da língua inglesa. Quero *compreender e ser compreendida*. É claro que eu conheço a solução. Além do tempo, há também a comunidade anglófona, cujos membros estão espalhados por toda a Veneza. Eu preciso de um amigo. E talvez haja outra coisa também: sinto falta do meu próprio entusiasmo.

Sinto-me pressionada por essa instituição setentrional chamada *bella figura*, a manutenção das aparências, o rápido estrangulamento da espontaneidade em prol de um fingimento necessário que os italianos chamam de "elegância". Sua receita: uma curta lista de perguntas e respostas pré-aprovadas. Fernando é meu *scudiero*, meu fiel escudeiro, encarregado de proteger a ele próprio e a mim de "boatos maldosos". Sempre que estamos em público, ele se desdobra para tentar evitar que eu passe por algum constrangimento cultural. Não adianta nada. Muitas vezes me sinto uma desajeitada de meia-idade com a boca muito vermelha. Sem me deixar impressionar ou sensibilizar pelas minhas próprias gafes, converso com todo mundo. Sou curiosa, sorrio demais, toco, olho, inspeciono. Parece que o estranho e eu só ficamos à vontade quando estamos sozinhos.

– *Calma, tranquilla* – me diz ele, o alerta padrão contra qualquer comportamento que não esteja na lista. Um conjunto arcaico de posturas por parte de pessoas que não parecem ligar a mínima umas para as outras: esse dialeto não verbal é o seu verdadeiro idioma, e eu não o domino. A situação é exatamente como Misha disse que seria.

Nascido e criado na Rússia, Misha havia emigrado para a Itália logo após se formar em medicina e trabalhara em Roma e em Milão por quase 10 anos antes de se mudar para os Estados Unidos. Ele e eu nos conhecemos quando morávamos em Nova York. Ficamos mais próximos quando ele foi transferido para Los Angeles e eu morava em Sacramento. Misha sempre tinha muita coisa a dizer. Ele foi me visitar em Saint Louis logo depois de eu conhecer Fernando, e nosso primeiro almoço juntos foi demorado e cheio de raiva.

– Por que você está fazendo isso? O que você quer desse homem? Ele não tem nenhuma das qualidades óbvias que fazem as mulheres correrem até o outro lado da Terra para agarrar um homem – disse ele com sua voz de Rasputin. Então prosseguiu enumerando os perigos de trocar de cultura, dizendo como eu estaria abrindo mão até mesmo da alegria simples de uma conversa. – Mesmo quando você aprende a realmente pensar e falar em outra língua, não é a mesma coisa que falar na sua língua materna. Você nunca vai *nem compreender nem ser compreendida*. E isso sempre foi tão fundamental para você! Você que ama as palavras, que diz coisas maravilhosas com essa voz baixa e suave. Não vai ter ninguém para te escutar – disse ele. Embora estivesse claro que aquilo era um monólogo, tentei me intrometer.

– Misha, pela primeira vez na vida eu estou apaixonada. Será que é tão improvável assim eu querer ficar com esse homem, more ele em El Paso ou em Veneza? – perguntei. – Eu não estou escolhendo uma cultura. Estou escolhendo um amante, um parceiro, um marido. – Ele foi implacável.

– Mas quem você vai ser lá, o que vai poder fazer? A cultura mediterrânea de modo geral e a italiana em particular operam de acordo com um padrão diferente de impressões e juízos. Você sabe que não tem mais 19 anos e o melhor que irão pensar é que você "algum dia deve ter sido bonita". E é bom conseguir fazê-los pensar que tem dinheiro, o que não é o caso. Fora isso, quase mais nada terá importância. Essa decisão que você está tomando é bem excêntrica, e a maioria das pessoas vai olhar você com desconfiança e perguntar: "O que é que essa mulher quer aqui?" Para elas, o simples fato de imaginar um motivo puro é impossível, porque vivem de artifício. Cada ação é pensada para gerar uma reação. Eu não estou sugerindo que isso seja um comportamento tipicamente italiano, mas sim que comportamentos intensos desse tipo são tão comuns por lá hoje em dia quanto eram na Idade Média. Por mais esperta que você seja, sempre será infantil demais para eles. Você tem um lado Poliana exacerbado demais para o gosto dos italianos. O fato de ser uma eterna iniciante, se eles por acaso conseguirem aceitar isso, vai lhes parecer uma frivolidade. Seria melhor se o seu Fernando fosse um velho artrítico rico e sem caráter. Nesse caso, eles poderiam entender sua atração por ele – atacou Misha.

– Misha, por que você não pode simplesmente aceitar a minha felicidade, ou quem sabe ficar feliz por mim? – perguntei.

– Feliz... o que é "felicidade"? Felicidade é para pedras, não para pessoas. De vez em quando, nossa vida é iluminada por alguma coisa ou por alguém. Vemos um clarão de luz e chamamos isso de "felicidade". Você está agindo de forma espontânea, mas mesmo assim vai ser julgada negativamente porque só pode ser avaliada pelos padrões deles, que não incluem a espontaneidade – concluiu, de forma lenta e deliberada.

– Estou pouco ligando para como vão me julgar – falei.

– Todo mundo liga para como vai ser julgado – rebateu ele.

Eu havia tentado escutá-lo nessa ocasião, mas sobretudo havia tentado desprezar seu pessimismo, como se olhar para esse sentimento fosse fazer eu me sentir tola e assustada. E mencionar esse pessimismo agora de fato me dá a sensação de que sou tola e assustada.

Timidamente, Fernando começa a me apresentar a uma ou outra pessoa com quem cruzamos na rua, no ferryboat ou no *vaporetto*, na banca de jornal nas manhãs de domingo ou quando paramos para tomar um Aperol no Chizzolin ou nos sentamos na Tita em frente a tigelinhas de metal de *gelato di gianduia*. Nos fins de semana, pegamos o carro e vamos até Alberoni, parando em Santin para tomar o melhor café da ilha, comer doces quentinhos recheados com rum e chocolate e mais tarde, no início da noite, quando o lugar está ainda mais cheio, voltamos lá para comer pequenas tortas crocantes de ricota e beber taças de Prosecco. Mas esse é um lugar onde ninguém realmente quer conversar. Ou as pessoas estão sozinhas e gostam disso, ou então aparecem para se exibir, para conversar *diante* da multidão. E, assim como acontece no bar, acontece também na ilha. Eu vou aprender que os *lidensi* que ele chama de amigos são praticamente todos conhecidos de "cinco frases", e que seu afeto mútuo é demonstrado em encontros casuais em que começam falando sobre o tempo e terminam com beijos que não tocam a face e a promessa de um telefonema. Mas, no Lido, ninguém liga para ninguém de verdade.

Em geral, toda essa atmosfera de rigidez me faz sorrir. Ela é um episódio ruim de uma série de TV, e eu rebato as pequenas mágoas que ela às vezes me causa lembrando a mim mesma que não foi por causa da *sua ilha*, assim como não foi por causa da sua casa que fui morar com Fernando. Começo a compor pequenas canções e a ensiná-las para ele em inglês de modo que, pelo menos, consigamos fazer graça com a perfeição precisa de cada encontro. Ele gosta disso e, com malícia, exagera a brincadeira. Mas, quando eu me atrevo a protestar contra alguma resposta ou acontecimento particularmente assombrosos, ele se sente agredido e muda de time, passando a defender sua ilha com altivez.

– Mas quem você pensa que é para julgar ou tentar mudar uma cultura? *Quanto pomposa sei.* Como você é pretensiosa.

Tento dizer a ele que minha intenção não é julgar. Não estou tentando mudar nada naquelas pessoas nem em sua cultura. Só estou tentando não ter que mudar nada em mim nem na minha. Ele às vezes parece uma imagem holográfica, um estranho que desbota e se define, desbota e se define. Será que a jornada de Fernando para longe da *bella figura*, que ele afirma por livre e espontânea vontade odiar, é recente demais? Um passo para a frente, muitos passos para trás. Até mesmo agora – neste exato instante –, quando a estrada atrás dele já é longa, ele continua dançando as mesmas velhas danças. E eu, as minhas.

E, quando não está nem defendendo nem exaltando o Lido, Fernando me conta histórias sobre como era a ilha antigamente, sobre como, até o início da década de 1960, o Gran Viale era margeado por casas de chá da moda cheias de garçons de fraque e quartetos de corda onde *soubrettes* austríacas e francesas flanavam com seus chapéus de véu acompanhadas por consortes vestindo ternos de linho amarrotados. Eu cheguei 40 anos atrasada. Agora tudo que existe são tabernas com fornos de pizza. As únicas pessoas exóticas que vejo na avenida são turistas de Düsseldorf que vieram atrás do sol trajando shorts bem curtos e sandálias de borracha. E a única pessoa de chapéu sou eu. Com exceção da breve civilidade pós-guerra das casas de chá, não aconteceu muita coisa no Lido desde que Byron, de calça curta, costumava entrar nas ondas montado em um garanhão, mergulhar na lagoa e nadar de costas pelas águas azul-esverdeadas do Grande Canal.

Diariamente, todo mundo que tem algum lugar para onde correr foge do Lido de barco, como se a ilha fosse o décimo círculo do inferno, enquanto aqueles que ficam estão fadados a rápidas incursões de sobrevivência às lojas e depois a um recuo para trás das persianas para cochilos diurnos e vigílias televisivas. Apesar das deficiências desta ilha, continuo tentando encontrar o lado bom do Lido. De certa forma, isso parece fácil para mim, porque a ilha é cercada pelo mar – *eu* estou cercada pelo mar; trechos da praia parecem outros cômodos da minha casa. O mar liberta o sol pela manhã e torna a chamá--lo para dentro de si à noite. No entanto, nem mesmo o mar, com seus caprichos, seus acessos de fúria e seus muitos matizes, é capaz de despertar de seu torpor esse pequeno feudo arenoso. Embora haja a dança das senhoras na praia.

Até agora, eu havia passado ao todo menos de 40 minutos da minha vida realmente deitada sob um sol escaldante. Aqui, vivo em uma cultura que ordena que todas as mulheres torrem a pele. Eu nem sequer tinha roupa de banho. Depois que a *datcha*, que é como continuamos a chamar o apartamento, fica em ordem, viajo até Milão para trocar alguns documentos com o consulado americano e para comprar um maiô da Alaia com um corte enviesado, lindo. Se não posso *ser* italiana, pelo menos vou *parecer* uma. Envolta em um pareô branco, protegida por óculos escuros Versace, com a boca cor-de--rosa perolada para completar o disfarce, espero até as dez horas (senhoras que vão à praia não acordam cedo), atravesso a rua, cruzo sem hesitar o santuário do Hotel Excelsior e vou até a areia. Ali, o décimo primeiro círculo do inferno me aguarda.

Mulheres deitadas sob o sol fumam em frente a suas barracas durante três horas pela manhã, fazem uma sesta de duas horas depois do almoço e em seguida voltam à praia para ficar deitadas sob o sol e fumar por mais três horas durante a tarde, até seus maridos se juntarem a elas, às seis e meia, para tomar *aperitivi* no bar do hotel. Ainda na praia, elas tomam uma chuveirada com um cigarro pendurado entre os lábios; vestem-se com um cigarro pendurado entre os lábios e, ainda fumando, saem para jantar. Elas, com a pele parecendo uma folha marrom amarfanhada e coberta por um quilo de ouro e joias, parecem mais exausta do que eles. O maiô vai morar na última gaveta de baixo na minha cômoda.

Uma vez arquivada a vida na praia, penso em culinária. Na maioria das noites das poucas semanas que se passaram, eu encontrei Fernando na saída do banco e nós jantamos cedo e modestamente em pequenas *osterie* de Veneza. Às vezes passávamos em casa para trocar de roupa antes de levar uma cesta de pão, queijo, vinho e chocolates até as pedras à beira-mar para um piquenique às dez horas. Mas essa noite Fernando vai jantar em casa.

Atravesso a pé a Ponte delle Quattro Fontane e chego à Via Sandro Gallo, a caminho do *quartiere popolare* – o bairro operário do Lido, onde Fernando diz que poderei encontrar os melhores ingredientes vendidos a preços mais baixos do que nas lojas perto de casa. Isso pode até ser verdade, mas também é verdade que longos e escaldantes trechos de avenida, nos quais bate um sol a pino, separam cada comércio. Visito a loja de laticínios, o açougue, a peixaria, o vendedor de frutas (que é diferente do vendedor de legumes, que é diferente do vendedor de hortaliças). Farinha, azeite, *pancetta* comprada na *gastronomia*. Eu, a filisteia recém-chegada, peço para comprar *lievito*, fermento, na padaria. Com os olhos arregalados, a mulher do padeiro diz que não vende fermento, mas sim pão. Diz que o pão é assado no *forno*, que fica do outro lado da ilha. A sua loja é só um ponto de vendas. Pergunto se ela sabe onde posso achar fermento. Fermento para bolos? Fermento em pó? É isso que a senhora deseja?, indaga ela, me testando.

– Não, *signora*, eu quero fermento para fazer pão – respondo. Minha intenção faz seu peito arfar. Para aliviar sua agonia, compro um pão. Desisto da *pasticceria*, que fica poucos metros mais adiante e foi recomendada pelo vendedor de vinhos, e agradeço pela proximidade da Maggion. Meio dia mais tarde, com os músculos doloridos por causa do peso das sacolas transportadas por cinco quilômetros e três lances de escadas, estou queimada de sol, triunfante e pronta para começar.

Até então, só acendi o fogão para fazer café. Descubro que o queimador que venho usando é o único que funciona, pois os outros praticamente só soltam ar. A única janela da cozinha está emperrada, e os 77 centímetros quadrados do espaço só permitem uma suave oscilação da cintura para cima. Com exceção daquela usada para cortar toranjas, não há nenhuma faca, e parece que as minhas estavam entre os objetos doados no aeroporto. Penso nas centenas de aulas de culinária que já dei, em minha insistência a respeito de se ter uma cozinha bem equipada. Ouço meu eu animado dizer aos alunos: "Um espaço adequado, bons utensílios e equipamentos são fundamentais. Mas quem for realmente um cozinheiro é capaz de cozinhar dentro de uma lata de conservas usando uma colher de pau."

Eu estava errada. Preciso de mais do que uma lata de conservas, e de muito mais do que esse espaço apertado feito uma lata. E, droga, preciso de mais do que uma colher de pau.

Mesmo assim, preparo uma massa para cobrir imensas flores de abóbora douradas e um recheio de pistache, *pancetta*, queijo parmesão e sálvia para um peito de vitela. Refogo na manteiga e no vinho branco o peito de vitela, recheado e amarrado com barbante de algodão, e deixo-o descansar e esfriar em seu próprio caldo. Para a entrada, teremos uma sopa fria de tomates amarelos assados enfeitada com um par de camarões grelhados com erva-doce; de sobremesa, queijo *Taleggio*, figos brancos e merengues da Maggion. Nós jantamos devagar. Fernando se mostra curioso em relação a cada prato e quer saber sobre os ingredientes e modos de preparo. Pergunta quanto tempo levei para preparar o jantar e lhe digo que foi preciso três vezes mais tempo para fazer as compras do que para cozinhar.

– Não pense que espero que você ponha uma mesa assim todas as noites – diz ele. E eu me pergunto se ele quer dizer: "Você não deve esperar que eu *coma* assim todas as noites." De fato, ele prossegue: – Eu prefiro a *simplicidade*. Além disso, você tem muita coisa para fazer, organizar o casamento, supervisionar a reforma, aprender o idioma.

– Eu entendo. Há um desvio no caminho para o seu coração que não passa nem perto do seu estômago.

– Mas eu sou cozinheira. Você não pode simplesmente me dizer para não cozinhar – digo eu em tom de lamento.

– Não estou dizendo para você não cozinhar – responde ele entre os dentes. – O que estou dizendo é que sua noção de comida para o dia a dia é a minha noção de comida de festa – diz ele, como se comida de festa fosse algo profano.

Por que é tão esquisito o fato de eu querer *cozinhar, cozinhar de verdade, todos os dias*? Ele acha que mais correto seria uma, quem sabe duas vezes por semana. Nas outras noites, poderíamos jantar uma simples *pasta asciutta* ou uma salada com queijo, *prosciutto e melone, mozzarella e pomodoro*. Poderíamos sair para comer pizza. Ele insiste. Diz que a cozinha é pequena demais, totalmente *despreparada* para cozinhar de verdade. Penso que ele é que é *despreparado* para comer de verdade. O fato de eu fazer pão o deixa mais aterrorizado do que a mulher do padeiro.

– Ninguém faz pão, nem sobremesa, nem massa caseira – diz ele. – Até as vovós e as tias solteironas fazem fila nas lojas em vez de usarem o fogão e o forno. – Nós somos uma *cultura moderna*, ele não para de repetir. Acho que no Lido isso significa que as mulheres foram libertadas da cozinha para o *salotto*, e agora podem ver televisão e jogar buraco.

– Temos alguns dos melhores *artigiani* de toda a Itália que fazem essas coisas para não precisarmos fazê-las – completa. Daqui a pouco vai me dizer em que dias a carrocinha de congelados passa em frente do prédio, essa fornecedora fria dos almoços das senhoras que frequentam a praia, a sempre alerta fornecedora de comidas perfeitamente retangulares. Eu faço uma careta, mas ele não propõe comida congelada.

Sei que sua intenção com esse discurso é boa, que ele só quer me ajudar a me adaptar às novas realidades. Não há mais 40 clientes famintos todas as noites, como havia no meu café. Não há crianças nem parentes para se sentar à mesa. E Fernando já me disse que aqui amigos e vizinhos comem em sua própria casa. Sinto-me como uma Galinha Ruiva na menopausa. Isso tudo vai passar logo depois do casamento, quando o apartamento estiver devidamente reformado e o clima mais ameno. O estranho vai ficar com fome e, em algum lugar, eu vou comprar alguma comida pronta para o jantar de vez em quando. Vou arrumar um emprego em um restaurante. Vou abrir meu próprio restaurante. Se estivesse com minhas facas, eu as teria jogado no chão. Fernando me tira dessa minha raiva silenciosa anunciando com atrevimento:

– Amanhã à noite eu vou cozinhar para você. – Mal posso esperar, penso, amargurada. Mais tarde, na cama, planejo como apresentar melhor minha personalidade culinária ao estranho.

Havia quase 20 anos que eu trabalhava com comida, sonhava com ela, escrevia sobre ela, ensinava os outros a trabalhar com ela, a perseguia em continentes distantes, pagava o aluguel de uma vida confortável com os ganhos muitas vezes consideráveis obtidos graças a uma carreira baseada em comida, carreira essa que ele pensa ter sido um *jobette*, um tipo de hobby bem remunerado bastante agradável. Eu havia sido a arquiteta de confiança dos meus próprios sonhos e dos sonhos de outras pessoas, tudo movido a gastronomia. Mais de uma vez, havia apostado tudo o que tinha e ganhado, confiando no que sabia e no que sentia em relação à comida. Direi tudo isso com calma e na hora certa. Chegarei até a sacar minha pasta surrada cheia de provas impressas, recortadas ao longo dos anos de revistas e jornais. Porém, quando faço isso tudo, o que o estranho encontra para dizer é:

– Agora que você está "sem idioma", acha que a forma de se comunicar é a comida. – Que bobajada.

Para mim, a comida vai muito além das metáforas do amor, do sentimento e da "comunicação". Eu não demonstro afeto com comida. Não sou tão nobre assim; eu cozinho porque *amo* cozinhar, porque *amo* comer, e, se alguém que estiver por perto também amar comer, melhor ainda. A verdade é que sempre cozinhei para grupos grandes, mesmo quando não havia grupos grandes – para os grupos grandes que eu, sempre e ainda, *desejava* que estivessem ali. Segundo meus filhos, um dia preparei uma sopa de abóbora assando o miolo de uma porção de abóboras da decoração de Haloween até ficarem caramelizadas e macias, depois misturei a polpa com conhaque, creme de leite e algumas raspas de noz-moscada. Eles dizem que havia litros e mais litros de sopa. Depois de jantar sopa por uma semana inteira, eles me viram acrescentar ao que sobrou lascas de queijo Emmenthal, pimenta branca moída na hora e gemas de ovo. Dizem que misturei claras em neve e virei a massa para dentro de formas untadas e enfarinhadas, três formas enormes. E *voilà*, uma torta salgada. Lembro-me de que o gosto era maravilhoso, mesmo na segunda e na terceira noite. Lisa vai lhe dizer que foi nessa época que sua pele começou a ficar laranja. No final, raspei o que sobrou da torta, misturei com um pouco de ricota e algumas colheradas de queijo parmesão ralado e fiz um nhoque: nhoque de abóbora com manteiga de sálvia e sementes de abóbora tostadas, é assim que termina a história *deles*, embora *eu* ainda me lembre de mais uma noite no grande episódio da abóbora. Sim, tenho certeza de que comemos o tal nhoque, pelo menos uma vez, gratinado com creme de leite e pedacinhos de gorgonzola. As sobras rendem muita coisa. Talvez seja ingenuidade minha, mas tudo isso me convém, essa tendência à domesticação. É a coisa mais antiga que conheço sobre mim mesma, a primeira, na verdade. Tirando a solidão.

Na noite seguinte, o estranho se posta diante do fogão qual o duque de Montefeltro, vestindo uma cueca samba-canção roxa. Ele saca uma balança e separa 125 gramas de massa fresca para cada um de nós. Eu vou me casar com um J. Alfred Prufrock veneziano que pesa o próprio jantar! Ele despeja um purê de tomate dentro de uma panela pequena, fina e gasta, em vez de usar uma das minhas belezinhas de cobre. Acrescenta sal e grandes pitadas de ervas secas que guarda em uma lata acima do fogão.

– *Aglio*, *peperoncino* e *prezzemolo*. Alho, pimenta e salsinha – diz ele, como se acreditasse nisso. A massa fica boa e digo isso a ele, mas continuo com fome.

Três horas mais tarde, essa fome já abriu um buraco dentro de mim, então, quando Fernando pega no sono, saio de fininho da cama e preparo meio quilo de um espaguete grande, grosso. Encharco a massa com manteiga aromatizada com algumas gotas do vinagre balsâmico de 25 anos que carreguei, aninhado como um ovo Fabergé, de Spilamberto até Saint Louis, depois de Saint Louis até Veneza. Ralo um pedaço de parmesão por cima da massa até minhas mãos ficarem cansadas e depois enfeito o prato sedoso e fumegante com vários giros do moinho de pimenta. Abro as persianas da sala de jantar para deixar entrar o luar e a brisa da meia-noite, acendo uma vela e sirvo-me um pouco de vinho. Encho o prato várias vezes e devoro a massa toda, absorvo-a, sentindo seu cheiro, seu sabor, mastigando, sentindo seu reconforto explodir repetidas vezes. A vingança se agita no ar, então eu a enrolo com rebeldia, fazendo-a dar voltas no meu garfo exatamente como Fernando me disse para não fazer. No final das contas, o general Lúculo jantou na companhia do general Lúculo.

Fico sentada na sala, exausta, com uma fome saciada e a seguinte começando a aumentar. Fernando pode comer como Prufrock até o fim da vida se isso o fizer feliz, mas eu vou cozinhar e comer como eu mesma. Do que foi mesmo que ele me chamou? *Pretensiosa?* Olhe quem fala! Durante o último mês, eu escutei mais "sugestões", conselhos e instruções puras e simples do que em toda a minha vida. Ele não gosta das minhas roupas, não gosta do meu *modo d'essere*, não gosta da minha comida. A minha pele é branca demais; minha boca, excessivamente grande. Talvez ele tenha se apaixonado não por mim, mas por um perfil. Tenho a sensação de ter tomado a poção do frasco errado. Fernando está me fazendo encolher, está me apagando. E eu o deixei agir assim.

Sorrindo o tempo todo, venho tentando honrar o pacto que fiz comigo mesma sobre compreender sua necessidade de comandar. Mas nunca fiz pacto nenhum sobre qualquer forma de tirania, nem mesmo a mais leve. Sei que ele acredita que está me ajudando. Talvez até se veja como o meu Svengali, uma espécie de salvador. Será que tenho sido assim tão agradável por temer que a discórdia o afaste de mim? Será que estou tentando colorir de forma exageradamente perfeita o *espaço fresco, recém-surgido* desta nova vida? Será que estou tentando compensar o que ainda carrego comigo como fracassos sentimentais para que ele também não me abandone? Há muita coisa bonita no fato de amar Fernando e ser amada por ele, mas estou sentindo falta de mim mesma. Eu me amava bem mais como mulher do que agora que sou um fantoche murcho, rendido e submisso. "Não vou continuar nesta ilha nem nesta casa, cortejando a inconsciência local, seja ela culinária ou de qualquer outro tipo", digo a mim mesma dando tapinhas em minha barriga feliz e inchada. Prefiro me unir aos fugitivos que atravessam as águas diariamente até Veneza do que seguir cochilando junto aos eremitas. Apago qualquer vestígio de meus pecados e volto a me enfiar na cama. O estranho não chega a me ouvir chorar.

9

Você entendeu que estes são os tomates mais lindos do mundo?

Na manhã seguinte, estou decidida a despertar a voluptuosidade que existe dentro de mim. Depois de despachar o estranho para o banco com a pasta vazia que ele insiste em carregar por toda parte, começo a correr pelo apartamento raspando cera de vela e afofando almofadas, faço uma rápida *toilette*, passo rapidamente na Maggion e depois na praia, em seguida praticamente corro quase um quilômetro até o embarcadouro para pegar o *vaporetto* das nove horas. Estou indo à feira.

Algumas pessoas têm certeza de que o Rialto, literalmente "rio alto", é o lugar onde surgiu o primeiro povoado de Veneza. Era ali que, desde tempos imemoriais, os comerciantes do mundo inteiro vinham negociar, e até hoje o Rialto é o coração libertino do comércio veneziano. O símbolo sentimental da região é uma ponte curva que estende suas famosas colunatas e arcos por sobre o canal: ela é o ponto de referência de todos os peregrinos. E, ao avançar na sua direção em meio à luz ensolarada do verão ou à névoa fria de uma bruma de fevereiro, na proa de um barco lento, com os olhos presos ao passado, é possível ver Shylock com sua capa, sua pluma e seu semblante fechado.

Nas minhas visitas anteriores a Veneza, sempre encontrei tempo para passear pelas feiras do Rialto, que acho muito charmosas, apesar de não serem tão esplêndidas quanto outros *mercati* da Itália.

Agora, porém, essa é a minha área, e quero conhecê-la intimamente. A primeira coisa a descobrir é como entrar na feira pelas ruas de trás, e não pela ponte, com sua avenida de lojas de prata e joias, seus quiosques cheios de máscaras baratas, camisetas mais baratas ainda e suas barraquinhas que atraem os turistas com maçãs enceradas, morangos chilenos e cocos abertos banhados em chafarizes de plástico. É mais adiante que as barracas de frutas e legumes anunciam os verdadeiros encantos da feira. E, escondido atrás dessas barracas, ergue-se o belo prédio do tribunal de Veneza, do século XVI.

Lembro-me de ver *pretori*, juízes, com suas togas esvoaçantes, escapando um instante de suas tribunas para um rápido café ou um Campari, esquivando-se por entre pilhas de berinjelas e de repolhos, desviando-se de tranças de alho e pimentas, e depois desaparecerem novamente atrás das sólidas portas do tribunal para retomar a causa da justiça veneziana. Certa vez vi um padre e um juiz, suas roupas ondulando atrás deles por causa do vento, debruçados sobre uma barraquinha de legumes: Igreja e Estado, tête-à-tête, escolhendo vagens. Mas mesmo essas cenas folclóricas não me fariam percorrer o carnaval diário da ponte. Tento descer do *vaporetto* um ponto antes do Rialto, em San Silvestro. Passo debaixo de um túnel e saio para a *ruga*, entrando direto na atividade da feira.

Posso ouvir, posso sentir a atração trêmula da casbá, o chamado de um mundo estranho. Acelero o passo, acelero ainda mais, dobrando à esquerda depois de um vendedor de queijo e da senhora da massa fresca, para finalmente me deter diante de uma barraca tão suntuosa que poderia estar esperando Caravaggio. Eu me movo lentamente, tocando quando me atrevo, ensaiando um sorriso de vez em quando, sem saber por onde nem como começar. Ando até a *pescheria*, o mercado de peixes, um ruidoso corredor repleto dos aromas fortes e embriagantes de sal marinho e sangue de peixe onde todas as criaturas marinhas que se pode recolher do Adriático, contorcendo-se, rastejando, esgueirando-se, nadando, andando de quatro, respirando debaixo d'água com olhos que parecem joias, cintilam sobre imensas placas de mármore. Dou uma olhada nos *macellerie*, os açougueiros, que cortam filés quase transparentes atrás de suas cortinas macabras de coelhos e lebres suspensos pelas patas de trás e com tufos de pelos deixados presos à parte traseira para provar que não são gatos.

Talvez a mais veneziana de todas as *botteghe* do Rialto seja a Drogheria Mascari, loja que ainda vende especiarias. Trinta gramas de cravos, um punhado de *pepe di Giamaica*, pimenta-da-jamaica, nozes-moscadas grandes como damascos, pedaços de canela em pau de quase meio metro com um perfume intenso e adocicado, o mel escuro dos carvalhos do Friuli, chás, cafés, chocolates, frutas cristalizadas ou conservadas em licor. Eu ansiava por tirar notas e moedas da pequena bolsa preta atravessada em frente a meu peito e depositar o dinheiro nas mãos ásperas e duras do vendedor. Trata-se agora de outro tipo de fome, ainda mais horrível do que aquela de quando eu não tinha dinheiro para comprar esse tipo de coisa. Eu quero tudo, mas, por ora, estou sozinha com meu apetite barroco. Compro pêssegos, maduros e corados, pequenos pés de alfaces brancas com veios castanhos, um melão de aroma almiscarado cuja madurez perfeita já está quase passando do ponto.

A maioria dos clientes é de mulheres, donas de casa de todas as idades, com todos os tipos físicos e um tom de voz quase universal, que fica em algum ponto além do grito. Elas empurram *carrelli*, carrinhos de compras, forrados com grandes sacolas plásticas, e o visitante é rápida e eficientemente convencido a sair do seu caminho. Há diversos velhinhos dedicados – entre outras coisas – ao sóbrio comércio de rúculas e folhas de dente-de-leão e outros pés de ervas silvestres amarrados com barbante. Os produtores são feirantes fantásticos, rudes, gentis, zombeteiros. São verdadeiros *showmen* que fazem provocações em um dialeto difícil de entender, uma língua inteiramente nova que preciso aprender.

– *Ciapa sti pomi, che xe così bei.* – O que ele está dizendo? Está me oferecendo um pedaço de maçã? – *Tasta, tasta bea mora; i costa solo che do schei.* Prove, prove, bela morena; custam tão pouco.

Em poucas manhãs, começo a trocar sorrisos com eles e já consigo pedir a alguns que me tragam um pouco de hortelã ou manjerona no dia seguinte, ou para reservar um quilo de amoras. Há Michele, com uma cabeleira de cachos louros e um rosto corado que realça suas grossas correntes douradas; Luciano, o arquiteto da mesa de Caravaggio; e a vendedora de gengibre com suas unhas compridas e lascadas e a boina de lã verde que eu a vi usar tanto durante o verão quanto durante o inverno. Eles formam uma sedutora sociedade, são colaboradores em uma trupe de teatro de primeira linha. Um deles estende uma única vagem sedosa ou um gordo figo roxo cujo sumo doce feito mel escorre da pele rachada pelo calor, outro abre uma melancia pequena e redonda chamada *anguria* e oferece uma fatia de sua polpa vermelha e geladinha na ponta de uma faca. Para fazer melhor do que o homem da melancia, outro rompe a casca verde--clara de um melão e estende uma fatia do mesmo tom rosado da carne de um salmão pousada sobre um saco de papel pardo. E um terceiro grita:

– A polpa deste pêssego é branca como a sua pele!

Certa manhã, enquanto espero duas costeletas de vitela no *macellaio*, ouço uma mulher dizer:

– *Puoi darmi un orecchio?* Pode me dar uma orelha? – Que agradável, penso. Ela quer ter uma conversa com o açougueiro. Talvez queira lhe pedir sobras para seus gatos, ou encomendar um capão bem gordo para o sábado seguinte. Sebastiano desce de seu estrado coberto de serragem e de sua bancada de corte untada com suco de limão, desaparece no santuário de sua câmara refrigerada e volta erguendo no ar um grande pedaço rosado e retorcido de carne translúcida.

– *Questo può andar bene, signora?* Esta aqui serve, senhora? – Ela aprova com os lábios franzidos e olhos semicerrados. Vendido. Uma orelha de porco.

– *Per insaporire i fagioli.* É para dar gosto ao feijão – justifica-se ela para ninguém em especial.

Talvez a visita que eu mais goste de fazer na feira seja à vendedora de ovos, que sempre monta sua barraca em uma posição diferente, armando a lona, percebo após algum tempo, de acordo com a direção do vento. O que ela quer é proteger suas galinhas. Seu ato nesse grande show é fascinante. Toda manhã, ela traz da fazenda na ilha de Sant'Erasmo cinco ou seis aves já velhas dentro de um saco de farinha feito de algodão. Ao chegar à feira, guarda o saco cheio de galinhas agitadas debaixo da bancada, curva-se e começa a tagarelar em dialeto.

– *Dai, dai me putei, faseme dei bei vovi.* Vamos, meus amores, ponham lindos ovos para mim. – De vez em quando, ela abre o saco e dá uma vasculhada rápida. Sobre sua bancada há uma pilha de jornais velhos meticulosamente cortados em quadrados e uma cesta de junco com uma alça formando um arco bem alto, na qual ela deposita cada ovo recém-posto com a delicadeza que normalmente associamos às madonas de Bellini. Nos dias em que traz dois, ou até mesmo três sacos de galinhas, a cesta quase sempre fica cheia. Em outras manhãs, contém apenas poucos ovos. Quando são vendidos, ela embrulha cada ovo em jornal, torcendo as duas pontas do papel, de modo que o embrulho fica parecendo uma prenda rústica de festa infantil. Se alguém quer levar meia dúzia de ovos, é obrigado a esperar até ela confeccionar as seis prendas. Quando o velho cesto de junco está vazio e algum cliente aparece, ela lhe pede para ter paciência, para aguardar apenas um instante, enquanto se curva em direção a seu grupo de aves sussurando incentivos. Então, tomada pelo mesmo orgulho de uma parteira, apresenta seus tesouros ainda mornos, com suas cascas cor de creme.

Uma senhora muito velha chamada Lidia traz frutas para vender. Sempre enrolada em muitas camadas de xales e suéteres – um traje para todas as estações, que parece sufocar seu corpo magro durante o verão e deixá-la tremendo de frio no inverno –, ela oferece maçãs e peras no outono, pêssegos, ameixas, damascos, cerejas e figos no verão, e no resto do ano vende suas frutas secas ao sol. Adoro ir visitá-la em pleno inverno adriático, quando, em meio a uma confusão de vários tipos de névoa, a feira parece um pequenino reino suspenso no céu. Era nessa época que ela costumava acender uma fogueira silenciosa dentro de um velho braseiro, mantendo-o próximo o suficiente para reconfortar suas pernas e pés, e de vez em quando aproximando as mãos para fazer o sangue voltar a circular. Lidia enterrava maçãs bem fundo dentro das pilhas de cinzas fumegantes. Então, no exato instante em que a polpa quente começava a exalar na bruma seus aromas deliciosos, pegava um garfo comprido e pescava uma das frutas, chamuscada, com a casca partida, macia feito gelatina. Descartando com cuidado a casca carbonizada, devorava a polpa clara e com cheiro de vinho usando uma pequena colher de cabo de madeira. Certo dia, eu lhe falo sobre uma senhora que conheço na feira de Palmanova, no Friuli. Digo-lhe que essa senhora também assa maçãs no braseiro que usa para aquecer os pés, e que envolve cada belezinha vermelha em uma folha de repolho. Quando as maçãs ficam macias, ela descarta a folha queimada que separa a fruta das cinzas e come a maçã tomando goles elegantes de seu frasco de rum. Lidia considera profana essa tática do repolho. Quanto ao rum, só mesmo os *friuliani* para inventar uma mistura tão grosseira, diz ela. Esteta rústica vestida com um casaco de pele de castor, ela pergunta quem, se não eles, poderia suportar o fedor de repolho queimado.

– *I Friuliani sono praticamente slavi, sai*. Sabe, os *friuliani* são praticamente eslavos – confidencia.

As horas que passo sob os cuidados dessa sociedade transcorrem vagarosas, cristalinas, como acontecerá em todos os meus dias. Essas pessoas me ensinaram sobre comida, sobre o ato de cozinhar e a ter paciência. Aprendi coisas sobre a lua e o mar, sobre a guerra, a fome e banquetes. Elas cantaram suas canções para mim, me contaram suas histórias e, com o tempo, se tornaram minha família de adoção, e eu, sua filha adotiva. Posso sentir o contato de suas mãos calejadas e a umidade acre de seus beijos; vejo o colorido aguado de seus velhos olhos que se modificaram da mesma forma que o mar. Elas são as criadas e mordomos do subsolo de Veneza, aqueles que se contentam com o seu quinhão nesta vida, descendentes de venezianas que nunca usaram pérolas nos cabelos, de venezianos que nunca vestiram calças de cetim nem beberam chá chinês no Florian. Esses são os outros venezianos, aqueles que percorreram lagoas das ilhas onde cultivam suas lavouras até o mercado, dia após dia, parando apenas para pescar o jantar ou rezar em alguma igreja rural, e que nunca na vida passearam pela Piazza San Marco.

Certo dia, ao passar pela bancada de Michele, sua cabeça estava curvada enquanto ele cuidava de trançar os caules secos de pequenas cebolas prateadas. Sem erguer os olhos para mim, ele soltou uma das mãos para estender um cacho de tomates, cada um deles tão pequeno que parecia um botão de rosa fechado. Arranquei um dos tomates e o girei dentro da boca, mastigando-o devagar. Seu sabor e seu aroma eram os de um tomate de um quilo aquecido pelo sol e destilado, suspenso dentro do pequeno fruto cor de rubi. Ainda com a cabeça baixa, Michele perguntou:

– *Ha capito?* Você entendeu? – Era uma redução de "Você entendeu que esses são os tomates mais lindos do mundo?". Ele sabia muito bem que eu tinha entendido.

Como se a feira já não fosse dádiva suficiente, a Cantina do Mori se escondia ali perto, em uma *ruga* tranquila logo depois do centro do mercado. Eu adorava ficar dentro daquela sala estreita iluminada por lamparinas, admirando a divertida procissão que começava de manhã tão cedo que eu jamais conseguiria ver. Porém, as reprises eram intermináveis: peixeiros com aventais de plástico, açougueiros com jalecos sujos de sangue, agricultores que cultivavam alfaces e frutas. Quase todos os homens daquele desfile entravam pela porta a intervalos de cerca de meia hora e, hesitantes, se aproximavam do bar do século XV do mesmo jeito que mercadores, nobres e soldados vinham fazendo havia mais de 500 anos. Então, com sutis movimentos de cabeça, olhos e dedos, cada um pedia sua bebida. Tomavam o Prosecco, o Refosco ou o Incrocio Manzoni de um só gole, talvez dois, se estivessem falando ao mesmo tempo, pousavam o copo vazio no balcão com um baque junto com as moedas correspondentes ao preço da bebida, e saíam pela porta dos fundos para voltar ao trabalho. Muitas vezes eu era a única mulher presente, além das turistas ou da rara visita de alguma vendedora. Éramos todos atendidos por um homem simpático chamado Roberto Biscotin. Há 40 anos ele cozinha, serve bebidas e distribui seu sorriso de Jimmy Stewart no mesmo estabelecimento. E sempre há cenas isoladas acontecendo no seu palco.

Os turistas japoneses pedem um Sassacaia a 30 mil liras a dose, os alemães bebem cerveja, os americanos leem seus guias de viagem em voz alta, os ingleses acham ruim não haver cadeiras nem mesas, os franceses nunca gostam do vinho, e os australianos parecem estar sempre embriagados. E todos eles são como papel de parede para os nativos.

Por volta do meio-dia, a feira se acalma, os clientes começam a voltar para casa e os feirantes vão cuidar do próprio apetite. Roberto está a postos com *panini* trufados, *tramezzini* de presunto cozido ou truta defumada, pedaços de queijo com cheiro forte, grandes travessas de alcachofra, pequenas cebolas em conserva envoltas em filés de anchova, e barris e garrafas de vinhos locais e não tão locais assim.

Durante o meu primeiro inverno, depois de a minha lealdade já ter sido observada por alguns meses seguidos, Roberto se oferecia para guardar meu casaco e minha sacola de compras cheia de produtos da feira na cozinha para eu ficar mais livre. Eu comia e bebia de acordo com o clima e com meus desejos, e me lembro de algumas das refeições feitas ali, de pé, como as melhores da minha vida. Aos poucos, comecei a conhecer os outros frequentadores e a participar das conversas que iam alinhavando um dia ao outro – quem estava com febre, quem tinha pedras nos rins, em que pé estavam os consertos da Harley-Davidson de Roberto, o modo de cozinhar vagem fresca na lareira, onde encontrar uma jazida secreta de cogumelos *porcini* nas florestas de Treviso, o motivo de eu ter vindo morar na Itália, por que os italianos estão condenados a serem infiéis. A desconfiança que todos sentiam de mim diminui, mas lentamente. Quando eles começam a trocar os cumprimentos formais por abraços com três beijinhos recendendo a vinho e *"Ci vediamo domani. Nos vemos amanhã"*, sei que agora a minha casa tem mais um quarto.

Os feirantes praticamente só falam em dialeto e durante esses primeiros meses eu falo quase exclusivamente em italiano – quer dizer, quando não recorro ao inglês ou a uma língua próxima do esperanto. Na Do Mori, meu círculo social é formado por um açougueiro e um peixeiro, um vendedor de queijos, um agricultor que cultiva alcachofras, um paisagista da região, um fotógrafo especializado em retratos, alguns funcionários da ferrovia aposentados, dois sapateiros, e mais ou menos umas duas dúzias de outras pessoas com quem, por simpatia, me relaciono durante cerca de uma hora diariamente. Nós nos reunimos ali por se tratar de um lugar onde os outros notariam, ou quem sabe até lamentariam, nossa eventual ausência. A feira e sua pequena cantina são o meu refúgio do mal-estar que ainda me ronda, um bálsamo contra a tristeza silenciosa que aparece de vez em quando trazida por grandes períodos de tempo morto em uma cidade que ainda não é a minha casa.

A Do Mori fecha por algumas horas à uma e meia da tarde, e quase sempre sou a última a ir embora. Não gosto de empurrar as portas de vaivém e de sair para o silêncio da *ruga*. Nas banquinhas vazias, nas calçadas varridas e já sem folhas de cenoura, no chão da peixaria reluzente depois de ter sido lavado, o silêncio só é quebrado pelos miados dos gatos que vivem por ali, disputando o presente de algum açougueiro, e pelos estalos dos meus saltos quando vou embora. Então começa a segunda parte do meu dia.

Somente as *trattorias* e os restaurantes estão abertos, e todos os que não estão almoçando fora estão em casa, à mesa ou na cama pelo menos até as quatro da tarde. Na maioria das vezes meu apetite já foi saciado pelos *antipasti* de Roberto, e não paro em outro lugar para um almoço de verdade. O que desejo é andar a esmo até algum bairro distante. Talvez ninguém nunca chegue a conhecer Veneza tão bem quanto se lembra da cidade, um episódio em algum outro sonho. Veneza é todas as nossas fantasias. Água, luz, cor, aroma, fuga, disfarce, licenciosidade são tecidos a ouro e costurados nas saias que ela arrasta por suas pedras durante o dia e estende sobre a lagoa na escuridão nunca de todo negra de suas noites. Fui seguindo na direção em que Veneza me guiou. Descubro quais são os bancos que estão sempre na sombra, quem serve o *espresso* gelado mais forte, quando a fornada da tarde de cada *panifício* fica pronta, que igrejas estão sempre abertas e que sinos podem ser tocados para despertar um sacristão de seu *pisolino*, cochilo, e fazê-lo aparecer arrastando os pés. Um deles, com suas imensas chaves de ferro presas por um pedaço de fita verde, me conduz, com o auxílio de uma vela, para ver um quadro de Jacopo Bellini pendurado em cordas amareladas e puídas no *chiaroscuro* de uma salinha dos fundos de sua igreja. Os olhos do velho parecem safiras opacas e, em meio à névoa de mil anos de incenso, ele me conta histórias sobre Canaletto, Guardi, Ticiano e Tiepolo. Fala deles como se fossem seus confidentes, os companheiros com os quais janta nas noites de quinta-feira. Diz que a vida é uma busca da beleza, e que a arte acaba com a solidão. A dele e a minha, penso. Não estou sozinha. Sou uma andarilha com um *cloche* de feltro azul que veio a Veneza costurar suas fantasias.

Mas eu me conheço, e costurar fantasias não será o bastante para me manter no prumo. Eu preciso cozinhar até cansar. E, se não posso cozinhar para nossa própria mesa, cozinharei para a mesa de outra pessoa. Mas de quem? Penso no gnomo e em seus asseclas. Não. Opto pelos colegas do banco. Em um dia, uma torta de chocolate branco com framboesa; em outro, uma torta preparada com as pequenas ameixas amarelas chamadas *susine*. Arrisco-me a mandar um pão ainda morno e generosamente recheado com avelãs inteiras, com um vidro de *mascarpone* em conserva de conhaque para acompanhar. Ponho essas coisas dentro de uma cesta e deixo-as sobre a mesa da recepção como bebês abandonados. Onze pessoas trabalham no banco junto com Fernando, e sempre há uma ou outra encomendando bandejas de doces, tigelas de sorvete e garrafas de Prosecco na Pasticceria Rossalva, então imagino que os agrados farão sucesso. Em vez disso, eles deixam os funcionários confusos e se sentindo invadidos, e antes que Fernando precise pedir dou fim a essas visitas de Chapeuzinho Vermelho e volto à minha costura.

Certa noite, Fernando e eu vamos jantar em um restaurante da Ruga Rialto, uma *osteria* frequentada por operários desbocados que acabou de ser comprada por um sujeito chamado Ruggero. Homem excêntrico, recém-chegado a Veneza, ele pensou que iria maravilhar os clientes modestos trazendo-lhes de volta um pouco da sua própria tradição gastronômica. Ruggero é um *showman* que administra seu restaurante como um palco. Faz soar um gongo de navio sempre que o cozinheiro surge trazendo uma grande tigela de risoto aguado ou de massa mergulhada em tinta de lula e a deposita sobre o balcão do bar. Então Ruggero serve a comida aos clientes ao preço de modestas mil liras por pessoa. Há cremosos queijos de montanha inteiros, e pães redondos e crocantes comprados na padaria da esquina, um monte branco de bacalhau salgado desfiado e uma panela de favas cozidas temperadas com azeite e cebolas de sabor adocicado. São esses os pratos que compõem o seu cardápio, junto com as indispensáveis sardinhas banhadas em um molho ácido. Um vinho branco fresco é servido depressa da torneira para os copos e, em meio ao barulho de uma centena de venezianos famintos e sedentos, é preciso comer de pé ou então sentado a uma das mesas grosseiras, cobertas com toalhas de papel verde-limão, para jantar como nos antigos *bacari*, os bares que serviam vinho. Fernando e eu adoramos esse espetáculo.

– Os feirantes disseram que a senhora é chef – me diz Ruggero certa noite. – Por que não vem cozinhar aqui um dia e fazemos uma festa? Podemos convidar algumas pessoas do bairro, comerciantes, juízes, gente assim. A senhora prepara o cardápio e eu faço as compras, a senhora cozinha e eu sirvo – sugere ele de um fôlego só. Debaixo da mesa, Fernando me dá chutes fortes, obviamente não querendo ter envolvimento algum com esse tal de Ruggero ou suas festas. Mas parece que, quase todas as vezes que vou ao Rialto, esbarro com Ruggero. Ele sempre fala sobre a festa. Quando começa a incluir na proposta meus amigos da feira, Michele e Roberto, respondo "sim" sem esperar a bênção do estranho.

Quero preparar pratos típicos americanos para os venezianos. Acho que vai ser muito divertido para eles, uma vez que pensam que todos os americanos, *poverini*, coitadinhos, se sustentam mal e mal graças a pipoca de micro-ondas sabor churrasco. Planejo um jantar de seis pratos para 50 convidados. Peço a Ruggero para me mostrar a cozinha. Cavernas, buracos, magnificamente equipadas, nada equipadas: já trabalhei em cozinhas de todo tipo, e achei que nada do que pudesse encontrar atrás das portas de vaivém seria capaz de me assustar. Mas a cozinha de Ruggero me assusta. A mesma gordura velha que empesteia o ar da cozinha também cobre seu piso. O forno a gás está enferrujado, e a porta não fecha direito por causa de uma dobradiça quebrada. Os poucos utensílios e equipamentos são da Idade da Pedra. As torneiras só têm água fria. Eu me lembro de todas as refeições preparadas naquela pocilga que já comi enquanto ele me diz que a maioria da sua comida é preparada em outro restaurante e levada até lá de carroça diariamente, e que os únicos pratos que sua cozinheira prepara no restaurante são os *primi* – risoto, minestrone. Tento enlouquecidamente me lembrar se já comi algum desses pratos, mas minha náusea é tão grande que não consigo sequer raciocinar.

Será que as autoridades do governo italiano liberaram essa cozinha? Procuro o alvará de funcionamento, e lá está ele, todo carimbado, lacrado e emoldurado em um vidro pendurado na parede engordurada.

Ainda não consegui pronunciar uma palavra sequer quando ele começa a me dizer que vai deixar o lugar *bello ordinato*, bem arrumado, para mim na semana seguinte. Mostra-me uma caixa de produtos de limpeza comprada em minha homenagem. Diz que um amigo virá consertar o forno e que na verdade eles estão esperando a visita do bombeiro na manhã seguinte. Diz que tudo de que precisamos para ter uma ótima festa é entusiasmo e ideias novas, além de uma atitude positiva.

A cozinheira de Ruggero é uma mulher de 50 e poucos anos e cabelos pretos feito piche, que usa sempre uma meia-calça vermelha. Quando Ruggero sai para atender um telefonema, ela pergunta se eu conheço Donato e lhe respondo que acho que não. Ela diz que ele é o *capitano della guardia di finanza*, o capitão da polícia aduaneira e fiscal, que almoça no restaurante todos os dias e muitas vezes também aparece para o jantar, e que foi ele quem "providenciou" o alvará de Ruggero. Ela abre a porta e meneia a cabeça em direção a Donato e seu almoço. Eu quero mesmo ter essa experiência de preparar comida americana para os venezianos, mas digo a Ruggero que, a menos que ele faça algumas melhorias na cozinha, não posso prometer nada. É terça-feira, e ele me diz para ir jantar lá na quinta à noite e dar outra olhada.

Fernando não entende por que quero comer primeiro no La Vedova mesmo que estejamos a caminho do restaurante de Ruggero. Digo a ele para confiar em mim, só dessa vez; ele confia. Vamos até o restaurante de Ruggero e entramos direto na cozinha. Eu não disse quase nada para preparar Fernando, e isso é bom, porque ele teria me chamado de exagerada. A velha cozinha está o mais reluzente possível. Pinho e amônia renovaram o ar, tapetes de borracha novos estão estendidos sobre pisos mais limpos, panelas brilhantes de alumínio e outras modestas *batterie* estão penduradas no teto. A cozinheira está usando um avental branco. Antes de Ruggero ter a oportunidade de se juntar a nós, ela nos conta que o dono ofereceu a um grupo de clientes assíduos um almoço gratuito e todo o vinho que conseguissem beber em troca de duas horas de trabalho limpando a cozinha. Diz que meia dúzia de clientes começou o trabalho, depois outro grupo os substituiu, e em seguida um terceiro, e que o resultado foi esse. Conta que o forno não tem jeito e que o bombeiro não apareceu, mas o resto não está maravilhoso? Ainda estou desconfiada, porém vou me sentar com Ruggero para bolar o cardápio mesmo assim.

O jantar terá caviar do Mississippi – ainda que em vez do feijão--fradinho eu tenha que usar feijão *borlotti* – e broa de milho na frigideira, sopa de ostras, caranguejos de carapaça mole na manteiga, bife com capa de pimenta e molho de bourbon do Kentucky com panquecas de batata e cebolas fritas, *gateau* de chocolate quente com creme de leite e açúcar mascavo. Ruggero fica surpreso com a lista de compras, que parece não conter muitos ingredientes "americanos" exóticos, e eu lhe digo que é a forma de preparar as ostras, os caranguejos, a carne e o chocolate que irá transformá-los em pratos americanos. Peço-lhe que por favor mantenha a cozinha limpa e faça as compras, pois vou passar alguns dias na Toscana. Não toco no assunto do forno nem do bombeiro.

A notícia da festa se espalha pelo Rialto e, quando vou à feira na manhã da véspera, todos querem falar nesse assunto. Acho delicioso o fato de essa gente, que não dá o devido valor às suas vidas banhadas pela luz dourada desse reino aquático, ficar tão curiosa em relação a cebolas fritas e a qual será o sabor de uma carne preparada com uísque. Fernando e Ruggero são meus subchefs, e nossa única dificuldade parece ser manter os candidatos a ajudantes fora do nosso caminho. Nem o forno nem a água esquentam direito, mas conseguimos cozinhar, fritar, saltear, servir, comer e beber. Levo meus pães *anadama* para assar no *panificio* que fica mais embaixo na mesma ruela do restaurante, e troco algumas broas pelo aluguel do forno. Ruggero, o *showman*, veste um smoking. Ruggero, o empresário, contratou dois alunos de violão do conservatório Benedetto Marcello, e eles tocam Fernando Sor à luz de velas entre as duas mesas compridas da esquisita salinha atrás do bar na ruela junto à feira do outro lado do canal em frente à ponte do Rialto em Veneza. Todos esses fatos me entusiasmam.

Depois de tudo terminar, pego um prato de *gateau* e vou me sentar entre o meu peixeiro e Roberto, e reparo em Donato, o capitão bom de garfo, conversando com os violonistas e meneando a cabeça na minha direção. Ruggero pede atenção e um silêncio toma a sala. Os violões começam a tocar uma lenta e sedutora *gelosia* e, sem nem mesmo pedir licença, Donato beija a minha mão e me conduz, ainda corada por causa do fogão e com o hálito carregado de chocolate, em um tango entre as mesas. Agradeço a Deus pelas aulas que Misha me deu de presente tantos anos antes. Todas aquelas noites de terça-feira na companhia da *Señora* Carmela e dos prodígios de informática da IBM com as palmas das mãos todas suadas. O lânguido deslizar, o meio giro abrupto e explosivo. ("Contenção, contenção, meus amores", alertava a *Señora* Carmela. "Costas arqueadas, pescoço alongado, queixo para cima, mais alto, mais alto, olhos nos olhos, sem piscar, olhos ardentes", dizia ela, num sussurro quase ameaçador.) Eu nunca dancei tango em nenhum outro lugar que não fosse o ginásio da escola de ensino médio de Poughkeepsie. Agora estou deslizando e girando nos braços de um funcionário público picaresco que dança divinamente vestido com a calça justa e cinza de seu uniforme. Eu deveria estar usando algo vaporoso e vermelho, meus cabelos deveriam recender a rosas em vez de cebola frita, e não acho que eu esteja suficientemente ardente. Mas Donato, de certa forma, está mais do que suficientemente ardente, e os venezianos estão todos de pé, incentivando a dança. Fernando sente que é hora de ir embora.

Enquanto os convidados vão escorregando mais para o fundo de seus copos, nós nos despedimos discretamente de Ruggero e tomamos a direção da praia. Saímos pelo bar e vemos um grupo de senhores idosos, de costas para nós, aglomerados em volta da grande tigela que continha o *gateau* de chocolate, raspando o que resta com colheres de chá e lambendo os dedos igualzinho a meninos tipicamente americanos. Ouvimos um deles dizer:

— *Ma l'ha fatto l'americana? Davvero? Ma come si chiama questo dolce?* Foi a americana quem fez? É mesmo? Mas como se chama esta sobremesa?

10

Eu conheci uma mulher,
eu conheci um homem

M as não se pode dar uma festa todo dia. Certa manhã, eu me deito de bruços na estilosa cama forrada com lençóis ocre, sob o *baldacchino* de renda, aos prantos. Qual é o problema comigo? Fernando diz que é pressão baixa. Ele acha que ir ao médico é uma frescura, mas mesmo assim procuro um nome na lista telefônica. Descubro que os profissionais não estão listados por especialidade. É preciso saber o nome do médico para encontrar seu telefone. Fico perdida. Dou uma passada na agência de turismo da cidade, e o pessoal de lá me garante que o único médico de Veneza que fala inglês é alergista. Dizem-me que ele é *simpatico*. Confio na sua palavra, e parto rumo a seu consultório em San Maurizio. Baixinho, com ar cansado e fumando um cigarro atrás do outro, ele me recebe enterrado nas profundezas aveludadas cor de grafite de uma *chaise longue* da época napoleônica posicionada do outro lado do consultório cavernoso, muito longe da minha cadeira de madeira de espaldar reto.

– A senhora tem uma vida sexual normal? – pergunta ele. Fico perplexa. Será que ele está sugerindo que sou alérgica a sexo?

– Eu a considero normal. Quer dizer, normal para mim – respondo.

Depois de uma pausa para discutir com a empregada a composição de seu almoço, ele se aproxima de mim, pressiona os dedos no meu pulso e diz:

– Você está assustada, *cara mia*, só isso.

Pelo menos é isso que acho que ele quer dizer, pois não usa a palavra em inglês *scared*, "assustada", e sim *scarry*, que significa "cheia de cicatrizes". Pergunto o preço da consulta e ele parece chocado com o fato de eu macular esse tête-à-tête falando em dinheiro. Meses depois, recebo uma conta de 350 mil liras, cerca de 175 dólares, um preço muito especial reservado para senhoras americanas ricas.

Enquanto caminho pela cidade, começo a reparar nos turistas americanos. Eles parecem mais bonitos do que os outros e, aos meus ouvidos, o timbre nasalado de sua voz é quase pavloviano. Como se todos fossem amigos queridos, nenhum dos quais me reconhece nesse meu cenário veneziano, fico ansiosa para falar com eles. Sento-me à mesa de um café ou fico na fila em frente a uma galeria pensando em alguma forma de puxar conversa. Alguns quase sempre acabam perguntando há quanto tempo estou em Veneza, ou para onde irei depois, naturalmente pensando que também sou turista. Quando lhes digo que moro aqui, que logo irei me casar com um italiano, a troca de gentilezas entre compatriotas sofre uma mudança. Uma amiga bastante rica certa vez me disse que, assim que as pessoas descobrem quanto dinheiro ela tem, sua atitude em relação a ela muda e passam a categorizá-la primeiro como "carteira de ações" e só depois como "mulher". Quando conto minha história, sou transferida da categoria de americana para a de um ser exótico, e com certeza deixo de ser um deles. Eu passei para o outro lado. Sou boa apenas para indicar restaurantes, dizer qual *farmacista* vende antibióticos sem receita, ou quem sabe para alugar um quarto extra para algum hóspede na minha casa.

Cogito entrar para o Clube de Senhoras Britânicas de Veneza. Talvez elas possam curar meu mal-estar. Fico sabendo que na verdade elas são 80 irmãs unidas por uma desilusão coletiva em relação à vida na Itália, à vida com seus maridos italianos. A maioria mora em *terraferma*, no continente, em lugares tão afastados quanto Udine e Pordenone, e portanto precisa atravessar as águas para essa reunião mensal de britanismo. Muitas delas chegaram à Itália ainda moças e passaram um verão na companhia de rapazes de olhos escuros, ou quem sabe um ano de universidade em Roma, Florença ou Bolonha, e todas foram caçadoras seguindo pelo faro o rastro de sua presa. No Lido, encontro apenas três.

Sempre usando um turbante e muitas voltas de pérolas falsas, uma dessas mulheres, Emma, tem 82 anos e se casou com um guia turístico veneziano 12 anos mais jovem, que logo a abandonou para fugir com uma antiga amante. Embora sua história já tenha meio século, ela se refere ao fato como se fosse uma ferida recente. Caroline, uma loura na casa dos 50 com uma encantadora falha de um centímetro entre os dois dentes da frente, vivia correndo de um lado para o outro de seu canto da ilha, indo da padaria ao açougue como se bandoleiros a aguardassem depois da loja de laticínios. Acho que ela era uma vítima da inércia. Não consigo me lembrar do nome da mulher alta e magra, que usava os cabelos tão curtos que quase chegavam a ser raspados e morava perto da igreja de San Nicolò. Certa vez entrei no hall de seu apartamento e vi uma fotografia de seu casamento, a estranha e encantadora pose de uma moça sardenta, alta e magra, e de um rapaz de rosto redondo cujo topete ondulado mal chegava ao queixo da noiva. Sempre que eu encontrava o casal passeando pelo Lido, lembrava-me da foto e sorria. Acho que eles ainda estavam apaixonados.

A presidente do grupo é também esposa do cônsul britânico. É uma siciliana cujo inglês grasnado tem um sotaque rouco da Transilvânia. Quando chego ao clube, seu marido, um sujeito baixinho e sem graça, já foi avisado de que o orçamento necessário para manter o consulado em sua sede elegante no *piano nobile*, o primeiro andar, de um *palazzo* do século XVI do outro lado da *calle*, bem em frente à Accademia, será extinto em breve. Por enquanto, porém, no alto da grandiosa escadaria de mármore e abrigada atrás de suas portas de mogno, a irmandade ainda se reúne para beber, comer e perpetuar rancores tribais. Embora eu considere algumas dessas mulheres agradáveis, será difícil penetrar a familiaridade que têm umas com as outras. Além disso, não tenho tanta certeza de que daqui a 20 anos eu gostaria de ser uma delas e viver reclamando do precário abastecimento de biscoitos de gengibre na Itália.

~

Todas as tardes, às cinco e meia, vou encontrar Fernando no banco. Gosto desses encontros, embora ele quase sempre esteja um pouco mal-humorado a essa hora. Certa noite, ele me diz que precisa de cinco minutos para organizar uma papelada e me pede para esperar em sua sala. Fecha a porta comigo lá dentro, e fico ali sentada na sala grande e elegante que tanto o desagrada por ser isolada do restante das atividades do banco. As paredes são pintadas com afrescos de ninfas atrevidas, há uma lareira de mármore verde, uma fotografia de nós dois em Saint Louis, e o ar recende a couro velho, cigarros, e água-de--colônia do meu marido: gosto da sala. Ao folhear uma revista de finanças, penso em quanto gosto desse lugar e tiro o culote de tule marrom que estou usando. Subindo em uma cadeira, enrolo o belo tecido em volta da câmera de segurança. Depois fico sentada ali, em cima da mesa de Fernando, com as pernas nuas sob meu fino vestido de seda, e o espero sentindo o frio do tampo de mármore sob as coxas.

Depois de sair do banco, caminhamos até o embarcadouro. Agora que estamos jantando mais em casa, Fernando dispensa nossos passeios depois do trabalho, ansiando pelo conforto do apartamento. Seus pés doem, seus olhos ardem, ele reclama do calor, do frio, do vento ou de qualquer outra coisa que o céu porventura esteja trazendo, abre o terceiro maço de cigarros, e eu me apaixono novamente, feliz por mais um de seus dias de trabalho ter acabado. Ele começou a ficar incomodado com o banco, ou melhor, com a sua própria espécie de nobre devoção a ele. Seguros em seu abraço comunista, os clientes do banco podem trabalhar ou não, e ainda assim embolsar o mesmo dinheiro no final do mês. Ele tem vontade de passar o dia inteiro sentado entre seus amigos com hálito recendendo a Aperol, mas sua consciência não permite. Com exceção de uma ou duas *contessas* já idosas cujas contas ele administra há um quarto de século, seus clientes são, em sua maioria, comerciantes do bairro que vivem com dinheiro contado. Ele se preocupa com os clientes, adia prazos e ajusta regulamentos para manter afastados de suas portas os lobos de chapéu fedora e sobretudos de caxemira. Importa-se muito com essas pessoas, mas não com o banco como instituição. Segundo ele, desde que nossa vida juntos começou, o trabalho se tornou indiferente para ele. Diz que quer restaurar móveis antigos e aprender a tocar piano, morar em algum lugar no campo e ter um jardim. Afirma que está começando a se lembrar dos próprios sonhos. Meu Deus. Como um urso de olhos cor de mirtilo que testa os músculos novos e esfrega os olhos diante da luz da primavera, Fernando está planejando seu próprio *risorgimento*.

Na *motonave* que nos leva de volta através das águas, sempre nos sentamos no convés superior, sem ligar para o tempo nem para quão vazias ou cheias possam estar as outras partes da embarcação. Ostentando no rosto um sorriso vago de Chauncey Gardner em *Muito além do jardim*, ele praticamente só olha para a água, virando-se para mim uma ou duas vezes como que para se certificar de que continuo ali. Ele às vezes conta alguma bobagem protagonizada por um colega ou, mais frequentemente, por seus diretores. Em um gesto comovente, segura uma mecha dos meus cabelos e a beija.

Nessa noite, a bordo, ele cumprimenta um senhor e o apresenta a mim como *signore* Massimiliano. O homem tem olhos prateados e risonhos, segura minha mão nas suas e me olha durante um longo tempo antes de caminhar lentamente até a saída. Fernando me diz que o homem era amigo de seu pai e que, quando ele era menino, Massimiliano costumava levá-lo até a margem da Riva Sette Martiri para pescar *passarini*, uns peixinhos que os venezianos gostam de comer fritos, com espinha e tudo. Conta que, quando tinha uns 10 ou 11 anos e passava boa parte do tempo jogando bilhar no Castello em vez de ir à escola, Massimiliano certo dia se sentou ao lado dele e lhe perguntou se ele preferiria se casar com uma moça que gostasse de rapazes que jogavam bilhar ou de rapazes que liam Dante. Fernando diz que lhe perguntou por que não poderia se casar com uma moça que gostasse de rapazes que jogavam bilhar e que também liam Dante, e o amigo do pai respondeu que isso não era possível, então Fernando disse que preferiria a moça que gostasse de rapazes que liam Dante, é claro. Massimiliano olhou para ele e disse:

– Então você não acha que seria melhor estar se preparando para ela? – Fernando disse que as palavras daquele homem o atingiram como se fossem pedras, e que ele passou dias e dias lendo Dante, esperando a tal garota aparecer. Comenta como às vezes é estranho que algumas conversas ou acontecimentos continuem a nos acompanhar enquanto tantas outras coisas somem tão depressa quanto a neve em abril. É estranho mesmo, respondo.

Conto que conheci uma mulher que foi assistir a *O homem da Mancha* na Broadway e depois desceu a cidade a pé do teatro até Chelsea, voltou para seu apartamento e, enquanto o marido dormia, fez as malas com tudo o que desejava guardar daquela vida que levava.

– Ela me disse que subiu na cama e também dormiu por algumas horas e que depois, do aeroporto, ligou para o patrão para se despedir. Viajou naquela manhã mesmo para Paris, a fim de pensar na vida, e continua lá até hoje, pensando. Mas ela está bem, está melhor – conto a ele.

Ele diz:

– Conheci um homem que me disse que tinha traído a mulher durante todo o seu longo casamento porque Nossa Senhora apareceu para ele na véspera da cerimônia e o absolveu de qualquer culpa futura. Por 40 anos, ele passou as noites na farra. Disse que a mesma dispensa valia para os filhos.

É a minha vez, e eu digo:

– Eu conheci uma mulher que estava sofrendo muito por causa da infidelidade do marido e quando seu médico lhe disse que, se não o deixasse, ela iria morrer, a mulher perguntou: "Mas e toda nossa história? Estamos juntos há quase 30 anos." O médico lhe devolveu a questão: "E você está pretendendo chegar a 31, é isso? Vai continuar com raiva, usando o tempo para se defender do medo e da apatia. De todas as alternativas de defesa, o tempo é a menos criativa", disse ele. – É a vez de Fernando.

– Eu conheci um homem que dizia: "Algumas pessoas amadurecem, outras apodrecem. Às vezes nós crescemos, mas nunca mudamos. Não conseguimos. Ninguém consegue. Nós somos quem somos, isso é imutável. Não existe uma alma sequer no mundo capaz de mudar outra alma, nem mesmo a sua própria."

Eu conto a ele:

– Conheci um homem que havia acabado de se separar da mulher e estava sentado com ela em frente ao Saloon, perto do Lincoln Center, comendo abobrinhas fritas, e perguntou se ela o havia amado, e ela respondeu: "Não me lembro. Talvez, mas não consigo me lembrar."

Ele me lança um olhar intenso e me devolve minhas próprias palavras com força:

– Conheço uma mulher que diz que as pessoas só conseguem medir as coisas às três horas da manhã. Segundo ela, se você se ama às três da manhã, se às três da manhã houver alguém na sua cama que você ame pelo menos tanto quanto ama a si próprio, se o seu coração estiver tranquilo dentro do peito e nem musas nem sombras ocuparem o quarto, isso provavelmente quer dizer que as coisas vão bem. De acordo com o que ela me disse, essa é a hora mais difícil para mentir para si mesmo, às três da manhã.

Nós brincamos de "eu conheci um homem, eu conheci uma mulher" quase todas as noites no barco voltando para casa, e as brincadeiras parecem afastar o bancário e trazer Fernando. De volta ao apartamento, refrescado por nosso banho de banheira, por seu martíni e pelo jantar de Prufrock, ele se lembra de como rir.

~

Certa manhã de sábado, no outono, Fernando repreende meu hábito de usar o tratamento coloquial *tu* ao me dirigir a um senhor a quem ele me apresenta quando estamos no embarcadouro do *vaporetto*. O homem tem cerca de 65 anos e um aspecto atraente e elegante com seu *foulard* e seu terno de seda. Uma leve tensão, algo de intenso ocorre entre os dois. Será que eu cometi uma gafe assim tão séria? Enquanto atravessamos Veneza, Fernando vai ficando calado, emburrado até. Fico perplexa que o uso de um *tu* no lugar de um *lei* possa deixá-lo tão ofendido. Será a tal importantíssima questão da *bella figura*? Por fim, vamos nos sentar no Florian e ele me conta a história do homem do *vaporetto*. Trata-se de um médico cujo consultório no Lido existe desde que Fernando pode se lembrar. Ele diz que sua mãe foi amante desse homem. Esse caso manchou e oprimiu anos de sua infância. Diz isso como se outra pessoa – alguém mais importante do que seu pai, do que seu irmão Ugo ou do que ele próprio – morasse na sua casa. Essa tirania sem nome e jamais mencionada os destruiu. Os *lidensi* não perdoavam. Cruéis e implacáveis, qualificaram esse escândalo de a maior traição da época. Seu pai se refugiou em um dos cantos da casa, adoeceu e levou anos e anos para morrer de problemas cardíacos, tanto de natureza orgânica quanto emocional.

– Você ainda chora a morte dele – digo.

– Não é *ainda* – responde ele depressa. – Eu choro a morte dele porque *agora* posso chorar, porque agora não estou mais congelado, porque fui libertado pela dama do longo casaco branco. Estou contente por termos cruzado com Onofrio, e mais ainda por você tê-lo tratado de *tu*. Mas tenho pena do meu pai. Tenho pena de ele ter adentrado sua noite longa e escura como "um homem", uma *bella figura* silenciosa e sofredora. Ele passou o bastão para mim. Depois que ele morreu, coube a mim ficar calado, engasgado, ser corajoso e não ter nenhuma necessidade própria. Eu seria a nova geração, o próximo virtuoso portador de antigas infelicidades. Não vou fazer isso, não vou ser outro homem igual ao meu pai, um homem que finge não ver os problemas, que vive encolhido pelos cantos da própria vida como um visitante, com mais medo de incomodar, de ofender, de estar *presente demais* do que de morrer.

Por mais demorada que tenha sido a morte do pai, disse ele, a morte do irmão no mesmo ano levou apenas um instante. Muito tempo depois de ter fugido do Lido e de sua imitação de família, Ugo tinha virado diplomata do Parlamento Europeu em Luxemburgo. Tinha 40 anos quando morreu de enfarte.

– As consequências disso parecem tijolos no meu peito – diz Fernando. – Ugo e eu só conversamos sobre o caso da nossa mãe uma vez, em uma noite, quando ele tinha 15 anos, e eu, 12. Estávamos sozinhos no quarto, deitados na cama, no escuro, fumando. Eu perguntei a ele se era verdade, e tudo o que ele respondeu foi "é". Até hoje, eu nunca mais falei sobre isso com ninguém.

– Me fale sobre Ugo – peço. – Como ele era?

– Ele era como você. Impossível de conter, se encantava com as coisas, vivia intensamente todos os momentos. Era capaz de fazer uma vida inteira caber dentro de uma hora. Tudo o que acontecia com ele era uma aventura. Sempre que ele aparecia para passar alguns dias em casa, eu descia até o ferry para recebê-lo. Mesmo no inverno, ele dirigia um Morgan de dois lugares com a capota arriada, e usava um longo cachecol branco. Tinha sempre champanhe no porta-malas e uma caixa de veludo vermelho com duas *flûtes* de cristal Baccarat. No dia em que nos conhecemos e você sacou aquele copo de dentro da sua bolsinha de veludo e depois seu frasco prateado de conhaque, meu coração quase pulou para fora do peito.

Passamos um longo tempo sem dizer nada até ele erguer a cabeça e me olhar intensamente. Não havia nenhum estranho naquele olhar; apenas Fernando.

II

Cara mia, em seis meses tudo pode mudar na Itália

Viver a dois nunca significa que cada um fica com a metade. É preciso se revezar para dar mais do que se recebe. Não se trata de aceitar quando o outro quer jantar em casa em vez de sair, ou decidir quem vai receber a massagem com óleo de calêndula certa noite. Há épocas na vida de um casal que funcionam, acho, de forma um pouco parecida com uma ronda noturna. Um dos dois fica de guarda, muitas vezes durante um longo tempo, proporcionando a serenidade necessária para o outro fazer alguma coisa. Em geral, essa coisa é árdua e cheia de dificuldades. Um dos dois entra na escuridão enquanto o outro fica de fora, segurando a lua no céu. Sei que não devo me escorar em Fernando agora. Cálculos, fomes, verbos irregulares: agora preciso lidar sozinha com essas coisas enquanto ele usa sua energia para acertar as contas consigo mesmo, é a sua vez de *limpar as ervas daninhas, esfregar e cavar até chegar à China.* Ele tem trabalho a fazer, então eu lhe fornecerei a paz necessária. Por mais que eu queira que ele me ame, quero que Fernando ame a si mesmo.

Acho que ele também quer amar a si mesmo. Não está apenas despertando, já pegou nas armas. "Para respirar é preciso quebrar todas as janelas", disse Virginia Woolf sobre James Joyce. Tento imaginar o que ela diria sobre Fernando. Eu diria que ele é um mameluco segurando as rédeas com os dentes, manejando uma cimitarra em cada mão, com as roupas ao vento, as joias de ouro chacoalhando, cavalgando a toda a velocidade pelas areias escaldantes para cima da falange francesa.

– Vamos derrubar as paredes – diz ele certa manhã, no sentido figurado –, todas as paredes, e vamos aproveitar que estamos fazendo isso para destruir as portas. – Acho que Fernando está dizendo: "Quero respirar." – Um banheiro novo, isso! Móveis novos, também! Tudo o que aconteceu até agora foi surreal. Eu tive uma espécie de vida de segunda mão que nunca se encaixou direito, que nunca foi minha. Agora estou me sentindo como um judeu pronto para sair do Egito – diz em voz baixa.

Meu Deus do céu! Por que ele é sempre tão solene?

– Será que você consegue me acompanhar? – pergunta com os olhos brilhando. – Por exemplo, você sabia que vamos nos casar no dia 22 de outubro? – Estamos no início de setembro.

– De que ano? – pergunto.

Seis semanas antes havíamos começado a hesitante valsa com o Ufficio Stato Civile do Lido. Decididos e protegidos por Deus, tentávamos saciar a fome do governo por declarações, formulários e comprovantes; enchíamos os documentos com assinaturas e testemunhos, carimbos e selos. Iríamos conseguir nossa licença de casamento. Na primeira visita de sábado de manhã, enquanto subimos a escadaria de pedra até a pequenina prefeitura ao lado da caserna dos *carabinieri*, eu me sinto uma peregrina pronta para partir em romaria pela selva hostil da burocracia italiana. Armada de paciência e calma, protegida por minha pasta cheia de documentos carimbados *cruel e repetidamente com o grande selo da nação italiana* pela *palermitana* de Saint Louis, estou perto da linha de chegada. Só me lembro dos detalhes. Vai ser moleza, penso, enquanto esperamos para ver a secretária. Fernando me diz para sorrir em vez de tentar falar. Diz que a burocracia é sempre mais indulgente com os desfavorecidos, então demonstro a mesma docilidade de Santa Teresinha, a Pequena Flor. A secretária nos diz que *la direttrice*, é claro, está ocupada e pergunta por que não marcamos hora. Fernando lhe garante que telefonou, deixou recados pelo telefone e dois bilhetes entregues em mãos pedindo para ver *la direttrice*.

– *Ah, certo, siete voi. Lei è l'americana*. Ah, sim, são vocês. A senhora é a americana – diz a secretária, olhando-me de cima a baixo. Ela está usando um jeans, uma camiseta do U2 e umas 40 pulseiras e tem na mão um maço de Dunhill e uma caixa de fósforos para o caso de precisar acender um cigarro durante a viagem de 11 metros entre a sua sala e a sala de *la direttrice*. Ficamos sentados esperando, sorrindo um para o outro.

– Aqui estamos nós – dizemos –, dando início ao processo.

Das nove e meia da manhã até quase o meio-dia, a Pequena Flor e o estranho aguardam, ele quebrando a vigília a cada meia hora para tomar um *espresso* no bar da Sandro Gallo. Em uma das vezes, traz um café para mim: xicrinha e pires de porcelana, colher e um *croissant* de amêndoas, tudo em cima de uma bandejinha.

– *Simpatico* – comenta a secretária sobre Fernando, antes de nos dizer para voltar no sábado seguinte.

O sábado seguinte e o depois desse transcorrem mais ou menos da mesma forma, modificados apenas por nosso revezamento nas idas ao bar. Quatro sábados passam sem que consigamos uma audiência com *la direttrice*. Esta é uma ilha de 17 mil habitantes, 16 mil dos quais passam todos os sábados do verão na praia, enquanto o resto fica em casa assistindo a reprises de *Dallas*. Quem pode estar lá dentro com ela? No quinto sábado, a Pequena Flor e o estranho são conduzidos diretamente para dentro da sua sala. *La direttrice* é cinza. Ela é toda cinzenta. Pele, boca, cabelos, vestido de linho folgado: tudo tem a mesma cor acinzentada. Ela expira uma nuvem também cinza, apaga o cigarro e estende a grande mão cinzenta em um gesto que interpreto como de boas-vindas, mas na verdade é para pegar minha pasta. Ela vira cada página como se os meus documentos lhe causassem repulsa, como se fossem papéis mergulhados em alguma sopa dos infernos. Ela fuma. Fernando fuma. A secretária entra para arquivar um maço de papéis e também fuma. Fico ali sentada tentando me distrair olhando para a imagem do Sagrado Coração de Jesus.

Digo "Jesus", e me pergunto quanto tempo eu, uma mulher de pulmões cor-de-rosa que passou a vida inteira perseguindo e capturando radicais livres e, durante 10 anos, engoliu antioxidantes religiosamente, vou levar para morrer por causa da fumaça dos outros. Os óculos de *la direttrice* não param de escorregar do seu nariz, então ela pega os de Fernando, que os pousou causalmente sobre a escrivaninha dela, mas isso não parece ajudar.

Ela fecha a pasta e diz:

– Esses documentos estão velhos e não têm mais valor. As leis mudaram. – A Pequena Flor solta um grito débil.

– Velhos? Eles foram feitos em março, e estamos em agosto – digo a ela.

– Ah, *cara mia*, em seis meses tudo pode mudar na Itália. Nós somos um país em movimento. O governo muda, o técnico da seleção de futebol muda, tudo muda e ao mesmo tempo nada muda, e a senhora precisa aprender isso, *cara mia*. Vai precisar voltar para os Estados Unidos, fixar residência, aguardar um ano e reapresentar os documentos – diz sem nenhuma compaixão. A Pequena Flor murcha, lutando para não desmaiar.

Do fundo do meu desfalecimento, ouço Fernando dizer:

– *Ma è un vero peccato perchè lei è giornalista.* É mesmo uma pena, porque ela é jornalista. – Ele diz à mulher que escrevo para um grupo de jornais muito importante nos Estados Unidos, que me pediram para relatar minha nova vida aqui na Itália e para escrever uma série de matérias sobre minhas experiências, sobre as personalidades que me ajudaram na adaptação. Os editores estão interessados principalmente na história do casamento, diz ele. Ela tem prazos a cumprir, *signora*. Essas matérias vão ser lidas por milhões de americanos e as personalidades sobre quem ela escreve com certeza se tornarão celebridades nos Estados Unidos. *La direttrice* retira os óculos de Fernando e torna a colocar os seus. Faz essa troca várias vezes enquanto eu fico olhando para Fernando com uma mistura de espanto e repulsa. Ele acaba de contar uma mentira deslavada.

– Vocês sabem que eu adoraria poder ajudar – diz ela, pela primeira vez nos olhando de verdade. Eu *não* sei não, penso. Então, levando as mãos às têmporas, ela continua. – Preciso falar com o prefeito, com os administradores regionais. O senhor poderia escrever aqui os nomes desses jornais muito importantes?

– Vou escrever tudo de que precisa, *signora*, e entregar na segunda-feira de manhã – promete Fernando. Ela nos diz para voltar no sábado seguinte, então veremos. Começo a compreender que a burocracia italiana em si não é tão confusa assim, são as pessoas que a administram que a distorcem, que a floreiam e torturam com seu próprio conjunto de corrupções tão pessoais quanto impressões digitais. Na verdade, não existe burocracia italiana, apenas burocratas italianos. Fernando decide dizer a *la direttrice* que ninguém menos do que a Associated Press me encomendou a tal série de matérias, portanto é possível que centenas, milhares de jornais de todos os Estados Unidos as reproduzam. Ele escreve tudo em um telegrama. Eu acho isso diabólico. Rezo para que funcione. *La direttrice* envia um telegrama em resposta. O gnomo vem entregar, e o envelope, que é fácil de abrir e fechar novamente, ainda está morno por causa das suas manipulações.

– *Tutto fattibile entro tre settimane. Venite sabato mattina.* Tudo pode ser resolvido em três semanas. Venham sábado pela manhã.

– O que vamos fazer quando ela pedir para ler as matérias? – pergunto.

– Vamos dizer a ela que os Estados Unidos são um país em movimento, que as pautas mudam, que tudo muda e ao mesmo tempo nada muda, e que ela precisa entender isso, *cara mia*.

Já temos a aprovação do Estado, mas a bênção da Santa Madre Igreja continua em aberto. Ficamos sabendo graças a uma única e tensa audiência na Cúria de Veneza que a sanção da Igreja só pode ser obtida – se é que pode ser obtida – por meio de uma misteriosa investigação "que satisfaça o bispo quanto às intenções confessas do casal de viver de acordo com as leis da Igreja". Seria fácil investigar o passado espiritual de Fernando, mas por que é que eles tinham de convocar a Inquisição por minha causa? Será que queriam os nomes e endereços das minhas paróquias e padres em Nova York, Sacramento e Saint Louis? Será que dispunham de alguma gigantesca internet papal na qual tudo o que precisavam fazer era digitar meu nome para verificar todos os meus pecadilhos espirituais? E torço para que essas tais "intenções confessas de viver de acordo com as leis da Igreja" não incluam instruções sobre contracepção. Mesmo que só me restassem poucas horas de fertilidade, eu não iria querer ninguém me dizendo o que fazer com elas. Estou subjugada por um número excessivo de leis, velhas e novas.

– Nós temos a permissão do governo, a prefeitura é linda, vamos nos casar lá e pronto – digo.

O estranho responde não. Embora tenha passado toda a sua vida adulta andando na ponta dos pés atrás do último banco da igreja, agora ele quer rituais, incenso, luz de velas, bênção, coroinhas, tapetes brancos e flores de laranjeira. Quer uma missa solene na igreja de pedra vermelha de frente para a lagoa.

Em uma noite sufocante de julho, nos sentamos na sacristia à espera de Don Silvano, pároco de Santa Maria Elisabetta. Depois de trocadas todas as formalidades de praxe e toda a conversa fiada, o padre diz alguma coisa sobre como seria bom se nós, "jovens", entrássemos para a sua congregação. Fico me perguntando qual será a idade média dos seus fiéis. Temos de assistir a aulas toda terça-feira à noite, na companhia de outros futuros casais, para receber instruções sobre os "imperativos morais inerentes a um casamento sancionado pela Igreja romana". Meu Deus! E os nossos próprios imperativos morais? Por que ele faz parecer que não teríamos nenhum caso ele não nos obrigasse? O pároco tem o rosto arredondado e bonachão de um cura de cidade pequena e pontua todas as frases com *benone*, muito bem, mas mesmo assim parece estar dando um sermão.

Nós havíamos começado a frequentar as aulas no final de julho. Em uma dessas terças-feiras, quando chegamos, o padre nos puxou de lado para dizer que nossos documentos não eram suficientes, que a Cúria havia negado a autorização para nos casarmos na Igreja. Perguntamos o que estava faltando.

– Bom, para começar – responde ele –, nós ainda não temos a sua certidão de crisma.

– Eu nem sei se algum dia já vi minha certidão de crisma. Não sei nem se já fui crismada como um soldado de Cristo – digo ao padre.

Saímos para caminhar à beira-mar e Fernando diz que foi um erro grave eu ter admitido que não tinha certeza de ter sido crismada. Eu só devia prestar as informações necessárias para a pesquisa deles, deixar que eles cuidassem do resto.

– Mas eles provavelmente não vão encontrar nada. Não é melhor simplesmente fazer a crisma agora? – Voltamos a Don Silvano com essa ideia e, depois de repetir *benone* duas ou três vezes, ele nos diz que precisarei entrar na próxima turma de crisma, cujas aulas irão começar no final de setembro, e que, se tudo correr bem, eu posso descer a nave da igreja junto com um grupo de crianças de 10 anos para receber o sacramento em abril. Abril? No caminho de casa, pergunto outra vez por que não podemos nos contentar com um casamento civil. Fernando apenas sorri.

Assim, na manhã de setembro em que o estranho anuncia que vamos nos casar em outubro, fico muda como uma pedra. Será que ele está já esqueceu que levamos seis semanas só para conseguir os documentos do governo? A Igreja poderia levar meses. Anos.

Depois de recuperar a voz, pergunto:

– Você vai usar a história da Associated Press com Don Silvano?

– De jeito nenhum. Tenho uma ideia que combina muito melhor com ele – responde Fernando.

Fernando diz a Don Silvano que quer se casar no dia 22 de outubro porque foi nesse dia que, em 1630, La Serenissima publicou o decreto informando que uma grande basílica dedicada a Virgem

Maria seria construída no Grande Canal, em agradecimento ao fato de ela ter livrado Veneza da peste. A igreja se chamaria Santa Maria della Salute. Santa Maria da Saúde. Ele consegue tocar o coração do velho padre.

– *Che bell'idea* – diz ele. – Esse tipo de afinidade é muito raro. O fato de um homem desejar combinar o seu sagrado matrimônio com a história sagrada de Veneza é algo que a Cúria precisa levar em consideração. Além do mais, a certidão de crisma vai aparecer mais cedo ou mais tarde. Eu darei meu testemunho pessoal ao bispo. O senhor tem certeza de que não quer fazer a cerimônia no dia 21 de novembro, no festival de La Salute? – pergunta ele.

– Não. Quero que seja no dia 22 de outubro porque foi nessa data que a ideia surgiu. Foi o início de tudo. Esse casamento também é um início, padre – diz o estranho.

– Então será no dia 22 de outubro – responde o sacerdote.

– Você mentiu para um padre – digo, enquanto ele me puxa pela avenida e me faz embarcar no *vaporetto*. Ele solta um grito alto e comprido, e percebo que essa é a primeira vez que o ouço gritar.

– Eu não menti! Quero que a gente se case nesse dia, que é de fato o dia em que o governo deu ao arquiteto Longhena a autorização para começar a construção em La Salute. É tudo verdade e vou lhe mostrar isso por escrito em Lorenzetti. Além do mais, Don Silvano estava esperando que eu insistisse, que desse a ele algum tipo de munição para brigar com o bispo e nos defender. Eu tinha que escolher um dia e ser firme com relação a essa escolha, ou então nada iria acontecer durante muito tempo. Sei como as coisas funcionam e não funcionam aqui. *Furbizia innocente*, astúcia inocente: é só disso que se precisa para viver na Itália – diz ele. – A Igreja, o governo e todos os intermediários podem ser convencidos com um simples afago no ego ou com um apelo ao sentimentalismo. No final das contas, nós, italianos, estamos mais para Cândido do que para Maquiavel. Apesar da nossa reputação histórica de cascateiros e libertinos, na maioria das vezes somos uns sentimentaloides de coração mole, sempre querendo que alguém nos admire. Esperamos continuar enganando o mundo e uns aos outros, mas sabemos quem somos. Agora vamos ficar em silêncio e saborear o fato de estarmos de casamento marcado – diz o estranho.

Ele me leva para jantar no La Vedova, atrás da Ca' d'Oro, e Ada, que conheço desde a minha primeira visita a Veneza, prepara uma massa de trigo integral cortada à mão com molho de pato e fígado acebolado. Bebemos um Amarone de Le Ragosa e não conseguimos parar de sorrir. Quando Ada espalha a notícia de que vamos nos casar em outubro, todos os comerciantes e clientes assíduos que entram pela porta insistem em fazer mais um *brindisi*, mais um brinde. Ninguém entende quando nós dois brindamos a *la grigia* e *il prete*, à cinzenta e ao padre.

Certa noite, enchemos nossa cesta de comida e seguimos de carro até o *murazzi*, a grande muralha de pedra erguida pelos *lidensi* no século XVI para proteger a pequena ilha das tormentas do mar. Eu prendo a saia ampla do meu velho vestido rodado, e percorremos as pedras erguidas bem acima do mar à procura de uma lisa e plana o suficiente para servir de mesa. Montamos as coisas e, à luz de uma vela acesa dentro de uma lata furada para servir de lamparina, com o Adriático a estourar e rugir à nossa volta, comemos codornas recheadas com figo, envoltas em *pancetta* e assadas sobre galhos de sálvia, segurando as aves com as mãos e devorando até o osso a carne escassa e adocicada. Depois comemos uma salada de ervilhas frescas com alface lisa e folhas de hortelã regada com o molho das codornas assadas, um pouco de bom pão, e bebemos um Sauvignon geladinho do Friuli. Será mesmo Prufrock sentado ao meu lado, lambendo delicadamente os restos de molho de codorna dos dedos?

Ele canta "Nessuno al Mondo" e dois pescadores que assam mariscos e fumam cachimbos sentados bem mais embaixo na praia gritam *bravo* para as pedras. Conversamos sobre o casamento, e então Fernando me conta a história da Festa della Sensa, o matrimônio de Veneza com o mar. No dia da Festa da Ascensão, que comemora a data em que a Virgem Maria ascendeu aos céus, o doge, vestido de noivo, embarcava na grande galé real dourada conduzida por duzentos remadores e zarpava do porto do Lido. Uma procissão de galés, esquifes e gôndolas, todas enfeitadas com guirlandas de flores, seguia atrás dele até chegarem a San Nicolò, o ponto onde a lagoa desemboca no Adriático. Então o patriarca ficava de pé na proa e abençoava o mar com água benta, enquanto o doge jogava seu anel ao mar dizendo:

– Como prova de domínio eterno, eu, que sou Veneza, me caso com você, ó mar.

Eu digo a Fernando que, apesar de a história ter um quê de arrogância, gosto do simbolismo de o doge "que é Veneza" achar que pode domar o mar se casando com ele. Em seguida pergunto: alguém mergulhava para buscar o tal anel, ou o papa lhe dava um anel novo todo ano?

– Não sei dizer, mas sei que sou mais sensato do que os doges – diz ele mexendo na lamparina –, e nunca iria tentar domar você. – Hum. Não estou tão certa disso. Visto meu suéter e tomo um gole de vinho. Sinto-me feliz por estar me casando com o estranho nessa etapa da minha vida.

12

Um vestido de lã branca com um babado de 30 centímetros de pele de cordeiro da Mongólia

*E*m um casamento entre duas pessoas mais velhas, as questões de poder – quer as chamemos de controlar, permitir ou usemos a forma mais poética "domar" – não surgem com tanto frenesi, pois as almas mais maduras compreendem que esse tipo de manobra leva o relacionamento à ruína. Pessoas mais velhas se casam por motivos diferentes das mais jovens. Talvez porque, em uma parceria mais jovem, o homem viva em um lado do casamento, e a mulher, em outro. Graciosos adversários nas arenas da carreira, do status social e econômico, da frequência e intensidade dos aplausos alheios, eles se encontram à mesa ou na cama, ambos exaustos por causa da corrida solitária. Em um casamento tardio, mesmo que trabalhem em coisas diferentes, os dois continuam atuando em equipe, lembrando-se de que ficar juntos foi o motivo que os levou a se casar. Quando olho para Fernando, não consigo imaginar como seria não me lembrar disso.

E tampouco consigo imaginar como seria não me lembrar de como os italianos adoram uma complicação. Um pequeno drama, uma curta agonia: eles precisam disso diariamente. Com menos frequência, mas com frequência suficiente, anseiam por um verdadeiro calvário. Algo que não tenha complicações não vale a pena ser feito. Pôr uma carta no correio e escolher um tomate são oportunidades dramáticas. Imaginem então o que é um casamento, e não um casamento qualquer, mas um que precise ser planejado e executado em seis semanas, o casamento de um italiano "de certa idade" com uma estrangeira também "de certa idade" que pensa em usar na cerimônia um vestido de lã branca com um babado de 30 centímetros de pele de cordeiro da Mongólia. O nosso casamento é uma ocasião repleta de oportunidades para complicação. Oportunidade número um: quero arrumar uma costureira e mandar fazer esse vestido mítico.

A história de Veneza sempre se refletiu nos tecidos. Vejam só o trabalho dos retratistas venezianos do Renascimento. Luz e tecido atraem o olhar; os personagens retratados ficam em segundo plano. Vejam Veronese, Longhi, Tintoretto e todos os três artistas da família Bellini. Vejam Ticiano. É possível ouvir o farfalhar de um vestido de seda *moiré* amarela, ou sentir os cortes profundos no veludo de uma capa debruada com zibelina da mesma cor de uma romã. Os venezianos contaram sua história com brocados, rendas, cetins, no detalhe de um punho tecido em fios de ouro. A loja, o depósito e a residência de um comerciante faziam parte do mesmo *palazzo* dourado, permitindo-lhe passar de um ato a outro de seus dias e noites envolto em uma atmosfera de espetáculo. Nobres, nobres falidos, e muitas vezes até mendigos usavam seda. "Por que se vestir para a pobreza?", é uma pergunta atribuída a uma velha senhora envolta em arminho que costumava pedir esmolas todos os dias sentada na Piazzetta. A versão veneziana para "Que comam brioches" era "Que pelo menos usemos seda".

Os pintores venezianos vestiam os santos de cetim e raramente os deixavam descalços. Suas madonas usavam seda cor de ferrugem, ou dourada, ou azul-real; seus adereços de cabeça, joias, cinturas finas, nada disso distraía a atenção de seu ar santificado. Sempre não intelectuais, os venezianos eram, e ainda são, incapazes de se importar com a contradição ou a dualidade. Como pode a mãe de Cristo usar tafetá ou um colar de rubis aos pés da cruz do filho? Os venezianos veem isso tudo como coexistência. No final das contas, tudo o que resta é o espetáculo, apenas o espetáculo, uma sequência de episódios alusivos e artificiais.

Os venezianos costumavam se espantar consigo mesmos, e alguns ainda se espantam. O fato de uma princesa vestida com seda e recendendo a cravo chamada Veneza poder ter nascido de um pântano era uma loucura impossível. O fato de ela prosperar a levava além dos mitos e incutia nesses venezianos uma noção de que o tempo é curto. Tudo o que existe é o aqui e agora, então que tudo seja pitoresco no meio dos babados e por trás das máscaras.

Mesmo que alguns anos tivessem transcorrido desde então, eu esperava que não fosse improvável encontrar um belo corte de lã macia, quase branca, nem pesada nem leve, bordada com alguma espécie de desenho delicado, com o qual uma velhinha de cabelos brancos pudesse fazer um vestido branco longo e reto. Decido encontrar primeiro a velhinha, depois o tecido.

Embora no catálogo telefônico haja dúzias de referências a *sartoria*, ou alfaiataria, quase todos os meus telefonemas são atendidos por alguém dizendo: "Ah, era a minha avó, *poveretta*, pobrezinha, que faleceu em 1981", ou então "Minha tia, *poveretta*, que está cega por causa de 50 anos costurando lençóis e roupa de baixo para a família Borghesi."

Quando finalmente encontro um alfaiate, um senhor ainda vivo e com a vista perfeita, ele vocifera:

– Não faço vestidos de noiva.

– Eu não quero um vestido de noiva, mas sim um vestido para usar no meu casamento – tento explicar. Um pensamento que faz total sentido em inglês muitas vezes fica ruim quando traduzido de forma literal para o italiano, e a voz ríspida me deseja um boa-tarde definitivo.

Finalmente encontro minha *sarta*, uma mulher de voz melodiosa que diz que desde os 15 anos costura os vestidos das mais belas noivas de Veneza. Diz que dois dos seus vestidos já apareceram na TV e dois outros foram fotografados para revistas japonesas. Querendo diminuir suas expectativas, tento novamente o discurso "não quero um vestido de noiva, e sim um vestido para usar no meu casamento", mas, assim como da primeira vez, não tenho sucesso. Nós marcamos encontro para um *dialogo*.

O ateliê da costureira, um apartamento de quinto andar no Bacino Orseolo, atrás de San Marco, tem vista para o cais onde gondoleiros se reúnem nas horas vagas para fumar, comer pão com mortadela e tentar atrair passageiros. Depois de um drama com o interfone e de outro drama com a assistente, que não quer me deixar entrar 10 minutos antes da hora marcada, consigo subir até a torre de Rapunzel. *La sarta* não deve fazer vestidos de noiva há tanto tempo assim, pois não parece ter muito mais de 15 anos, enquanto sua assistente parece ter 12. As duas me convidam para sentar e olhar um portfólio de desenhos enquanto tento lhes dizer que quero um vestido de lã simples, um modelo clássico feito com tecido de boa qualidade. Quando menciono o babado de pele de cordeiro da Mongólia, consigo atrair sua atenção. *La sarta* começa a fazer um croqui em um bloco de papel de seda usando um cotoco de lápis e, em poucos segundos, surgem o vestido, uma espécie de capa e até mesmo um chapéu, algo semelhante a um barrete que teria caído como uma luva em Gloria Swanson.

– Não – digo a elas. – Mais simples do que isso e sem capa nem chapéu. Só um vestido.

– *Come vuole, signora.* Como quiser – diz ela, erguendo um pouco mais o queixo. Tira as minhas medidas, centenas de medidas. Distância do joelho ao tornozelo com a perna esticada; distância do joelho ao tornozelo com a perna dobrada. Largura dos ombros em pé; largura dos ombros sentada. Circunferência do pulso, do antebraço, do cotovelo e do braço. Tenho a sensação de que estou sendo medida para ser embalsamada. Ela me mostra várias peças de tecido, várias amostras de fazendas lindíssimas, e, toda vez que digo que gostei de alguma, ela me informa que não tem pano suficiente para fazer o vestido, ou então que a fábrica que produz aquele tecido específico ainda está fechada por causa das férias, de modo que ainda não é possível encomendá-lo e, mesmo que conseguisse entrar em contato com eles, sabe que há anos não fabricam mais aquele tecido e é pouco provável que ainda tenham alguma coisa em estoque. Por que ela está me mostrando coisas que não posso comprar? Porque não teria graça nenhuma se ela tivesse 50 metros do tecido que eu mais quisesse no mundo. Que emoção haveria nisso? Nenhuma tensão, nenhuma pontada de angústia. O vestido acabaria sendo só um vestido, não um vestido de noiva.

– Um pouco de sofrimento torna a vida mais doce – diz ela para mim.

Simplesmente fico ali sentada olhando para ela, pensando que estou começando a entendê-la, o que me deixa ao mesmo tempo aterrorizada e satisfeita. Acabamos escolhendo uma peça de caxemira que tem a textura de uma seda pesada. É lindo, e ela tem exatamente o comprimento necessário. Pergunto quanto custa, e é claro que Rapunzel fica ofendida. Ela me diz para voltar em uma semana para conversar sobre o *preventivo*, o orçamento, com sua assistente de 12 anos. Será que eu poderia simplesmente telefonar na semana seguinte?

– *Signora*, é melhor vir pessoalmente. Por telefone fica um pouco frio, não? – responde ela, mais uma vez me corrigindo.

No dia marcado para minha segunda visita, subo até o ateliê, me sento e fico olhando para o envelope com meu nome que repousa dentro de uma pequena salva na mesa à minha frente. Será que devo pegá-lo? Será que a assistente vai ler para mim o que está escrito? Será que devo levar o envelope para casa, ler, e tornar a subir até a torre para dizer sim? *La sarta* me entrega o envelope e sinto-me à vontade para ler a única linha escrita no papel que está dentro dele. *Un abito di sposa* – 7 milhões de liras – uns 3.500 dólares. Com esse dinheiro eu poderia comprar dois vestidos assinados por Romeo Gigli, um par de botas da Gucci, e ainda almoçar no Harry's uma vez por semana durante um ano. Ela percebe minha preocupação. Digo que o preço está muito acima do que posso pagar, lhe agradeço por seu tempo e começo a recuar em direção à porta. Mesmo que o orçamento estivesse superfaturado só para ver quanto eu poderia aguentar – uma demonstração de *furbizia innocente* –, estou desolada. Tudo em que consigo pensar é que perdi uma semana preciosa.

Enquanto desço até o térreo e saio para a *piazza*, sinto pena das meninas de 12 e 15 anos que terão de arrumar outra pessoa para pagar seu aluguel nos próximos três meses.

Resolvo desistir do babado de pele de cordeiro da Mongólia e simplesmente encontrar um vestido pronto. Tento Versace, Armani e Thierry Mugler. Tento Biagiotti e Krizia. Nada. Certo dia, vou à loja da Kenzo na Frezzeria e, ao sair de lá, passo em frente a outra loja chamada Olga Asta. O letreiro ali promete tanto roupas prontas quanto sob medida. Digo à senhora que me atende que estou procurando um vestido para usar em um casamento. Não digo de quem é o casamento. Ela me mostra uma série de tailleurs, um deles azul-marinho com um belo debrum em xantungue branco, e outro marrom com uma blusa de seda combinando. Nada disso é o que eu quero, e não aceito sequer experimentá-los. Já estou quase na metade da minha despedida quando ela diz que pode fazer um vestido para mim, que pode desenhar e costurar qualquer coisa. Com uma careta, pergunto:

– O que a senhora acha de um vestido de lã simples com um babado de pele de cordeiro da Mongólia?

– *Sarebbe molto bello, molto elegante, signora.* Ficaria muito bonito, muito elegante – responde ela baixinho. – Talvez possamos até fazer um saiote preso ao corpete para acentuar sua cintura. – Ela me mostra então cortes de fazenda suficientes para fazer um vestido. Escolhemos um e então ela me pede para esperar um instante enquanto sobe até o ateliê. Parece que Olga Asta é também uma peleteria, e ela

143

desce com um longo pedaço de pele de cordeiro da Mongólia enrolado no pescoço. Acenando para que eu a siga até a luz do lado de fora, ela me mostra como a pele e a lã têm o mesmo tom creme.

– *Destino, signora, è proprio destino.* É o destino, *signora.*

Pergunto quanto custa o destino. Temendo uma inflação, continuo sem dizer que eu sou a noiva. Ela se senta diante da mesa, faz algumas anotações, verifica preços e telefona para o ateliê no andar de cima. Em respeito ao decoro, não anuncia o preço em voz alta, mas escreve 2 milhões de liras atrás de um de seus cartões de visita e então o entrega para mim.

– *Benone* – digo, igualzinho a Don Silvano, e marco uma série de visitas para provas. Digo-lhe a data em que vou precisar do vestido e ela não demonstra nenhuma preocupação.

Cumprimento-a com um aperto de mão e lhe digo quanto estou feliz por tê-la encontrado, e ela responde:

– *Ma figurati.* Não seja boba, uma noiva precisa achar exatamente o que deseja. – Nunca lhe perguntei como ela soube que eu era a noiva, mas fiquei feliz com isso. Depois da terceira ou quarta prova, peço-lhe para simplesmente acabar o vestido. Tenho certeza de que ficará perfeito e irei buscá-lo na véspera do casamento, à tarde. Ela concorda, e eu fico pensando por que tudo não pode ser simples e direto assim, então me lembro do que Rapunzel me disse e fico grata pelo sofrimento que torna a vida mais doce.

Fernando decide que nosso almoço de casamento será no Hotel Bauer Grunewald. Um amigo e cliente seu de longa data, Giovanni Gorgoni, é *concierge* do hotel, e logo no início disse a Fernando:

– *Ci penso io.* Deixe que eu cuido de tudo.

Assim, segundo o estranho, nossa recepção já está planejada, é um fato consumado.

– Qual vai ser o cardápio? – Esta parece uma pergunta razoável para uma noiva chef fazer em relação ao seu almoço de casamento.

– Vai ser um cardápio incrível, com canapés e champanhe na varanda e cinco ou seis pratos à mesa – responde ele, como se isso fosse informação de verdade.

– *Quais* cinco ou seis pratos?

– Não importa: é o Bauer Grunewald e tudo vai sair perfeito – diz ele.

Não consigo decidir se isso é *bella figura* ou *furbizia innocente*, mas eu realmente gostaria de conhecer essa gente que vai nos alimentar no dia do nosso casamento. Ele diz que eu me preocupo muito, mas que, se eu quiser ver uma cópia do cardápio, pode pedir a Gorgoni. Sinto vontade de lhe dizer que já planejei festas para Ted Kennedy e Tina Turner, mas não digo nada. Ele iria me responder que dessa vez é diferente. Sei que é diferente, mas gostaria simplesmente de participar das coisas.

Certo dia de manhã, nos encontramos por acaso na Calle Larga XXII Marzo. Ele acaba de pegar o cardápio no Bauer e o entrega a mim com um ar de muito orgulho. O cardápio é uma beleza *fin de siècle* empoeirada, repleto de homenagens a Rossini e Brillat-Savarin, e vejo que ele concordou com um prato de peixe que aumenta em 50% o preço do almoço, com três pratos de massa ao forno com o mesmo molho, com "vinhos da casa" sem saber de que casa virão e com um bolo de casamento maculado por uma gôndola de plástico. Viro o rosto um pouco para a esquerda enquanto lhe digo que quero organizar *eu mesma* nosso almoço de casamento. Ele quer ver o meu cardápio? Fernando revira os olhos a ponto de eu achar que vai ter um ataque, então amasso o cardápio e o enfio na bolsa. Ainda tenho mais uma carta na manga.

– Não seria uma delícia fazer alguma coisa um pouco menos formal? Poderíamos ir todos a Torcello e nos sentar debaixo das árvores no Diavolo. – Estou pensando em meu adorável garçom de gravata cor de salmão e cabelos cheios de gomalina repartidos ao meio, o mesmo garçom que nos serviu cerejas mergulhadas em água gelada no final de nosso primeiro almoço juntos em Torcello. O estranho me dá um beijo intenso e demorado na boca, me deixa parada no meio da *calle* e segue na direção do banco para uma reunião. Sei que o beijo significa "amo você do fundo do meu coração e não vamos nos despencar até Torcello com o padre, os pajens, os monges armênios e uma delegação do Clube de Senhoras Britânicas para nos sentarmos debaixo das árvores e sermos servidos pelo garçom de gravata cor de salmão". E, acima de tudo, o beijo deixa bem claro: "você não vai cozinhar no seu próprio casamento."

Por que eu o deixo me dispensar desse jeito? Por impulso, entro na Veneza Studium e compro uma pequena bolsa de seda plissada enfeitada com uma borla e com uma longa alça de cetim. Pelo menos posso decidir a bolsa que vou usar no meu almoço de casamento. Sinto-me um pouco melhor e consigo novamente ver as coisas com alguma perspectiva. Para mim, o casamento é mais importante do que a cerimônia, e sei que é por isso que estou aceitando o comportamento do estranho. Além disso, ele está se divertindo muito. De toda forma, se toda a propaganda sobre o Bauer for verdade, até o Aga Khan e Hemingway tiveram de aturar a mesma porcaria de cardápio.

~

Fernando me pede para encontrá-lo um dia de manhã em uma agência de viagens na qual ele já nos reservou um lugar no trem noturno para Paris.

– Por que temos que ir passar a lua de mel em Paris se moramos em Veneza? – pergunto.

– É justamente porque moramos em Veneza que vamos a Paris – responde ele.

A minha grande tarefa é escolher o hotel. Quando ele me diz que vamos à gráfica dar uma olhada no papel e na fonte para os nossos convites, não consigo acreditar. Nós vamos convidar 19 pessoas!

– Eu posso comprar papel e envelopes maravilhosos e usar minhas canetas de caligrafia. Podemos usar cera e um lacre, se você quiser. Os convites vão ficar personalizados e lindos – digo.

– *Troppo artigianale*. Caseiro demais – argumenta ele.

A gráfica é um sonho sujo de tinta que recende a metal quente e papel novo e eu seria capaz de ficar lá para sempre. O impressor empilha vários álbuns na nossa frente e diz:

– *Andate tranquilli*. Fiquem à vontade.

Nós olhamos todos os livros, depois olhamos todos eles outra vez, e o estranho põe o dedo em cima de uma página cheia de desenhos de barcas venezianas. Ele gosta do que mostra um casal sendo conduzido em um barco a remo pelo Grande Canal. Eu também gosto, então encomendamos esse desenho em vermelho-escuro veneziano sobre um papel artesanal sedoso verde bem claro. Seguimos para tomar um *espresso* no Olandese Volante enquanto o impressor faz o orçamento. Quando voltamos, ele saiu para trabalhar e sobre sua mesa há um pedaço de papel dobrado endereçado a nós. O custo será de 600 mil liras. Isso equivale a 300 dólares por 19 convites. Quando o impressor retorna, pede desculpas pelo custo e diz que o mínimo de papel que pode encomendar é para 150 convites. Embora só precisemos de 19, temos de pagar por 150.

– Podemos escolher outro papel – digo.

– Mas o lote mínimo é sempre de 150 – diz o impressor.

– Entendo. Mas com certeza deve haver um papel mais barato – tento argumentar.

O estranho não desiste. Ele quer o barco vermelho-escuro sobre o mar verde-claro por 600 mil liras.

– Tudo bem, então vamos ficar com os 150 – sugiro.

– E o que vamos fazer com 150 convites? – contrapõe Fernando.

Olho para o impressor em busca de uma solução, mas ele está balançando a cabeça em desespero.

– O senhor não pode simplesmente imprimir 19 convites, ou 25 ou algo assim, e deixar o resto do papel em branco para podermos usar como cartões? – pergunto, cautelosa. Ele não entende a minha pergunta. Volto a falar em enigmas. Fernando acende um cigarro bem debaixo da placa de Proibido Fumar.

Por fim, o impressor diz:

– *Certo, certo, signora, possiamo fare così.* – Fico pasma que ele tenha dito sim. Fernando está quase zangado por eu ter pedido algo tão extraordinário. Diz que sou *incorreggibile.* Diz que pareço um Garibaldi, eternamente revoltado.

Agora só temos que pensar nas alianças, nas flores e na música.

Certa noite, atravessamos as águas para encontrar um organista que mora perto do Sottoportego de le Acque, quase ao lado do Il Gazzettino. Gosto do círculo de pessoas que estou formando. Il Gazzettino foi meu primeiro hotel em Veneza, e agora estou prestes a subir a escada do prédio vizinho para conhecer o homem que irá tocar Bach no meu casamento. Quando digo isso ao estranho, tudo o que ele responde é:

– Bach?

Nós tocamos a campainha e conhecemos o pai de Giovanni Ferrari, que espicha a cabeça pela janela do primeiro andar e nos manda subir, que seu filho ainda está com um aluno. Papà Ferrari parece um velho doge, com cachos de cabelos brancos revoltos escapando do gorro de lã apertado, o pescoço e os ombros envoltos em um grande xale de estampa indiana. É final de setembro e não faz frio.

Duas velas ardem sobre o parapeito de uma lareira. Adoro o fato de essa ser a única luz do grande salão. Conforme meus olhos se adaptam, vejo que há partituras espalhadas em desordem por toda parte: em pilhas mal equilibradas sobre cadeiras e sofás; dentro de caixas encostadas às paredes, atravancando o caminho.

O velho doge sai flutuando até algum outro cômodo sem dizer mais nada, então nós simplesmente ficamos ali, à luz das velas, entre Frescobaldi e Froberger, tomando cuidado para não tropeçar em Bach. Quando Giovanni sai de seu escritório, eu solto um arquejo.

Ele é o velho doge mais jovem. Ou será o mesmo homem com uma roupa ligeiramente diferente? O mesmo rosto magro e comprido, o mesmo nariz adunco, o mesmo gorro de lã e o mesmo xale. Ele diz como está contente de tocar para nós e que só precisamos escolher as músicas. A essa altura eu já sei que é melhor não acreditar que nós realmente tenhamos alguma escolha. O estranho se prepara para começar o embate com ele, e eu apenas fico quieta escutando. Giovanni pergunta o que gostaríamos que ele tocasse no casamento, e o estranho responde que confiamos plenamente no seu gosto. Giovanni diz que a tradição é tocar tal e tal música, e o estranho arremata com:

– É claro, era exatamente nisso que estávamos pensando desde o começo. – Rápido, fácil, convencional. Cada qual manteve a *bella figura* do outro assim como a sua própria. Ninguém mencionou nada sobre dinheiro. Esse é um mundo distante de qualquer outro, penso enquanto fazemos o caminho de volta sob o silêncio do Sottoportego.

Lembro-me desse mesmo silêncio, do hotel horrível, do sorriso de Fiorella e de subir e descer uma centena de pontes correndo com minhas finas sandálias de pele de cobra. Durante aquela estadia em Veneza, foi como se Fiorella estivesse tentando ser minha mãe.

– *Sei sposata?* A senhora é casada? – perguntou.

Eu disse que era divorciada e ela estalou a língua.

– A senhora não deveria ficar sozinha – disse ela.

– Eu não estou sozinha, só não estou casada – respondi.

– Mas a senhora não deveria estar viajando sozinha – insistiu.

– Eu viajo sozinha desde que tinha 15 anos.

Ela estalou a língua novamente e, quando me virei para ir embora, falou:

– *In fondo, sei triste.* No fundo a senhora é triste.

Meu italiano não era bom o suficiente para eu lhe dizer que o que ela sentia em mim não era tristeza. Era o meu distanciamento. Mesmo em inglês, é difícil explicar "distanciamento". Abri mais o sorriso, mas ela continuou olhando além dele. Saí do hotel depressa, e ela gritou atrás de mim:

– *Allora, sei almeno misteriosa.* Então a senhora, no mínimo, é misteriosa.

Ergo os olhos para a janela em cujo peitoril me sentei naquela primeira tarde, há tanto tempo. Peço ao estranho que fique parado sob a janela comigo e que me abrace.

13

Lá vem a noiva

*E*scolhemos alianças bem largas, de ouro fosco, pesadas e maravilhosas. E a florista fica tão animada por querermos cestos em vez de vasos de flores que me leva até um armazém perto da estação ferroviária, onde encontramos seis lindos cestos sicilianos pintados de branco, altos, com alças arqueadas. Ela diz que vai enchê-los com o que houver de mais bonito nas feiras na manhã do casamento. Diz que a Madona irá garantir que tenhamos flores magníficas. Gosto do fato de ela e a Madona serem tão íntimas. Pergunto se ela acha que a Madona por acaso pode mandar algumas íris holandesas douradas no dia 22 de outubro. Ela me dá três beijos no rosto. Começo a me perguntar se esse diálogo foi simples demais e se não estou sofrendo o suficiente. Porém, na véspera do casamento, o estranho providencia o sofrimento necessário.

Está quase na hora de ir encontrá-lo no banco, e eu já fui buscar meu vestido e as meias rendadas que havia encomendado na Fogal. Também decidira comprar o corpete de tule branco da Cima no qual estava de olho. O pessoal da feira e da Do Mori fez uma espécie de chá de panela para mim de manhã, então minha sacola de compras está cheia de rosas, chocolates, sabonetes de lavanda e seis ovos enrolados em jornal da senhora dos ovos, que também deu instruções precisas para que Fernando e eu bebêssemos três deles crus e batidos com uma dose de *grappa*, para dar vigor. Depois eu tinha ido me sentar um pouco no Florian, e o barman de lá, Francesco, estava apresentando seu drinque mais recente e distribuiu uma provinha para todos os presentes no pequeno bar. Vodca, licor de cassis e suco de uva branca. Todos desejaram *auguri* tantas vezes que fiquei encabulada e, quando disseram: "Até amanhã", acho que quiseram dizer que nos veriam ali na *piazza*, quando o estranho, eu e os convidados do casamento déssemos o tradicional passeio por Veneza.

A caminho para encontrar Fernando, percebo que está faltando uma coisa: mal consigo me lembrar da última vez em que senti o peso da preocupação em meu coração. Em algum momento do mês anterior eu a havia deixado para trás, livrara-me dela de uma vez por todas. Ou será que simplesmente a havia transferido para Fernando?

Quando nos encontramos, o estranho está pálido e ele tem seu característico olhar de pássaro morto. Preciso me lembrar que ele está apenas sendo italiano. Na véspera do casamento, ele certamente tem direito à sua cota de angústia. Ele não pergunta sobre meu vestido, meu dia ou minha sacola cheia de rosas. Nem sequer olha para mim. Acho que deve ser só nervosismo, então pergunto:

– Você quer ficar um pouco sozinho?

– De jeito nenhum – responde ele quase em um sussurro, como se eu tivesse sugerido que ele caminhasse sobre brasas. Faço uma nova tentativa:

– Quer ir para casa, tomar um banho de banheira demorado enquanto preparo uma *camomilla* para você? – Ele simplesmente balança a cabeça. – Você está triste porque vamos nos casar?

– Como é que você pode dizer uma coisa dessas? – rebate ele, com os olhos subitamente tornando a se acender. No *motonave*, Fernando continua calado e não rompe o silêncio nem enquanto caminhamos. Quando chegamos à esquina da Gran Viale com a Via Lepanto, ele diz:

– Não posso ir para casa com você agora. Ainda tenho algumas coisas a fazer. Cesana se esqueceu de nos agendar e não pode vir amanhã porque tem outro casamento. Tenho que falar com outra pessoa. –

Cesana seria o nosso fotógrafo, outro velho amigo e cliente que tinha dito: *"Ci penso io.* Deixe que eu cuido disso."

– É por isso que você está tão chateado? – pergunto.

Ele dá de ombros, mas não responde. Eu lhe digo que não vamos ter problemas para arrumar alguém que tire algumas fotos, mas Fernando não se conforma.

– E eu ainda não me confessei – continua. Então dá início a uma defesa convulsa. – Há muitas semanas que estou pretendendo ir, mas não consegui encontrar o momento certo. De qualquer modo, não acredito mesmo em confissão e absolvição.

Acho que deve estar apenas nervoso, já que há 30 anos não ouve o terrível barulho da grade do confessionário se fechando, mas foi ele quem quis tudo isso, foi ele quem reinventou a verdade para fazer tudo isso acontecer, e agora, 17 horas antes da cerimônia, está querendo discutir os dogmas? Não digo nada, porque ele já está falando o suficiente por nós dois. Quando finalmente se cala, digo que vou seguir na frente até a *datcha* e esperar por ele lá.

– Posso preparar um chá e um banho de banheira – ofereço de novo.

– Eu já disse que não quero chá nem banho de banheira – responde ele, um pouco alto demais, e me deixa segurando com força o vestido de noiva e as rosas. Troco de roupa e vou correndo até a praia, tentando entender o que Fernando não conseguira me dizer. Depois de algum tempo, ele chega com seu passo largo, e ficamos sentados na areia, com as pernas entrelaçadas, um de frente para o outro.

– Antigos fantasmas? – pergunto.

– Muito antigos e não convidei nenhum deles para o meu casamento.

– Já voltaram para o lugar deles?

– *Si. Si, sono tutti andati via.* Sim. Sim, já foram todos embora – me diz como se isso fosse verdade. – *Perdonami.* Me perdoe.

– Não foi você quem me disse que não há agonia no mundo capaz de ser mais forte do que a ternura? – pergunto.

– Foi, e sei que isso é verdade – diz ele, ajudando-me a levantar. –

Vamos apostar uma corrida até o Excelsior. Vamos tomar nosso último copo de vinho como pecadores. Espere um instante. Acabei de me confessar. Será que isso quer dizer que não podemos dormir juntos hoje à noite?

– Vamos ligar para Don Silvano e deixar que ele decida – respondo por sobre o ombro, já ganhando uma vantagem na corrida.

Mesmo assim, Fernando chega ao hotel primeiro e estende os braços para me acolher, me beijando tanto que mal consigo recuperar o fôlego.

– Você se lembra do primeiro instante em que soube que me amava? – pergunta.

– Não me lembro exatamente do *primeiro* instante. Mas acho que deve ter sido quando você entrou na sala em Saint Louis depois de ter tomado banho. Acho que foram as meias esticadas e os cabelos penteados para trás.

– Eu sei quando senti isso pela primeira vez. Foi no primeiro dia em que eu vi você no Vino Vino. Na volta do restaurante para o trabalho, tentei reconstruir seu rosto na minha mente, mas não consegui. Depois de todos aqueles meses vendo seu perfil quase todas as vezes em que fechava os olhos, eu não conseguia mais encontrar você. Liguei para o restaurante e pedi para falar com você, mas não fazia ideia do que iria lhe dizer. Tudo o que eu sabia era que, quando olhava para você, não sentia mais frio. Não sentia mais frio.

Havíamos decidido que o mais romântico no dia do nosso casamento seria acordar com o sol nascendo, caminhar juntos à beira-mar, tomar café, nos separarmos e depois nos encontrarmos na igreja. Dias antes, já havíamos deixado tudo combinado com o *concierge* do hotelzinho que funcionava ao lado do nosso prédio, dizendo a ele que Fernando precisaria de um quarto durante metade do dia. O *concierge* não faz perguntas. O estranho pega suas roupas e sua bolsa de viagem e percorre os 10 metros até o hotel, passando pelo gnomo. Tudo parece bobo, estranho e emocionante. Eu saio para ir ao Giulio, o cabeleireiro na Gran Viale, e lhe peço para fazer cachinhos apertados com um *baby liss* em todo o meu cabelo.

– *Sei pazza?* Ficou louca? Este cabelo tão lindo. Deixe-me fazer alguma coisa clássica, um coque, um penteado preso com estes pentes antigos – diz ele, agitando dois grandes pauzinhos de cabelo incrustados com pedras falsas que são menos antigos do que ele.

– Não, eu só quero os cachos, o resto eu mesma faço – digo.

Ele leva mais de duas horas para fazer os cachos e lamenta cada passada do aparelho fumegante. Quando termina, estou parecendo Harpo Marx, mas digo:

– Está bom.

E ele responde:

– *Che disperazione.* Que lástima. – Entrega-me um velho lenço azul para cobrir a cabeça no caminho até em casa.

Queria que Lisa e Erich estivessem comigo. Erich passou o mês de agosto conosco, nós dois percorremos as ilhas, comemos costeletas de vitela e bebemos vinho gelado todos os dias no almoço, passamos horas dentro do Palazzo Grassi e nos comportamos como se estivéssemos passando férias juntos, como fazíamos quando ele e Lisa eram mais jovens. Lisa tem sido adorável e me dado apoio, mas manteve-se distante. O meu atropelo durante os últimos meses nos Estados Unidos deixou meus dois filhos exaustos, principalmente Lisa. A esta altura da vida, o normal é que as mães já tenham se acomodado, *se suavizado*, aceitado as próprias vidas. E ali estava eu, fazendo justamente o contrário, rasgando tudo, empacotando tudo e recomeçando. Sempre fui a mamãe cigana. E agora era a mamãe cigana dentro de uma gôndola. Acho que foi também a grande velocidade com que tudo aconteceu. Uma coisa é ir atrás de um veneziano, outra coisa é se casar com ele quatro meses depois.

– Por que você não pode esperar pelo menos até o Natal? – perguntou Lisa.

– Não dá, meu amor. Fernando organizou tudo tão depressa que na verdade nós não tivemos como levar em conta a disponibilidade de vocês. As coisas aqui são diferentes. Como eu ainda não falo italiano muito bem, e por causa da confusão da burocracia, simplesmente não tive muita voz nos quesitos data e lugar – explico.

Sei como esse resumo é fraco e sei que estou soando muito atipicamente impotente. Mamãe cigana dentro de uma gôndola sem força de vontade nenhuma. Enquanto subo a escada até o apartamento, encho a banheira e começo a me vestir, a saudade que sinto deles, a vontade de olhar para eles, de tocá-los, vai me submergindo em ondas imensas e pesadas. Eu deveria descer a nave da igreja de braços dados com meus filhos; nós deveríamos estar nos casando juntos com o estranho.

Suspendo os cabelos na nuca e prendo-os bem no alto da cabeça com fivelas nas quais a florista colou rosas vermelhas pequeninas e cravos-de-amor, e as flores despencam e se entrelaçam aos cachos pretos já mais abertos. Deixo os cachos laterais caírem naturalmente, pensando que isso dá ao penteado um ar francês da época do império. Ponho antigas pérolas barrocas nas orelhas e estou pronta para o vestido. Entro nele e puxo-o em volta dos quadris – ótimo. Começo a enfiar os braços nas mangas, mas eles só entram até a metade. Alguma coisa deve estar presa, alguma linha precisa ser cortada. Examino as mangas, e não há nada de errado a não ser que elas estão uns dois centímetros estreitas demais para acomodar meus braços. Será que tenho braços gordos? Não, eu não tenho braços gordos. Na verdade, eles são bem finos. A *signora* Asta deve ter tido alguma alucinação na hora de costurar as mangas. E agora, o que faço? Começo a vasculhar mentalmente o armário. O que tenho no guarda-roupa que posso fingir que pretendia usar no meu casamento? Há um vestido de cetim branco, reto, mas sem casaco, e isso seria um escândalo na missa – sem falar que estamos no mês de outubro. Há o vestido de tafetá de seda lilás com saia armada, mantilha e várias partes bufantes que comprei na liquidação de fechamento de um designer no quinto andar da Galleries Lafayette em 1989, para o caso de algum dia ser convidada para um baile de gala. Mas não se trata de um baile. Corro para buscar o óleo corporal para esfregar nos braços e torná-los escorregadios, mas não consigo encontrá-lo, então uso azeite extravirgem, mas não adianta muito. Estou chorando, rindo e tremendo, ainda me perguntando por que estou sozinha nesse momento. Que princesa de meia-tigela eu sou, sem ninguém para me ajudar. Pelo amor de Deus. Hoje é o dia do meu casamento.

É preciso uma contorção digna de Houdini, mas finalmente consigo fechar o zíper do vestido e, embora não possa erguer os braços acima da cintura, acho que ficou lindo. Borrifo um pouco de Opium nos braços para disfarçar o cheiro do azeite, e estou pronta. Mas há um pequeno detalhe que todos parecemos ter ignorado. Como é que eu vou chegar à igreja? É uma questão tão elementar que nos esquecemos completamente dela. Não há nenhuma carruagem esperando para me levar para o meu casamento. Eu até iria a pé, mas sei que Fernando ficaria horrorizado. Ligo para chamar um táxi, desço a escada, passo pelo gnomo e saio para a rua sob a galeria de olmos amarelados. Estou cantando "Lá vem a noiva", mas não choro.

Sempre pensei que a noiva não deveria entrar na igreja até todos os convidados terem chegado. Na Itália, muito naturalmente, acontece o contrário. O noivo e os padrinhos esperam dentro da igreja, enquanto os convidados esperam do lado de fora para cumprimentar a noiva e acompanhá-la até dentro da igreja. Estou deixando a *tassista*, a motorista do táxi, nervosa, porque sou uma noiva e ela sente a mesma responsabilidade que sentiria se uma mulher prestes a dar à luz estivesse em seu táxi, e também porque me recuso a descer do seu carro até que não haja mais nenhum convidado em pé diante da igreja. Ela não diz sequer uma palavra capaz de me ajudar a entender o costume italiano. Simplesmente continua dirigindo. É uma mulher bem miúda e sua cabeça, quando ela está acomodada atrás do volante, fica na mesma altura do encosto do banco. Toda vez que lhe digo que ainda não posso parar em frente à igreja, que ela precisa dar outra volta no quarteirão até todos os convidados terem entrado, ela afunda um pouco mais no banco até seus braços ficarem quase totalmente esticados e sua cabeça desaparecer por completo. Mais um *giro*. Mais um *giro*. Por fim, não sobra mais ninguém em frente à igreja. A *tassista*, finalmente loquaz, diz que provavelmente é porque foram todos para casa. Mas eu estou satisfeita. Desço do táxi e subo até a entrada da igreja. Não consigo abrir a droga das portas medievais. Elas parecem estar grudadas, e minhas mangas estão tão apertadas que não posso levantar os braços para segurar direito. Ponho as flores no chão, sobre os degraus, dou um puxão para abrir as portas, pego as flores, atravesso o diminuto vestíbulo e chego ao meu casamento.

– *Lei è arrivata*. Ela chegou – são os sussurros que ouço por toda parte. Giovanni Ferrari acaricia o órgão para produzir uma melodia de Bach. Os cestos brancos estão cheios de hortênsias cor-de-rosa, rosas vermelhas e íris douradas que, eu sei, vieram direto da Madona. O ar parece um crepúsculo opalino iluminado pelas chamas de uma centena de velas brancas e por um único feixe de luz do sol a entrar pela janela de lápis-lázuli. Dois monges armênios de barbas pretas e usando vestes de seda prateada entoam um cântico, agitam incensórios e fazem espessas nuvens aromáticas flutuarem sobre o altar, e eu penso que essa igreja é mais um cômodo da minha casa.

Através das lágrimas que se recusam a cair, tudo é névoa, e a única pessoa que consigo ver com nitidez é Emma, do Clube de Senhoras Britânicas, usando um turbante e um colar de pérolas. Dois pagens contratados vestindo calças abaixo do joelho e casacos cor-de-rosa engomados jogam pétalas de rosas na minha frente, e eu ando devagar, muito devagar, em direção ao estranho de olhos cor de mirtilo, em pé no altar com seu fraque em meio à névoa do incenso.

Don Silvano estende as duas mãos para mim. Ele se inclina e diz:

– *Ce l'abbiamo fatta*. Nós conseguimos.

É um gesto de boas-vindas, de afeto, um presente para mim, penso, e talvez uma mensagem silenciosa para os *lidensi* curiosos que lotaram a pequena igreja até o teto para ver *l'americana* se casar com um deles. As lágrimas agora começaram a rolar e, aos prantos, eu me sento em um sofá de veludo vermelho ao lado do estranho, que também está chorando. Com medo de chorar ainda mais, nenhum de nós dois consegue olhar para o outro, mas, na hora de fazer os votos, não conseguimos deixar de nos olhar e choramos assim mesmo. Giovanni está tocando "Ave Maria", e Don Silvano também chora. Será que está pensando em Santa Maria della Salute?

– *Una storia di vero amore* – diz ele ao nos apresentar à congregação. Giovanni chora e toca como se fosse o próprio Lohengrin, e todos os rostos com os quais cruzamos nas naves estão molhados, reluzentes e gritam:

– *Ecco gli sposi, viva gli sposi*. Lá vão os noivos, viva os noivos.

Eu não os tinha visto na igreja, mas em frente à porta do lado de fora há muitos venezianos que atravessaram as águas para assistir ao nosso casamento. Vendedores das lojas, funcionários do Florian, amigos da Do Mori e da feira, um bibliotecário da Biblioteca Nacional de Veneza, uma das velhas *contessas* clientes do banco, a *sarta* que teve uma alucinação enquanto terminava de costurar as mangas do meu vestido. Até mesmo Cesana está presente, tirando fotos e mais fotos, e todos choram e jogam macarrão e arroz, e o meu marido, que antes era o estranho, dá tapinhas nos bolsos do fraque cinza tentando encontrar um cigarro. Talvez fosse assim que o mundo deveria terminar, penso.

Dentro do táxi aquático, vamos nos sentar do lado de fora como fizemos naquele primeiro dia em que Fernando me levou até o aeroporto sob um vento igualmente frio. Retiro o mesmo copinho da bolsa de veludo, sirvo conhaque da mesma garrafa de prata. Nós bebemos, e o barco se inclina e se choca contra as ondas da lagoa, fazendo a água borrifar nossos rostos em que as lágrimas mal secaram. Cesana diz ao condutor do táxi aquático para dar uma paradinha na ilha de San Giorgio para tirar fotos, e Fernando mergulha uma das pernas até o joelho na água da lagoa. Cesana registra a cena. Desembarcamos no canal do Bauer, subimos direto na gôndola matrimonial e somos levados a remo até o Grande Canal. Atrás de nós segue outra gôndola, e o volumoso Cesana se inclina, se sacode e tira mais fotos. Nosso gondoleiro grita para ele:

– Para onde nós vamos?

Cesana lhe diz para seguir o sol.

Hóspedes nas varandas dos hotéis Europa, Regina e Monaco, assim como os nossos próprios convidados no Bauer, acenam e gritam, e por um instante eu flutuo acima dessa cena, acreditando e ao mesmo tempo sem acreditar que sou eu quem a está protagonizando. Isso está acontecendo com todos nós, penso. Esse casamento, essa luz do sol cintilante, essa viagem pela água azul, as velhas e lindas fachadas dos *palazzi* a nos ver passar, essa paz tingida de rosa é para todos nós. Isso é para cada um de nós, que já se sentiu sozinho. Ah, como eu queria poder distribuir pedaços desse dia como se fossem pães saídos do forno.

Todas as gôndolas desse trecho do canal foram convocadas para se reunir em frente ao Bauer, e logo cerca de 20 embarcações estão posicionadas em círculo à nossa volta. Os gondoleiros fazem uma serenata para nós e para seus passageiros, que pensavam estar indo apenas dar uma volta pelo canal, mas, em vez disso, se veem parte de um coro no espetáculo de um casamento.

O terraço do hotel está magnífico, mas somos convidados a entrar em um salão branco simples e sem janelas, no qual não há flores nem música, para um almoço que ninguém, com exceção de Cesana e dos monges de vestes prateadas, realmente come. Penso em Hemingway e em Aga Khan.

É um antigo costume veneziano que os noivos, o padre, e às vezes os convidados do casamento sigam a pé da igreja até o local da recepção e depois para a casa da noiva, passando no caminho pelas pessoas e lugares que foram e continuarão a ser sua vida, o padre os apresentando oficialmente à cidade como marido e mulher. Como moramos na praia, e não na cidade, decidimos caminhar do Bauer até a Piazza San Marco descendo a Salizzada San Moisè, para chegar por fim à Riva Schiavoni e à embarcação que nos levará de volta para casa.

Começo a me despedir das pessoas em frente ao Bauer, mas logo compreendo que ninguém vai embora. Nossos convidados, os dois pagens, Emma de braços dados com os dois monges, Don Silvano, Cesana, e agora Gorgoni, *concierge* do Bauer, irão caminhar em formação conosco no dia do nosso casamento. Formamos um belo desfile. Quando atravessamos a Ala Napoleonica, a orquestra do Florian interrompe uma canção no meio e começa a tocar "Lili Marlene" e quando chegamos todos diante do café, a orquestra já emendou na "Walzer dell'Imperatore". São cinco da tarde, e todas as mesas do lado de fora do café estão ocupadas. As pessoas se levantam para tirar fotos e gritam:

– Dancem, vocês têm que dançar.

Então nós dançamos. Toda a Veneza deve estar ali, na grande multidão à nossa volta, e eu queria que pudéssemos dançar todos juntos. Meu marido me abraça e eu penso: não, é *assim* que o mundo deveria acabar.

Quando estamos indo embora, uma mulher aparece na nossa frente. Falando um italiano com um forte sotaque francês, ela diz:

– Obrigada por me darem a Veneza que eu esperava encontrar. – Ela vai embora antes que eu consiga responder.

Como demoramos muito no nosso próprio casamento, temos poucos minutos em casa para nos preparar para a viagem até Santa Lucia, onde pegaremos o trem das 20h40 para Paris. Retiro dos cabelos os prendedores cobertos de rosas e os guardo dentro da enciclopédia *Larousse*, onde estão até hoje. Uma calça jeans, um suéter curto de caxemira e uma jaqueta de couro preta para mim. Fernando fica com a camisa do fraque e veste uma calça jeans e sua velha jaqueta de aviador. Pego meu buquê e partimos novamente para cruzar as águas. Francesco está na plataforma da estação para se despedir de nós e para me entregar nosso presente de casamento. Embarcamos em meio a uma confusão de fumaça e chuva e vejo a mesma mulher

161

francesa que falou conosco na *piazza* passar correndo. Ela acena e sorri. Fernando diz que está torcendo para que os pagens, Emma e os monges não tenham decidido nos seguir até Paris. Encontramos nossa cabine, depositamos as malas lá dentro e fechamos a porta atrás de nós enquanto o trem começa a resfolegar a caminho da França.

– Estamos casados! – gritamos.

E estamos também exaustos. Tiro o corpete de tule branco e subo na cama enquanto Fernando acende uma vela. Dois minutos depois, ele já está na cama comigo e diz:

– Estou com fome. Estou com tanta fome que não vou conseguir dormir. Preciso me vestir e ir até o vagão-restaurante.

– Tenho uma ideia melhor – digo. – Dê uma olhada na bolsa menor.

Francesco preparou duas dúzias de sanduíches – pequenas tiras de presunto cozido dentro de brioches ovais macios com manteiga sem sal – e um saco grande de batata chips onduladas, além de meia torta austríaca. Pôs também copos, guardanapos e uma garrafa de Piper Heidsick dentro de uma sacola fechada a vácuo com quatro bolsas de gelo. Quando ele me perguntou o que eu queria de presente de casamento, eu lhe respondi que desejava exatamente esse jantar e que, se ele pudesse levá-lo até a estação quando fosse se despedir de nós, seria o presente perfeito. Fernando abre a bolsa e diz:

– Eu te amo.

Espalhamos toda a comida sobre o beliche de baixo, comemos, bebemos e tornamos a subir para o outro beliche. Eu finalmente descubro como o mundo realmente deveria terminar.

14

Eu queria lhe fazer uma surpresa

Nós mal acordamos quando o trem entra na Gare de Lyon. Visto o jeans, ponho um chapéu por cima dos cachos da véspera, pego meu buquê e sigo Fernando para fora do trem e pela estação. Nós dois tomamos um *café au lait* com *croissants* quentinhos, cada um feito de mil migalhas amanteigadas que enchem minha boca. Como decido parar de contar depois do terceiro, nem sei quantos *croissants* acabo comendo. Saímos correndo pela porta para a luz de um domingo parisiense quando escutamos alguém gritar:

– *Les fleurs, madame, les fleurs.* – Eu tinha esquecido meu buquê sobre o balcão, e quem o encontrou e correu atrás de mim para devolvê-lo foi ninguém menos do que a mesma francesa de antes.

Essa mesma francesa também deve morar no Quartier Latin, onde estamos hospedados no Hotel des Deux Mondes, porque esbarramos com ela em cada esquina. Ela está no Café de Flore pela manhã, dando pedacinhos de um sanduíche de *jambon beurre* para seu cãozinho peludo preso a uma coleira, e sorri e acena com a cabeça, mas nunca mais do que isso. Às cinco, já está sentada na varanda do Les Deux Magots diante de um copo de vinho tinto e de um pratinho de azeitonas *picholine*, reconfortada pelos aquecedores elétricos montados sob o toldo. Nós também nos sentamos nessa mesma varanda para saborear um Ricard e esperar a noite cair. Parece que tudo o que ela quer nos fazer entender está contido nesses sorrisos e meneios de cabeça, como se ela não quisesse saber a nosso respeito nada mais do que já sabe. Nós gostamos de tê-la por perto e ela também parece gostar de nos ter por perto, e é nisso que reside a benevolência. Nossos dias não são planejados. Caminhamos sem rumo até vermos algo que gostaríamos de ver mais de perto, depois voltamos a caminhar até termos vontade de nos sentar, ou de ir para o hotel e cair na cama, ou de ir almoçar cedo no Toutoune para poder ir almoçar tarde no Bofinger, ou então pular o almoço para poder ir comer ostras no Balzar às oito e depois ir ao Le Petit Zinc comer mariscos à meia-noite. Percorremos as ruas de Paris em zigue-zagues incontáveis, como se a cidade fosse uma pequena aldeia. Já é bastante estranho esbarrarmos com nossa conhecida no Musée d'Orsay, mas, quando a vemos ao nosso lado na exposição egípcia do Louvre, já começo a achar que é espionagem. Quando ela já está sentada tomando chá no Ladurée da Rue Royale na hora em que chegamos para tomar o nosso, não consigo entender quem está seguindo quem. Será que ela é uma guardiã parisiense dos recém-casados, encarregada de cuidar da nossa lua de mel? Será por isso que estava na *piazza* quando valsamos no dia do nosso casamento? Queria que algum de nós dissesse alguma coisa sobre essa sucessão de acasos e coincidências, mas ninguém diz nada. Quando passamos um dia sem vê-la, começo a sentir sua falta.

– Como é que você pode sentir falta de alguém que não conhece? – pergunta Fernando.

Depois de mais dois ou três dias sem nos vermos, sei que a perdemos para sempre ou que talvez ela fosse apenas uma druidesa imaginária, com predileção por noivas de meia-idade, valsas e azeitonas verdes miúdas.

Já passamos bastante tempo em Paris, um mês inteiro, 30 dias e noites de sonho. Como já está quase no dia de retornar a Veneza, começo a me perguntar qual vai ser a sensação dessa volta.

– Fernando, o que você acha que vai acontecer quando voltarmos para casa?

– Nada de muito diferente – responde ele. – Nós somos a nossa própria felicidade. A festa somos nós: nossa vida não vai mudar muito, independentemente de aonde formos. Lugares diferentes, pessoas diferentes, sempre nós. – Ele diz isso com o olhar fixo à sua frente, mas dá uma olhadinha de esguelha para conferir minha reação ao seu esboço geral. Será que ele está tentando me dizer alguma coisa sem ter que repetir? O que estará guardando para mim por trás de toda essa descontração? Decidimos voltar para Veneza de avião em vez de pegar o trem, e no aeroporto encontramos a mesma francesa na fila de um voo para Londres. Com os olhos, agradeço-lhe por sua escolta discreta nesses meus primeiros dias de casada, e ela, também com o olhar, responde que foi um prazer. Não consigo evitar pensar em qual será sua próxima tarefa, no casal de sorte para quem irá lançar o reconforto sedoso daquele sorriso de deusa. E também me pergunto como ela encontrará *picholine* de verdade em Londres.

~

É dia 21 de novembro, e acabamos de acordar em nossa primeira manhã depois de voltarmos de Paris. Lembro-me que é o dia da Festa di Santa Maria della Salute, o festival em comemoração ao dia em que o doge Nicolò Contarini declarou aos venezianos que, após 12 anos de mortandade, a peste negra havia sido erradicada graças a um milagre da Madona. Tenho vontade de ir à missa e, na minha condição de nova veneziana, agradecer à Madona e a outros santos não apenas por milagres passados, mas também por seu papel involuntário em convencer Don Silvano a nos casar no mês anterior. Pergunto a Fernando se ele gostaria de ir, mas meu marido diz que a volta ao banco já promete uma quantidade suficiente de rituais. Digo a ele que vou sozinha e que o verei em casa na hora do jantar.

Todos os anos, nesse dia, seis ou oito gôndolas servem de *traghetti*, ou embarcações de transporte, para levar os fiéis pelo canal de Santa Maria del Giglio até a Salute. Chego às quatro da tarde e entro na fila do *traghetto* em meio à multidão silenciosa, quase ordeira que lota o embarcadouro. Quase todas as pessoas são mulheres e viajam em pé no *traghetto*, 12 ou 15 de cada vez, desequilibrando-se, apoiando-se umas nas outras e, sem pedir licença, dando-se os braços casualmente para se apoiar. Quando chega a minha vez, vejo que o gondoleiro que está ajudando as pessoas a embarcar é ninguém menos do que o meu gondoleiro, o mesmo do dia do meu casamento, e ele me suspende em um amplo arco do cais até a gôndola dizendo:

– *Auguri e bentornata*. Saudações e bem-vinda de volta.

No final das contas, Veneza é uma cidadezinha. E agora é a minha cidadezinha. As senhoras mais velhas a bordo do *traghetto* observam radiantes essa demonstração de *allegria* e, depois de me acomodar no barco, eu também lhes dou os braços como se isso fosse muito natural para mim. Há empatia ali na água escura e ondulada, na embarcação preta que balança.

Desembarcamos em frente à basílica e passo algum tempo em pé olhando para a construção, iluminada com a luz suave e amarela que o sol acabou de deixar para trás. Erguida no cume do semicírculo formado por San Marco e pela igreja do Redentore, na Giudecca, a grande igreja de Longhena é sustentada por um milhão de palafitas de madeira enterradas no fundo lodoso da lagoa. Redonda, imensa e austera, excessivamente grande para seu trono, ela parece uma rainha grandiosa e robusta sentada no meio de um delicado jardim. Quanta presunção um homem precisou ter para idealizar um templo assim, imaginar-se capaz de construí-lo e depois fazê-lo de fato? Caminho até a estreita passarela estendida sobre o canal apenas nesse dia do ano. Venezianos se aventuram pelas tábuas bambas e balançantes levando presentes de agradecimento para a Madona que, quase 500 anos antes, livrou as famílias de seus antepassados da peste. Antigamente, as oferendas eram pães ou bolos recheados com frutas, geleia ou peixe salgado, quem sabe um saco de gordura ou de feijão vermelho. Hoje em dia os romeiros levam velas, cada um segurando a sua em uma prece, e as chamas dos fiéis iluminam as pedras frias da velha casa da Virgem. Perto dos degraus da basílica, compro uma vela grossa e branca quase grande demais para caber na minha mão. Sem que eu peça, uma mulher a acende com a chama da sua própria vela. Depois sorri e desaparece na multidão.

Várias gerações de mulheres caminham juntas, às vezes três ou quatro conjuntos de vidas interligadas cujos vínculos foram esculpidos em seus corpos pelo mesmo artista. Uma velha senhora caminha ao lado da filha, da neta e da bisneta, e posso ver os traços da neném no rosto da bisavó. As pernas da velha senhora, que parecem gravetos cobertos por meias brancas, despontam frágeis e hesitantes de um belo casaco de lã vermelha. Qual será a sua história? Ela usa uma boina bem enterrada sobre cabelos brancos escorridos. Sua filha também tem cabelos escorridos e brancos, e os da filha *dessa* mulher são escorridos e louros. Uma delas enterrou o gorro da neném bem fundo sobre a *sua* cabeça loura, e as quatro são lindas. É isso que eu sempre quis, penso ao vê-las passar. Sempre quis me sentir em casa, sentir-me importante, amar e ser amada. Queria que a vida fosse romântica, simples e segura. Será que a vida alguma vez é assim? Alguém pode ter certeza disso? Gostaria que minha filha estivesse atravessando essa ponte agora. Queria estar esperando por ela. Queria ouvir sua voz, ouvir nossas vozes juntas no azul escurecido desse crepúsculo, indo visitar a Madona. Gostaria de dizer à minha filha que ela pode ficar tranquila.

Do lado de dentro, a basílica é uma imensa caverna de gelo enfeitada com veludo vermelho. O ar está azul por causa do frio intenso, um frio ancestral, cinco séculos de frio presos em mármore branco. Não há espaço para se mexer, todos se encostam uns nos outros, e nossa respiração forma nuvens de fumaça. Em cada altar, bispos e padres abençoam os fiéis com aspersórios de água benta erguidos bem alto acima de suas cabeças. Tento me aproximar de um pequeno altar lateral, onde um padre bem jovem borrifa a congregação com gestos exuberantes. Talvez, assim como para mim, esse seja o seu primeiro festival da Salute, e acho que a sua bênção seria particularmente adequada. Com os pés enfiados em meias de lã, as pernas protegidas até os joelhos por grossas botas de camurça, um xale comprido por cima de um sobretudo que cobre um vestido longo, e na cabeça o chapéu de cossaco da Segunda Guerra Mundial de Fernando com os protetores de orelha abaixados, eu sou a Mãe Rússia em pessoa, e mesmo assim estou com frio. Pergunto-me qual é a sensação de ser veneziano, de fazer parte desse ritual, de saber que seu sangue e seus ossos descendem do sangue e dos ossos daqueles que aqui vivem e morrem há tanto tempo. Como sei pouco sobre mim mesma, penso, enquanto torno a descer os degraus e me encaminho para o *traghetto*.

É então que o vejo, com seu chapéu de pele de castor e sua comprida capa de *loden* verde sobre os ombros, parecendo César às margens do Rubicão. Lembro-me rapidamente de algo que de fato *sei* sobre mim mesma. Eu sei que amo esse homem com todo meu coração. Meu marido desce do barco.

– Aí está você – diz ele. – Eu queria lhe fazer uma surpresa. – Como se a ideia de me fazer uma surpresa houvesse acabado de lhe ocorrer.

Fernando tem razão quanto a nada ser muito diferente em nossa vida "pós-casamento, pós-lua de mel em Paris e de volta a Veneza". Nada é muito diferente mesmo, tirando o fato de ele não estar nada disposto a viver tranquilo para sempre. Segundo ele, está na hora de começarmos uma reforma de verdade no apartamento. Eu sinto um brilho parisiense e noto o conforto dos ritmos de minha vida veneziana crescer lentamente. Passei até a sentir algum afeto por essas ruínas cheias de cortinas e, pelo menos por enquanto, não estou convencida de que devemos começar a derrubar as paredes. Ele diz que o inverno é a época certa para a reforma, que esperar significa adiar mais um ano inteiro, e que isso é tempo de mais. Eu prefiro esperar. Quero pensar no Natal e depois na primavera. Digo a ele que quero apenas viver em paz, sem qualquer projeto importante.

Ele responde que tudo bem, desde que eu entenda que a obra é inevitável.

– Não podemos fingir que, pelo simples fato de tudo aqui *parecer* tão bonito agora, todo o trabalho estrutural não tem mais importância. Ele tem razão. E sei que, de alguma forma, ele sente uma conexão entre a obra do apartamento e sua faxina e limpeza de ervas daninhas pessoal, e é por isso que não quer esperar. Animado pela energia dos meses anteriores, Fernando quer mais.

– Mas isso é um projeto nosso – me diz ele certa noite, como se estivesse entregando a Áustria ao inimigo. – Então você vai ter que decidir quando começar.

– Pelo menos vamos pôr os projetos no papel – digo, então fazemos uma lista, cômodo por cômodo, metro por metro, de cada fase da obra a ser feita. Quando vejo a extensão de todo o sedutor projeto por escrito, não demoro sequer um minuto para sentir o apelo primitivo da mantenedora do fogo sagrado. Desde o início dos tempos, sempre cuidei que a despensa estivesse cheia e a mesa arrumada. Mas os mantenedores do fogo sagrado também têm a tarefa de consertar a casa. Ou, no meu caso, de supervisionar aqueles que consertam a casa. E a casa seguinte, e a que vier depois. Mesmo sem me candidatar, recuperei meu antigo trabalho, e digo a Fernando que estou pronta.

Passo as tardes examinando adereços, ferramentas, ladrilhos e coisas assim, e orçando as várias partes da obra. À noite, Fernando e eu visitamos juntos os fornecedores, tomamos as últimas decisões e contratamos o serviço. Tento não reproduzir os lamentos e histórias desesperadas de todos os estrangeiros que já se viram obrigados a negociar na Itália algo além da lavagem a seco de uma capa de chuva. Essas histórias exageradas sobre as maquinações cotidianas dos trabalhadores italianos não passam de assunto para piadas. Eu não acabei de atravessar todas as dificuldades e de conseguir me casar? Ainda assim, é com alguma ansiedade que embarco nessa viagem para destruir o que resta do piso do banheiro. Preciso me lembrar de que não apenas estou na Itália, estou em Veneza, e com certeza a princesa irá apresentar sua malícia característica.

A primeira coisa a aprender é que tudo o que acontece em Veneza depende da água. Veneza foi fundada para servir de refúgio, e seu caráter inacessível é justamente a sua razão de ser. Em 1.500 anos pouca coisa mudou, ou seja, nada pode pegar a cidade de surpresa. Tudo e todos precisam percorrer seus cintilantes domínios de barco. Até mesmo as pessoas e mercadorias capazes de chegar pelo ar precisam depois seguir viagem pela água. Portanto, o preço de cada batata, de cada prego e de cada saco de farinha, de cada lâmpada e de cada caixa de petúnias sofre um acréscimo devido à travessia da lagoa e dos canais. Tanto para os viajantes quanto para os moradores, Veneza é a cidade mais cara da Itália, fato justificado por sua localização aquática, o mesmo fator que lhe dá uma justificativa para qualquer atraso. Quem seria tolo o bastante para tentar contrariar o argumento "*La barca è in ritardo*. O barco atrasou", ou "*C'era nebbia*. Havia névoa"? Até mesmo as mercadorias cultivadas ali precisam atravessar um canal ou dois, um rio, um *rielo*. A água é o condutor e a barreira, e os venezianos tiram vantagem disso. Do carpinteiro que vem trocar as tábuas do piso até a equipe toda suja de cimento que vem remboçar as suas paredes – todos entoam o mesmo refrão sobre a água, e isso afeta a forma como os serviços são feitos.

Nós perdemos as duas primeiras semanas de janeiro por causa da "névoa", a terceira por causa da "água alta", e a quarta por causa da "umidade". No último dia do mês, a obra começa. Ou seja, as ferramentas para o quebra-quebra inicial são entregues e os operários começam a perambular de um cômodo para outro batendo nas paredes, tirando medidas, balançando as cabeças e revirando os olhos. Eles na verdade já viram o apartamento, já estudaram a situação, já aprovaram as plantas, mas mesmo assim percorrem o local como militares de alta patente na sala de comando de uma campanha bélica. Sua forma preferida de fumar é enfiar um cigarro aceso no canto da boca e deixá-lo ali. Eles conversam, dão risadinhas sarcásticas e trabalham enquanto o cigarro vai se transformando em uma longa coluna de cinza intacta. Então retiram a guimba, jogam no chão e pisam em cima com o calcanhar do sapato. Afinal de contas, o piso não vai ser trocado?

No entanto, apesar desse começo hesitante, a obra avança num ritmo bom e chega até a se tornar quase acelarada, com os homens cantando e assobiando sem nunca tirar da boca os cigarros acesos. Quando trabalham, o fazem bem e depressa, mas são velocistas sem disposição para longas distâncias. Depois de três horas por dia, não vão mais a lugar nenhum. De algum modo, a fase de destruição se transforma na fase de reconstrução, e acho que tudo está correndo bem até reparar que toda noite Fernando tem que arrastar os pés pelo meio do entulho para chegar ao quarto. Já entendi que o *processo* o deixa aterrorizado. Ele só vai ficar feliz quando a obra terminar e pelo menos 12 pessoas lhe disserem que está tudo lindo. Mas ali está ele, deitado de viés na cama, com os olhos de pássaro morto fixos no teto, dizendo que não gosta da droga de apartamento e pronto, que nada do que façamos para melhorá-lo vai fazer muita diferença.

– O apartamento é pequeno, apertado e escuro, e nós estamos gastando todo esse dinheiro à toa – diz ele.

– O apartamento é pequeno, apertado e escuro, e estamos gastando todo esse dinheiro, mas *não é* à toa. Foi você quem insistiu para derrubarmos tudo. Eu não entendo você – respondo, querendo estar sozinha em um quarto sem martelos nem baldes. E sem nenhum saco de cimento. E nenhum estranho. – Por que nós não vendemos o apartamento e pronto? – pergunto, pegando-o de surpresa. – Há algum *sestiere* de Veneza onde você gostaria de morar? Com certeza, se tentássemos, poderíamos achar um apartamento com *mansarda*, com uma laje no telhado que pudéssemos arrumar e que *nós dois* passaríamos a amar – diz a cigana que vive dentro de mim. Minha proposta o deixa perturbado.

– Você tem noção do preço dos imóveis em Veneza? – argumenta ele.

– Mais ou menos o mesmo preço dos imóveis no Lido, muito provavelmente. Por que não vamos conversar com um corretor de imóveis, só para sentir o mercado? – pergunto.

Ele repete "corretor de imóveis" com o mesmo tom que poderia ter usado para dizer "anticristo". Por que os italianos têm tanto medo de fazer perguntas?

– Se nós vendêssemos este apartamento, eu não iria querer comprar outra coisa em Veneza – diz ele. – Iria querer me mudar de verdade, para algum lugar completamente diferente, longe daqui. Mudar para Veneza não é a solução.

Como não tenho certeza de qual é o problema, também não tenho certeza de que Veneza seja a solução. Fernando não quer mais falar no assunto porque sabe que, se eu entender o que ele realmente quer, talvez simplesmente concorde e, nesse caso, o que ele iria fazer?

Uma coisa parece clara: não podemos mais morar na obra e, no final de fevereiro, nos mudamos para o hotel ao lado do prédio. O hotel fica oficialmente fechado do Natal até a Páscoa, mas, como dois funcionários continuam lá para ficar de olho nas coisas, os donos concordam em nos alugar uma suíte. Teremos acesso a uma bela sala de estar mobiliada em estilo francês, com um velho fogão a lenha feito de cerâmica, e a uma salinha de jantar com uma lareira de mármore preto. Nosso quarto será aquecido, mas os corredores e as duas salas, não. Por causa do regulamento do seguro, não poderemos usar a cozinha como os dois zeladores. Uma cozinha de hotel, toda equipada, espaçosa, reluzente, bem no final do corredor, e eu não posso usá-la! Ou será que eles não veem problema algum no fato de eu usá-la, mas são obrigados a me dizer que é proibido?

Nós levamos apenas duas malas de roupas, alguns livros e o castiçal georgiano que me acompanha desde os meus 15 anos. Quando precisamos de qualquer outra coisa, simplesmente vamos buscar no prédio ao lado. Nosso quarto é pequeno e quadrado, com um pé-direito muito alto. Tapeçarias flamengas cobrem duas das paredes, arandelas de vidro de Murano ladeiam um espelho grande, e um tecido *moiré* também rosa cobre a cama e as janelas altas. Há tapetes de boa qualidade, um armário pesado de madeira escura, uma cama de madeira maciça, mesas de cabeceira bonitas. Um sofá de veludo bordô está posicionado de frente para o jardim. A solução para o problema da cozinha são os zeladores. Eles podem usá-la, portanto, se eu usá-la com eles, estarei burlando *só um pouquinho* as regras. Estou começando a pensar como uma italiana. Na primeira noite, trago ingredientes do Rialto e pergunto a Marco, um dos zeladores, se ele e o colega gostariam de se juntar a nós em frente à nossa pequena lareira preta por volta das nove. Digo a ele que vou refogar *porcini* com creme de sálvia e Moscato, e assar uma polenta de castanhas com queijo Fontina, e que depois haverá peras, nozes e mais Moscato. Sorrindo, ele pergunta como vou refogar os *porcini* na lareira, já sabendo que minha intenção é usar a cozinha. Convido-o a preparar a refeição comigo, Fernando se junta a nós, e finalmente Gilberto aparece, depois de terminada sua sessão de pintura das salas de recepção, e logo estamos todos cortando, batendo e tomando Prosecco. Nessa noite, e em várias noites a cada semana depois disso, até os donos do hotel voltarem, Marco, Gilberto, Fernando e eu nos reunimos para encontros agradáveis em frente à pequena lareira preta do hotel.

Gilberto é um cozinheiro espetacular e, quando se posta diante do fogão, assa patos, faisões e galinhas-d'angola, e inventa misturas espessas e invernais feitas com lentilhas, batatas e repolho. Certa noite, anuncia que vamos comer apenas sobremesa. Ele prepara *kaiserschmarren*, delicadas fitas de massa parecidas com crepes mergulhadas em geleia de mirtilo silvestre. Faz circular uma tigela de creme encorpado e uma garrafa de aguardente de ameixa gelada surrupiada da despensa reservada do hotel e, depois de bebermos até a última gota, fico grata por não ter de subir 13 pontes e atravessar as águas para chegar à nossa cama. Quando ninguém cozinha, assamos na lareira cabeças de alho inteiras e pequenas cebolas roxas, carbonizando-as até se desmancharem, regando-as em seguida com um bom vinagre balsâmico, e nos banqueteamos com elas, acompanhadas de queijo branco fresco, fatias de pão de casca grossa e um bom vinho tinto. Passamos quase nove meses morando no hotel, primeiro como voluptuosos clandestinos, depois como hóspedes de verdade, sentados à mesa junto com os outros e, de vez em quando, trocando sorrisos misteriosos com Gilberto e Marco.

Passo todos os dias no nosso apartamento, mas os operários quase nunca estão lá. Estou aprendendo outra coisa que afeta a ética de trabalho italiana. O italiano de classe operária, o pequeno empreendedor médio, deseja menos coisas da vida – de sua vida profissional – do que muitos outros europeus em situação semelhante. O que é imprescindível para um italiano de classe operária ele em geral já tem. Ele quer um lugar confortável para morar – o fato de ser alugado ou próprio faz pouca diferença. Quer um carro, uma caminhonete, ou ambos, mas serão todos veículos modestos. Quer levar sua família para almoçar aos domingos, passar uma semana de férias nas montanhas em fevereiro e duas semanas na praia em agosto. Quer oferecer uma boa *grappina* do Friuli aos colegas quando chegar a sua vez na sexta-feira à tarde. Prefere ter dinheiro no banco do que na carteira, porque nunca iria gastá-lo mesmo. As coisas de que precisa custam relativamente pouco, então por que ele deveria trabalhar mais horas ou com mais afinco quando já se considera suficientemente abastado?

O italiano sabe que a velocidade – digamos, encaixar outro serviço no seu dia de trabalho, ou se apressar para terminar algo que pode deixar para o dia seguinte – irá lhe proporcionar não mais satisfação, porém menos, caso esses atos absurdos interfiram em seus rituais. Um *espresso* e um papo com os amigos virão sempre antes da instalação do seu rodapé. E ele sabe que, como você é uma pessoa adorável, vai aplaudir a sua noção de valores. Quando ele assiste a um jogo de futebol em vez de preparar seu orçamento, sabe que é exatamente isso que você esperava dele. Quando usa o sinal que você pagou para saldar uma dívida em vez de comprar o material para a sua obra, está apenas praticando uma espécie de triagem e cuidando primeiro da necessidade mais premente. No final das contas, isso vai ser bom para você, assim como foi bom para os clientes que vieram e o será para os que virão depois. Os italianos aprenderam mais sobre paciência do que quase qualquer outro povo. Eles sabem que, no final das contas, alguns meses ou alguns anos a mais, de um jeito ou de outro, não irão causar grandes prejuízos ao seu bem-estar nem aumentá-lo. O italiano compreende as manhas do tempo.

E há também toda a noção de prestação de serviço que, na Itália, nunca chegou a pegar. Aqui, uma base de clientes com frequência remonta a muitas gerações e, para o bem ou para o mal, só irá aumentar ou diminuir de acordo com as taxas de natalidade e de mortalidade. Na Itália, um serviço "afiado" se refere apenas às facas do estabelecimento, boas e com um corte preciso o suficiente para cortar fatias de salame finas como papel. As inovações do Renascimento ainda vão bastar para mais uns mil anos.

Aqui, a inventividade ancestral é suficiente, e poucos sentem necessidade de aprimorá-la. Quem iria querer melhorar a roda ou a vassoura de palha ou o prumo de madeira que testa o alinhamento de uma parede? Além disso, se algo der errado, o italiano pode olhar para o céu e amaldiçoar toda a sua linhagem por tê-lo prejudicado. O destino sempre pode levar a culpa por qualquer número vermelho que um contador porventura registre no seu balancete anual. De todo modo, as *nonnas*, as avós, assim como todas as outras pessoas, têm muito mais simpatia por um certo aroma de fracasso do que pelo cheiro do dinheiro novo. Com exceção dos esportes, na Itália a maior simpatia é reservada aos derrotados. No cinema italiano, o célebre Fantozzi há muito faz o papel do ladrão típico, irresistível e inofensivo. É essa a identidade preferida do homem italiano de classe operária, incluindo aí alguns bancários.

Na Itália, ambição é uma doença que ninguém quer pegar. Ou, se alguém a pegou, pelo menos não quer que os outros saibam. Se os santos e anjos quisessem que uma pessoa fosse rica, isso já teria acontecido, é o que todos dizem. Portanto, os operários na Itália não são menos confiáveis, menos eficientes ou mais espertalhões do que operários de outros lugares. Eles são, isso sim, operários *italianos*, que funcionam de acordo com um ritmo e com uma atitude *italianos* perfeitamente aceitáveis. Somos nós, forasteiros, que nos recusamos a aceitar esse fato. Quando um italiano revira os olhos fingindo-se horrorizado diante da abordagem casual de um dia de trabalho demonstrada por outro italiano, há em seu olhar também uma espécie de orgulho que diz: "Graças a Deus, algumas coisas nunca vão mudar."

Fernando fica encantado quando, todas as noites, relato minhas impressões mais claras e recém-adquiridas sobre seus conterrâneos, e conta suas próprias histórias sobre o mecanismo interno do sistema bancário italiano e suas farsas esplendidamente encenadas. Conta isso rindo, mas um leve toque de rancor se prolonga quando ele se cala. Não lhe faço perguntas, já que ele só parece estar parcialmente à vontade com a sua crise pessoal em andamento.

Escolhemos uma cerâmica grande, preta e branca, para revestir as paredes e o piso. Fernando quer dispor os ladrilhos em linha reta, mas eu acho que poderia ser interessante pôr alguns na diagonal. Faço um rascunho, e ele amassa o papel e diz que o efeito vai ser muito contemporâneo. Arrasto-o até a Accademia e o Correr para ilustrar como preto e branco na diagonal é antigo e clássico, e ele diz que tudo bem. Mas recusa-se a ceder em relação à nova máquina de lavar roupa, que ele quer colocar exatamente no mesmo lugar da antiga, perpetuando assim a tradição de colidir com ela toda vez que se abre a porta. Eu quero uma daquelas maravilhas de design milanês, uma lavadora fina feito uma mala que caiba dentro de um belo armário. Ele diz que essas máquinas só lavam dois pares de meias de cada vez, que seus ciclos duram três horas e que elas não são nada práticas. Eu quero conversar sobre a primazia da forma em relação à função, mas ele diz que eu posso simplesmente cobrir a lavadora grande com panos do mesmo jeito que faço com tudo, então é ela que compramos.

Estou lendo uma biografia de Aldo Moro, primeiro-ministro italiano que, nas décadas de 1960 e 1970, pregava, entre outras coisas, um "compromisso histórico" entre a igreja e os comunistas. Ele defendia uma *coincidenza* das virtudes da autoridade e da reforma, que chamava de "paralelos convergentes". Que coisa mais extraordinariamente italiana, ao mesmo tempo civilizada e social e matematicamente impossível. Cada facção segue em frente, lado a lado com a outra, e as duas conversam sobre sua coexistência iminente por cima do abismo que as separa, sempre sabendo que isso nunca irá acontecer. Igualzinho a um casamento.

Eu namoro e afago peças de tecido por toda a Veneza, mas, como todo *lidensi* que se preze, preciso me contentar com a gama de mercadorias empilhada na garagem ao lado do laboratório da Tappezeria Giuseppe Mattesco, na Via Dandolo. Todo o estoque parece composto de algodões lustrosos e foscos nos tons branco, *off-white*, creme, amarelo-claro ou verde-claro, embora haja alguns chintz floridos em tons de lilás, vermelho e rosa, e uma ou outra peça mais ousada de tapeçaria. Como temos apenas poucas janelas para trabalhar e três móveis que precisam de capas, meu desejo é uma opulenta fazenda listrada de cetim e veludo nas cores canela e bronze. Quero saber por que não posso comprar o tecido em outro lugar para o *signor* Mattesco confeccionar nossas cortinas e capas, e Fernando me diz que é porque, anos atrás, Mattesco comprou uma fábrica de tecidos com um estoque gigantesco no Treviso, centenas e centenas de peças dos mesmos tecidos, e desde então mede, corta e costura as mesmas cortinas e capas baratas para todos os habitantes da ilha. Segundo ele, trabalhar com Mattesco, seguindo as regras de Mattesco, é uma espécie de regulamentação local.

Eu acho essa história fantástica, mas ela se revela quase verdadeira, de modo que me sinto menos arrasada por nunca ter sido convidada à casa de nenhum de nossos vizinhos. Agora sei que em todas elas esvoaçam as mesmas cortinas de cambraia branca com bolinhas bordô na bainha. Pelo menos é isso que Mattesco tenta empurrar para mim. Reviro sua garagem do avesso durante muitos dias até encontrar um tesouro de brocado marfim. A fazenda é pesada, grossa, e exala um cheiro pronunciado de mofo. Ele fica tão feliz em se livrar daquilo que diz que dois dias no sol irão tirar o cheiro, e de fato isso acontece, pelo menos o suficiente para podermos usar o tecido.

Quem costura é a *signora* Mattesco. Ela tem a pele e os cabelos brancos, e usa um jaleco branco imaculado enquanto fica sentada diante da máquina em meio a um mar de tecido branco. Parece um anjo, e faz uma cara de incompreensão, de tristeza até, por eu não querer a bainha de bolinhas bordô.

Há uma *bottega* em San Lio onde um homem e seu filho passam os dias batendo e moldando, dobrando finas folhas de metal para transformá-las em lustres, castiçais e luminárias, e depois esfregam os belos objetos com um trapo de lã embebido em tinta dourada. Nós os vemos trabalhar pela vitrine, e paramos para fazer uma visita e conversar uma ou duas vezes por semana durante muitos meses antes de sequer começarmos a pensar o que gostaríamos que fizessem para nós. Eles e nós apreciamos a companhia uns dos outros, e todos sabemos que não há pressa para tomar uma decisão. Os venezianos gostam de prolongar determinados encontros até torná-los finos como a asa de um inseto, de fazê-los transcorrer *pian, piano*, muito devagar. Para que correr, para que decidir alguma coisa antes que ela precise ser decidida? Caso se passe tempo suficiente entre a decisão e o término, é possível que a pessoa descubra que não precisa daquilo que pediu e que a outra finalmente terminou de fabricar. De toda forma, que alegria têm os finais? Eu juro que estou começando a entender os venezianos. Continuo a pensar em Rapunzel e na verdade italiana segundo a qual sem sofrimento e drama não vale a pena ter nem fazer nada. Sem o entulho, os gritos e os olhos de pássaro morto de Fernando, eu teria apenas um banheiro, em vez de um cômodo com o piso e as paredes revestidas com cerâmica preta e branca onde tomarei banhos de banheira à luz de velas com o estranho. A Biblioteca Marciana, que é a Biblioteca Nacional de Veneza, é mais um cômodo da minha casa. Um cômodo que, felizmente, não está em obras. Fica dentro de um *palazzo* quinhentista projetado por Jacopo Sonsovino, e foi construída para abrigar as coleções grega e latina legadas a Veneza pelo cardeal Bessariono de Trebizonda. Situada ao lado do embarcadouro calçado com pedras, o Molo, e da Piazzetta, fica em frente ao palácio do doge e à basílica de San Marco. As colunas jônicas e dóricas da biblioteca são vizinhas das arcadas góticas cor-de-rosa e brancas e do brilho enfumaçado de Bizâncio do outro lado da Piazzetta, e todos esses elementos se comportam bem juntos em uma espécie de cordialidade arquitetônica na entrada da *piazza* mais linda do mundo.

Eu passei mais horas dentro do espaço solene e úmido da biblioteca do que em qualquer outro lugar de Veneza, com exceção da minha própria cama no nosso apartamento ou da cama alugada no hotel ao lado. Estou decidida a ler cada vez melhor em italiano. Passei a conhecer as estantes e fichários, a saber onde determinados manuscritos e coleções ficam arquivados, e até mesmo o que existe atrás de algumas das curiosas portinhas. Livre para passear entre os 750 mil volumes, passei a conhecer o frio característico e inclemente que satura seus espaços no outono e no inverno, e a amar o cheiro de papel úmido, poeira e velhas histórias. Sei qual sofá afunda menos do que os outros, quais luminárias de fato têm lâmpadas, quais mesas recebem o calor de um aquecedor e quais dos meus colegas leem em voz alta, dormem ou roncam. Em meu novo idioma, e muitas vezes em uma versão arcaica dele, leio – ou tento ler – livros de história e livros apócrifos, crônicas, biografias e memórias. Meus incentivadores são os bibliotecários, Fernando, os dicionários, minha própria curiosidade e a vontade de me imaginar capaz de compreender um pouco da antiga consciência de Veneza e dos venezianos.

Às sextas-feiras, não vou à Biblioteca Marciana. Não escrevo nem leio uma palavra sequer. Tampouco vou à feira ou à Do Mori. Simplesmente caminho. Mais tranquila agora, me delicio com manhãs douradas inteiras só para mim, sem que nenhum chamado de outras pessoas me atrapalhe. Lembro-me dos dias em que, se tivesse uma hora inteira só para mim, eu a agarrava e saía correndo, empanturrando-me de seus deleites como faria com um punhado de figos maduros. Agora tenho o luxo de muitas horas, então escolho um bairro e o exploro com o mesmo cuidado que faria se houvesse acabado de ganhá-lo em uma partida de vinte-e-um. Passeio pelo *ghetto* e pelo Cannaregio, ou então fico no barco e salto em algum lugar diferente.

Certo dia, no Campo Santa Maria Formosa, paro a fim de comprar um saco de cerejas e me sento nos degraus da igreja. Segundo a lenda, um bispo de Oderzo fundou essa igreja depois que uma mulher majestosa com seios esplêndidos, *una formosa*, apareceu-lhe em uma visão e disse que ele deveria construir uma igreja ali e onde mais visse uma nuvem branca tocar a terra. O bondoso bispo construiu oito igrejas em Veneza, mas só essa foi batizada em homenagem à formidável dama. Gosto dessa história. Na base do campanário barroco de Santa Maria há uma gárgula – um *scacciadiavoli* medieval, um espanta-demônios. O velho sino e a gárgula ainda mais velha parecem à vontade juntos – sagrado e profano tomando banho de sol lado a lado.

Quando fica frio demais para passar o dia inteiro ao ar livre, pego um barco até as ilhas, até Mazzorbo e Burano, ou vou até San Lazzaro me sentar na biblioteca armênia – mas não leio nada. Fico sentada ali pensando, contente entre os velhos manuscritos de Mechitar e os passos leves dos monges. Às vezes tenho a sensação de que sempre morei aqui. Penso no que li, no que tentei ler, no que entendi, no que não entendi direito. Penso na tristeza que Veneza exibe, no tênue semiluto que lhe cai tão bem. E às vezes a vejo despida, por um instante sem a sua máscara de tristeza, e olho com atenção para um rosto que não é nada triste. Começo então a entender que ela fez a mesma coisa por mim, que retirou a *minha* máscara de tristeza, tão antiga que eu a usava como uma segunda pele.

Durante minhas leituras, muitas vezes deparo com um arrepio de luxúria, alguma pequena porção desse sentimento, pois a luxúria é um impulso histórico veneziano. Apetites sexuais, sensuais e econômicos moviam La Serenissima. Lugar de chegadas e de estadas breves, o desembarque era a principal atividade da Veneza recém--fundada, e ainda é até hoje. Destino incomparável, a insubstancialidade de Veneza causava fascínio. Um santuário da paixão. No século XV, mais de 14 mil mulheres foram registradas pelos governadores da cidade como cortesãs autorizadas e que pagavam impostos. Um livro, publicado anualmente, servia de guia para a hospitalidade dessas mulheres. Ele fornecia biografias curtas, informava a família e as alianças sociais, a instrução e os conhecimentos em artes e letras de cada cortesã. O livro atribuía a cada uma delas um número, de modo que, quando o rei da França, algum nobre inglês, um soldado à espera da convocação para a próxima Cruzada, um fabricante de espelhos de Murano ou mesmo um traficante cartaginense de pimenta e noz-moscada chegasse à cidade e precisasse de companhia feminina, pudessem mandar um mensageiro até o endereço muitas vezes suntuoso da dama e solicitar um encontro com o número 203 ou 11, 884 ou 574.

Se uma cortesã estivesse em um dia de pouco movimento, saía para um passeio vespertino. Usando crinolinas amplas e ondulantes, com os cabelos ruivo-alourados enfeitados com pedras preciosas e a pele branca que nunca era exposta ao sol protegida por uma sombrinha, ela passeva pela *piazza* e pelos *campi*, cumprimentando alguns com uma profunda reverência, outros com um movimento rápido do leque, ou até exibindo o seio por um breve instante. As cortesãs venezianas usavam *zoccoli*, sandálias com plataformas de 50 centímetros – de fato, eram verdadeiras pernas de pau –, cuja finalidade era manter suas roupas protegidas da umidade e da sujeira e ao mesmo tempo deixá-las mais altas que os outros para identificá-las.

A aristocracia e os comerciantes de Veneza, assim como o clero, gozavam das sofisticadas dádivas sociais dessas deusas espiãs que guardavam segredos de Estado, mesmo que por pouco tempo, e diziam verdades, mesmo que nem todas. Essas mulheres podiam tanto ser esposas e filhas da nobreza quanto de policiais ou pedreiros. Às vezes eram moças mandadas para conventos por seus pais de classe média, que temiam o custo dos dotes. As religiosas a contragosto muitas vezes violavam seus votos em incursões secretas e nem tão secretas assim a uma outra irmandade menos casta. O convento de San Zaccaria tornou-se conhecido por suas freiras libertinas e pelas conspirações e complôs por elas gerados junto com uma penca de filhos ilegítimos. Diz-se que uma dessas freiras, diante da inquisição de um conselho de bispos, alegou em sua defesa que o serviço que prestara à Igreja era maior do que o seu pecado contra ela, pois, afinal de contas, ela havia impedido tantos padres quanto conseguira de se entregarem ao homossexualismo.

Qualquer que seja a luxúria que hoje seduz o coração bizantino de um veneziano, ele muitas vezes a reservará para os turistas, não para os vizinhos. Existe um *locandiere*, dono e gerente, de uma *pensione* simples e de uma *osteria* de quatro mesas que não atualiza seu cardápio há 30 anos. Todo dia de manhã ele prepara os mesmos cinco ou seis pratos venezianos típicos e legítimos. A comida que não vende em determinado dia é devidamente separada e guardada. No dia seguinte, ele torna a cozinhar, servindo os pratos preparados no dia para seus clientes assíduos e o arroz com ervilhas, a massa com feijão ou o ensopado de peixe da véspera para os clientes de passagem. Assim, o casal da Nova Zelândia está comendo o mesmo tipo de comida das duas matronas venezianas sentadas na mesa ao lado. A única diferença é que a comida dos neozelandeses foi temperada com dois ou três dias de descanso, pelos quais o *locandiere* provavelmente irá lhes cobrar 30 por cento a mais do que às senhoras de Sant'Angelo que tornará a ver no dia seguinte. Ele sabe que nunca mais verá esses neozelandeses e, afinal de contas, Veneza já não é o bastante para satisfazê-los? Afinal, o que eles sabem sobre massa com feijão? Um comerciante de Veneza muitas vezes se considera à parte de seu produto, seja ele peixe, vidro ou quartos de hotel. Ele não é exaltado nem diminuído por sua própria esperteza, por cobrar quantidades absurdas de liras por um peixe da véspera, pois a esperteza é apenas mais um artifício, e o artifício é um direito seu de nascença. A freira prostituta, o mendigo que veste arminho, o doge que no dia de sua coroação assinou um pacto que o deixou praticamente sem poder nenhum, essas formas especificamente venezianas de harmonia foram substituídas por expressões menos temerárias de "coexistência" que às vezes assumem a forma de uma "panela A" e de uma "panela B" de massa com feijão.

15

A volta do Sr. Temperamental

*E*m uma manhã de sábado de julho, bem cedo, estamos tentando encontrar o lugar certo para tomar o café da manhã sobre as pedras junto à represa de Alberoni. Enquanto passamos por cima e damos a volta em postes, baldes, lamparinas e exércitos de gatos de rua que sitiam os pescadores, Fernando começa a falar baixinho:

– Sabe aquela ideia de vendermos o apartamento? Acho que deveríamos mesmo fazer isso. Ele vai ficar lindo quando a obra terminar e, segundo Gambara, nosso investimento vai nos render um bom lucro. – Gambara é o corretor do Rialto que nós finalmente fomos consultar e que já foi várias vezes visitar nossa obra. Havíamos concordado que a consultoria com Gambara seria um exercício de coleta de dados, impressões e números para guardar e usar algum dia. Será que esse dia já chegou? Fernando me considera uma revolucionária, mas na verdade o anarquista é ele.

– Quando é que você decide essas coisas? Será que estou sempre do outro lado das águas quando você tem essas iluminações? – pergunto. Tudo o que eu queria era tomar meu *cappuccino* e comer meu doce de damasco sentada em uma pedra sob o sol. – Você está mesmo *certo* de que é isso que quer? – pergunto a ele.

– *Sicurissimo.* Tenho certeza absoluta – responde ele como se estivesse mesmo decidido.

– Já pensou onde gostaria de procurar outra casa? – arrisco.

– Não exatamente – responde ele.

– Acho que teríamos de procurar nos bairros em que podemos pagar e torcer para encontrar algo do nosso agrado. Provavelmente em Cannaregio ou Castello, não acha? – pergunto, como se eu também já estivesse totalmente decidida.

– Você se lembra de quando eu disse que, se vendêssemos nosso apartamento, eu iria querer me mudar para algum lugar totalmente diferente?

– É claro que eu me lembro. Veneza é totalmente diferente do Lido, e nós vamos encontrar uma casa com um pequeno jardim para você poder cultivar rosas, com grandes janelas com muita luz e uma vista esplêndida, em vez de ter que ficar olhando para a antena parabólica do Albani e para o Fiat decrépito do gnomo, e vamos poder ir a todos os lugares a pé, em vez de ter que passar metade da vida a bordo de um barco. Acredite, Veneza vai ser totalmente diferente. – Digo tudo isso muito depressa, como se o fato de eu falar pudesse impedi-lo de abrir a boca, porque não quero ouvir o que acho que ele vai dizer em seguida.

– Eu vou sair do banco.

É pior do que pensei. Ou será que é melhor? Não, é pior.

– Não sei quanto tempo ainda temos antes que um de nós morra, fique muito doente ou algo assim, mas quero passar todo esse tempo ao seu lado. Quero estar onde você estiver. Simplesmente não tenho mais 10, 12 ou 15 anos disponíveis para dedicar a esse emprego. – Ele agora está totalmente imóvel.

– O que você gostaria de fazer? – pergunto.

– Alguma coisa juntos. Até agora isso é tudo o que sei – diz ele.

– Então você não quer ser transferido para outro banco? – pergunto.

– Outro banco? Para quê? Não estou procurando outra versão desta vida. De que adianta mudar de banco? Um banco é igual a outro, só isso. Quero estar com você. E também não é como se eu fosse sair amanhã. Vou esperar termos organizado tudo, para a minha demissão não nos prejudicar. Mas por favor me entenda quando eu digo que *vou* sair – pede ele.

– Mas vender a casa não seria a última coisa a fazer, em vez da primeira? Quer dizer, se nós vendermos a casa, para onde iremos? – pergunto.

– Vai levar anos para vendermos o apartamento. Segundo Gambara, o mercado é muito lento. Você sabe que por aqui tudo anda em um ritmo *pian, piano* – diz ele para me tranquilizar. Tudo menos você, penso. Minha visão está ficando turva e meu coração bate furiosamente, subindo até a garganta. O apartamento surge na minha mente, seguido pela minha casa em Saint Louis. Chego a pensar na Califórnia. Eu não acabei de chegar aqui? Veneza não é a minha casa?

– Por que você quer sair de Veneza? – pergunto num sussurro.

– Não é nem tanto que eu queira sair de Veneza, mas quero ir para outro lugar. Veneza sempre fará parte de nós. Mas nossa vida não depende de um lugar. Nem de uma casa ou de um emprego. Aprendi isso tudo com você. Gosto dessa ideia de "ser sempre um iniciante" e agora quero ser um – diz ele. Fernando nunca se mudou de verdade, e não sei nem mesmo se ele compreende o que isso significa. Estou falando da mudança espiritual. Será que fiz tudo parecer excessivamente simples? Eu faço isso às vezes. Sempre atravessei as tempestades cozinhando, sorrindo e enrolando os cabelos. Eu assobio em cavernas, acendo luzes no escuro, transformo os alertas de perigo em manjar. Será que eu, Poliana, o inspirei a nos imaginar como duas crianças ousadas com uma trouxa repleta de maçãs, biscoitos e queijo, partindo para ir morar em um vagão de trem, para cortar a fita inaugural de uma carrocinha de limonada?

Minha serenidade não depende de nossas novas paredes lisas que logo serão pintadas com tinta ocre, assim como nunca dependeu de outras paredes. Eu sei que somos todos pássaros marinhos, acampados em casinhas de palafita que uma simples brisa jogaria no mar revolto. E isso sempre me deu energia e me aterrorizou ao mesmo tempo. Agora, porém, tudo o que sinto é a parte do terror. Pergunto-

-me quanto da minha serenidade se misturou, se não às paredes, a esse mar, a essa lagoa, quanto dela vazou para essa luz fraca, rosada, quanto dela está contida nessas névoas orientais. Nesse momento, simplesmente não sei. Ou será que sei? Será que consigo levar tudo comigo outra vez? Será que Veneza inteira vai se tornar mais um cômodo da minha casa?

E meu terror ainda tem mais um capítulo: a ideia de inventar a próxima época, outra forma de viver, alguma coisa para fazer. O motorzinho que sempre soube fazer isso. Serei eu um motorzinho ainda capaz dessas coisas? E, se *eu* for, será que *ele* consegue?

Depois de encontrar uma pedra grande e plana para nós, Fernando faz uma almofada para mim com seu suéter de moletom e nós dois nos sentamos lado a lado. Eu estremeço sob o sol de julho. Estranhamente fraco, seu calor parece a quentura recém-surgida de abril, e o mar, o céu e os olhos dele têm o mesmo azul. Eu também me sinto fraca. Penso em todo o vigor e tensão, em quantas ervas daninhas ele teve de limpar e quanto teve de cavar para chegar a esse ponto.

– Que bom – digo entre um arrepio e outro. Da mesma forma que se pode ver um rosto jovem em uma pessoa velha, nessa hora posso ver o semblante velho de Fernando em seu rosto ainda jovem. Penso em como o amarei mais então. Lembro-me das quatro gerações de mulheres que atravessaram a ponte no festival da Salute. Rostos jovens dentro de rostos velhos. Rostos velhos dentro de rostos jovens. Quando nos atrevemos a olhar de verdade, quantas coisas mais conseguimos ver!

– Eu só vou receber a aposentadoria daqui a 12 anos – diz ele, como se eu não soubesse. – É só uma ideia – arremata, e sei que isso significa: "É a coisa que mais quero fazer no mundo. Agora."

Ficamos sentados na pedra sem dizer nada. Não falar nos deixa tão cansados que adormecemos, e quando acordamos já é quase meio-dia. Passamos a tarde e o início da noite fazendo 50 viagens entre o hotel e a obra, como se não conseguíssemos decidir qual dos dois lugares é o mais adequado para pensar. Às vezes conversamos, mas na maior parte do tempo ficamos calados. Seu silêncio me diz que ele está inteiramente convencido de que devemos sair de Veneza. Ainda assim, não entendo sua aflição. Se ao menos eu pudesse ter certeza de que *ele* entende a própria aflição... O fato de nos encontrarmos nos afetou de forma quase contrária. Não é que tenhamos nos tornado mais parecidos, longe disso. Cada um atravessou o rio para penetrar a floresta do outro. Como em um conto de O. Henry. Eu, a viajante, coberta de lágrimas e migalhas, me tornei uma pessoa caseira, enquanto ele, o dorminhoco, tornou-se uma pedra que rola. Ele diz que não. Diz que não trocamos de margem no rio, mas que nós dois mergulhamos em suas águas. E diz que eu só estou cansada de segurar a lua no céu para ele.

– Agora eu sinto que nós dois estamos mais parecidos. Nossas tensões estão se curando, estamos ficando mais tolerantes; se tiver paciência, você vai ver – diz ele baixinho.

– Está bem – respondo. Digo a ele que vamos agir com calma, moldando cada coisa com cuidado, deixando o destino descansar enquanto abrimos e fechamos nossas próprias portas.

– Paciência – prometemos um ao outro.

No último dia de setembro, os *operai* começam a levar embora suas ferramentas e seu equipamento, deixando-nos de presente nove meses de entulho e um lindo apartamento novo. Nós catamos a sujeira, varremos e escovamos, e em pouco tempo o lugar fica um brinco. Mattesco aparece para pendurar as cortinas e, pouco a pouco, vamos pondo tudo em ordem.

Embora o apartamento ainda não esteja oficialmente à venda, já se tornou igual à minha casa anterior em Saint Louis: um lugar que estamos esperando para abandonar.

Vasculhamos os jornais semanais e as publicações imobiliárias que anunciam novos imóveis comerciais e, depois do jantar, desdobramos os jornais, lemos em voz alta um para o outro, rasgamos, pregamos, empilhamos, arquivamos, descartamos, e depois lemos mais uma vez aqueles que guardamos. Fernando está convencido de que deveríamos arrumar um pequeno hotel, uma casa de campo com uma dúzia de quartos, um lugar onde possamos viver além de trabalhar.

– Mas você consegue mesmo nos ver como donos de hotel? – pergunto, acariciando o único jornal que traz exclusivamente anúncios de restaurantes.

– Consigo. Totalmente. Um de nós fala inglês; o outro, italiano; e isso já é uma vantagem. Se você conseguiu transformar este apartamento, pense no que podemos fazer juntos para transformar qualquer outra ruína, para torná-la confortável, acolhedora, romântica, um lugar em que os viajantes possam se sentir em casa. Sei que vai ser difícil no começo, porque teremos que fazer tudo sozinhos, mas estaremos juntos – diz ele.

Sinto vontade de lhe mostrar um anúncio que encontrei no jornal dos restaurantes. Comecei a perceber nele um interesse comedido mas recém-aguçado pela comida. Seus pedidos em restaurantes estão mais ousados, e em algumas manhãs ele sai do banco e vai me encontrar no Rialto para podermos fazer juntos as compras do jantar, depois fica sentado em nossa pequena cozinha vendo o que eu faço com a berinjela branca que ele escolheu. Estica o pescoço por cima do meu ombro enquanto despejo punhados de pequeninos cogumelos dourados em uma frigideira, fritando-os em manteiga sem sal aromatizada com as cebolas silvestres de sabor forte que um dos produtores da feira desenterrou das margens do rio Brenta. Fernando diz que os cogumelos têm o mesmo cheiro da floresta em que costumava passear com o avô. Ele compra um pé de alecrim e cuida da planta como se esta fosse um recém-nascido. Apesar de tudo isso, ainda tenho medo que seja cedo demais para começar a abordar abertamente a possibilidade de passarmos o nosso futuro carregando panelas cheias de caldo e afiando nossas facas Wusthof em pedras de amolar untadas com azeite. Começo de maneira mais frugal.

– Você não acha que seria bom se pudéssemos oferecer aos hóspedes a opção de jantar no hotel? – pergunto, lançando a semente.

Mas o estranho não me escuta. Entretido com sonhos de estrada, ele está medindo distâncias em seus mapas. Entre o primeiro e o segundo nó dos dedos são 100 quilômetros.

– Vou tirar todas as sextas de folga para termos quatro fins de semana de três dias por mês para viajar.

– Como é que você vai conseguir isso? – pergunto.

– O que eles vão fazer, me mandar embora? Podemos chegar a quase qualquer lugar ao norte em menos de 10 horas – diz ele, fazendo os dedos dobrados saltitarem e avançarem pela Itália como uma peça de xadrez.

Lemos sobre um pequeno hotel à venda em Comeglians, nas bordas do Friuli onde o sol não bate, junto à fronteira com a Áustria, e vamos até lá dar uma olhada. Concordamos que o nosso território é tudo o que estiver ao norte de Roma, então subimos 200 quilômetros até a região desolada e pedregosa de Carnia, onde a temperatura em pleno meio-dia de uma sexta-feira de agosto é de 3ºC. A primeira coisa em que reparo são as placas dizendo *legna da ardere*, madeira para queimar, na beira das estradas irregulares e sinuosas. Tento imaginar como deve ser em fevereiro. Nós nos perdemos e paramos para perguntar o caminho na tabacaria que é também a mercearia, a loja de queijos e a destilaria de *grappa*, e onde, nessa hora, o dono está cortando uma fatia de um imenso, duro e pungente queijo que leva o mesmo nome da região. Manuseando seu instrumento semelhante a uma lança curta entre as nossas duas cabeças, ele diz:

– *Sempre diritto*, sempre em frente. – Uma das poucas semelhanças inter-regionais entre os italianos é a forma como eles dão explicações. Todos concordam que qualquer destino pode ser alcançado andando-se em linha reta. Já sinto falta do mar.

O hotel de pedra e madeira em estilo chalé tem 20 quartos e oito banheiros, um pequeno bar em um dos lados e, no outro, uma imensa lareira, redonda e baixa, com um compartimento aberto –

um *fogolar*, no dialeto do Friuli. O fogo está apagado, mas o aroma da fumaça da noite anterior nos acolhe.

A *signora* quer vender porque, desde que os financiamentos regionais e nacionais para a construção rodoviária terminaram, no final dos anos 1970, mais nenhum operário de Tolmezzo, Udine ou Pordenone aparece para dormir em uma de suas 20 camas e se sentar diante do *fogolar* com um copo de *grappa*, nem comer 10 quilos de linguiça e outros 10 de bife em uma só noite, além de um caldeirão inteiro de polenta que a *signora* havia preparado com fubá branco e despejado, fumegante, sobre uma grossa tábua de madeira disposta junto ao fogo. Ela diz que me dará a receita do molho feito com intestinos de ovelha e vinho tinto que fica uma delícia com polenta.

Fernando pergunta sobre o turismo e ela diz que em geral as pessoas ficam ao redor de Tolmezzo ou San Daniele del Friuli, que não há muita coisa para atraí-los até Comeglians, mas que, com um pouco de paciência, os operários irão voltar.

– *Vedrai*. Vocês vão ver – diz ela, enquanto acenamos adeus do carro.

Estamos explorando um pouco em Verona, pois ouvimos falar em uma *locanda* de oito quartos à venda na Via XX Settembre, quando, enquanto bebemos um copo de Recioto na Bottega del Vino, um homem vestido de camurça cor de uísque que obviamente estava entreouvindo o nosso esperanto se apresenta. Diz que vai encontrar alguns amigos americanos para jantar e nos convida a comer com eles. Plausível em Nova York, ali esse comportamento é absurdo e invasivo, uma afronta à elegantemente construída discrição veronense. Mas nós pensamos no assunto enquanto tomamos outro copo de vinho e fazemos um preâmbulo de meia hora à história de nossas vidas, antes de recusar com educação e trocar cartões de visita. Quando o homem vai embora, o barman nos diz que ele é um conde, um nobre agricultor campeão de equitação cuja propriedade fica no alto das colinas de Solferino, na Lombardia. "Que ótimo", comentamos e saímos em direção ao Al Calmiere para comer *patissada*, carne de cavalo defumada refogada com tomates e vinho tinto. De volta a Veneza, o conde já nos deixou um recado.

Somos convidados para passar o fim de semana seguinte em sua fazenda, e aceitamos. Ele tem uma *villa* do século XVIII com meia dúzia de chalés, currais e celeiros espalhados pelo terreno aveludado e sedoso outrora dominado pelos Gonzaga. O conde nos convida várias outras vezes – para um fim de semana de cavalgada e caça, para cozinhar, se quisermos, para irmos aos mercados e às queijarias, às vinícolas, para comprarmos provisões para um banquete de quatro dias. Olho para Fernando, que surpreende a mim e ao conde com um vigoroso e decisivo:

– *Perchè no?* Por que não?

A maioria dos convidados do conde é de ingleses, com exceção de um casal de alemães e de dois escoceses. Com as mãos devidamente lavadas e ostentando nossos aventais, Fernando e eu esticamos a massa para fazer *tortelli* e os confeccionamos grandes como pires de chá, recheados com abóbora assada e *amaretti* amassados, biscoitos de amêndoas crocantes e pedacinhos de frutas conservadas em óleo de mostarda. Colocamos uma carne para marinar dentro de uma velha vasilha cinzenta e a afogamos em Amarone; fazemos polenta de trigo sarraceno com codornas refogadas e um risoto preparado como os cultivadores de arroz faziam antigamente nos campos. Encerramos cada almoço com um fundo de Franciacorta e um pedaço grosso e molenga de gorgonzola regados com o mel de tomilho silvestre do conde.

Os hóspedes cavalgam, comem e bebem. No terceiro dia, todos com exceção dos escoceses trocam as cavalgadas por longos cochilos interrompidos apenas pelo chamado para se sentar à mesa. O fim de semana é uma delícia. Quando o conde nos oferece um lugar para morar e empregos bem remunerados, nós ouvimos, mas dizemos a ele que estamos atrás de nossa própria aventura, não de um pedaço dele. Esses poucos dias parecem ter dado força a Fernando. Ele fala em aprender a manejar facas e pergunta as diferenças entre o gorgonzola envelhecido naturalmente nas adegas e o gorgonzola fajuto

no qual são inseridos vários fios de cobre a fim de acelerar a formação dos veios verdes de cheiro pronunciado. Ele parece revigorado.

Três dias por semana, às vezes quatro, nós saímos em disparada
pela *autostrada*, seguimos as curvas das serras e depois as descemos
para margear vinhedos e olivais, passando por campos cultivados
com tabaco, currais de ovelhas e girassóis em direção à próxima cidade, aldeia de montanha ou ao próximo vilarejo medieval. Atravessamos as colinas toscanas de Botticelli, Leonardo da Vinci e Piero
della Francesca, encostas de areia cor-de-rosa coalhadas de ciprestes
negros, a terra vermelha de Siena recém-arada e à espera de sementes, uma luz delicada, uma paisagem de aquarela cheia de amoras,
figos, azeitonas e vinhos. Se eu não puder olhar para o mar, quero
olhar para isso. Mas não achamos uma casa na Toscana.

Conversamos com todos os corretores de imóveis e funcionários
dos departamentos de turismo que conseguimos encontrar, com
cada vendedor de frutas, padeiro e barman com quem cruzamos.
Identificamos, espreitamos e seguimos aqueles que pensamos pode-
rem nos informar. Paramos agricultores em seus tratores e, com o
barulho do motor ao fundo, eles nos indicam o caminho para ruínas
em campos distantes. E, bem na hora em que estamos quase chorando de cansaço e de fome, encontramos alguma *osteria* na beira de
um caminho de cascalho mal iluminado que atravessa um campo de
trigo, e somos servidos de um gigantesco ninho de massa dourada
por uma senhora que prepara sua própria massa fresca naquele
mesmo lugar, duas vezes por dia, há meio século.

Não encontramos uma casa, mas achamos uma placa escrita à
mão que diz: *Oggi cinghiale al buglione*. Seguimos a placa até um estábulo reformado e a esposa de um agricultor nos faz sentar em bancos de madeira enquanto refoga uma perna de javali com alho,
tomates e vinho branco sobre um fogo feito com galhos de oliveira.
Comemos e bebemos com pessoas que nunca foram a Veneza nem a
Roma, que nunca viveram em outro lugar que não o mesmo em que
nasceram. Não encontramos uma casa, mas descobrimos um moi-

nho no meio de um bosque de castanheiras movido por uma pá de madeira impulsionada por um regato que corre desde a época dos mastodontes. Encontramos viticultores que ainda celebram a colheita e o pisotear das uvas com jantares à luz de tochas entre as videiras, e cultivadores de oliveiras que colhem à mão o fruto quase maduro, entre o verde, o roxo e o preto, e o espremem em pedras antigas que giram puxadas por uma mula. O azeite sai verde feito grama e cheio de bolhinhas amargas. Exala o mesmo cheiro de avelãs torradas e, quando despejado sobre um pão quentinho tostado na lenha e salpicado com sal marinho, tem o sabor do único alimento de um mundo perfeito.

Doloridos de tanto andar na chuva e no calor, de tanto subir escadas em ruínas, nós continuamos, por semanas e semanas, até se passar mais de um ano. Ainda não surgiu nenhum pequeno hotel, nenhuma fazenda para renovar, nenhum lugar para trabalhar e morar. É véspera de Natal, e estamos voltando para Veneza depois de mais uma de nossas viagens quando Fernando sai da estrada e para.

– O que você acha de passarmos o Natal na Áustria? – pergunta, estendendo a mão para pegar um dos nossos seiscentos mapas. – Podemos estar em Salzburgo às seis.

Estamos razoavelmente preparados; temos sempre uma bolsa de viagem cheia no porta-malas. Mas e os nossos presentes, os *tortellini* e o peru com a pele recheada de *pesto* de nozes que estão nos esperando em Veneza? Ele diz que podemos passar a semana inteira festejando o Natal. Pelo menos estou calçando botas novas e usando meu chapéu de veludo verde. Ele me diz que com certeza vai nevar, e eu respondo:

– Vamos. – E, quando chegamos no Weisses Rossl, um quarteto de cordas está tocando "Noite Feliz" em frente a um presépio do outro lado da rua. E está nevando.

Enquanto caminhamos de volta para o hotel depois da missa do galo, penso que Fernando tinha razão. Com certeza essas nossas viagens serviram para encontrar a próxima etapa de nossas vidas, porém, mais do que isso, foram viagens ao centro de nós. Temos agora dois anos de casados. Tento me lembrar da vida sem ele, e é como tentar lembrar de um filme antigo que penso ter visto, mas que talvez nunca tenha chegado a assistir. Pergunto se ele sente tristeza por não termos nos encontrado quando éramos jovens, e ele diz que nunca teria me reconhecido quando era jovem. Além do mais, completa, ele era velho demais naquela época.

– Eu sinto a mesma coisa – digo, lembrando-me de quando eu também era muito mais velha.

~

Decidimos ir a Nova York ver meus filhos e visitar amigos. Na véspera da partida, estamos passando pelo Rialto quando Fernando diz:

– Vamos parar e dizer para Gambara anunciar o apartamento. Talvez seja preciso abordar a mudança por outro ângulo. – Nós anunciamos o apartamento, depois voltamos para casa para terminar de fazer as malas.

Arrumar e desarrumar malas: é só isso que fazemos. Nós somos uma empresa de turismo. O meu segredo para viajar com tranquilidade é levar no corpo tudo aquilo que não posso perder de jeito nenhum e, como estamos em fevereiro, esta é uma tarefa simples. Estou usando um colete de tweed por cima de dois suéteres finos de caxemira e de uma blusa de seda, e uma saia comprida de camurça por cima de uma calça de couro justinha quando Gambara liga para dizer que vai passar no apartamento às onze com um cliente interessado em comprá-lo, um milanês chamado Giancarlo Maietto que está procurando uma casa de praia para o pai aposentado. Digo a ele que às onze nós já estaremos sobrevoando algum ponto do mar Tirreno, e ele diz para deixarmos as chaves com o gnomo e para ligar para ele de Nova York no dia seguinte.

Mas nós não ligamos no dia seguinte, nem no outro. Em nosso terceiro dia em Nova York, estamos acomodados no Le Quercy atrás de pratos de *confit* de pato com batatas que exibem uma cor dourada escura graças a um encontro rápido e tórrido com meio litro de gordura de pato. Uma garrafa de Vieux Cahors está ao alcance da mão. Fernando diz que se sente culpado por não ter ligado e quer telefonar imediatamente, embora em Veneza ainda sejam sete e meia da manhã. Estou totalmente entretida com as coxas de pato e com o vinho e, através de olhos semicerrados, dou um aceno em direção ao telefone. Meu rosto e minhas mãos estão lambuzados de gordura de pato quando ele volta à mesa e diz:

– Giancarlo Maietto comprou nosso apartamento. – Troco meu prato limpo pelo dele, ainda cheio de *confit*, e continuo a comer. – O que você está fazendo? Como consegue comer quando não temos onde morar? – pergunta ele em tom de lamento.

– Estou vivendo o momento – respondo. – Talvez eu não tenha onde morar, mas neste exato momento tenho este pato e vou comê-lo antes que você o coloque à venda. De toda forma, foi você quem disse que talvez a mudança precisasse vir de outra direção... e foi isso mesmo que aconteceu. Vai ficar tudo bem – diz Poliana por entre lábios enfeitados com dois pontinhos roxos, um bigode deixado pelo prazer de grandes goles de Cahors. A volta do Sr. Temperamental. Será que alguma vez ele vai ter dois dias bons seguidos?

Ao final de nossa primeira semana em Nova York, a proposta, a contraproposta e a resposta à contraproposta foram todas feitas e aceitas. Maietto vai pagar apenas um pouco menos do que o preço implacavelmente alto que pedimos. Como sabia que ainda não estávamos com pressa para vender o apartamento, Gambara disse a Fernando para pôr o preço na lua, e foi isso que ele fez. De volta a Veneza, vamos nos encontrar com Gambara, que nos diz que Maietto quer entrar no apartamento em 60 dias, mas nós pedimos um prazo de 90 e ele concorda. Iremos embora no dia 15 de junho. Ainda precisamos descobrir para onde. Ficamos dizendo a nós mesmos que temos que ser pacientes e continuar procurando. Se não encontrarmos nada, é só pôr nossas coisas em um guarda-móveis e alugar um apartamento mobiliado em Veneza até ajeitarmos tudo. É isso que dizemos, mas Fernando dá vários suspiros, angustiado, e, na manhã marcada para voltar ao banco, pergunta se eu poderia tomar o primeiro barco da manhã com ele e acompanhá-lo até o trabalho.

Passamos direto pelo banco como se houvéssemos esquecido onde ele fica e, quando Fernando vê um dos funcionários do caixa do lado de fora, lança-lhe as chaves do cofre e diz:

– *Arrivo subito*. Eu chego já.

Saímos de San Bartolomeo, passamos pela agência dos correios e pela Ponte dell'Olio, e ele não abre a boca. A princesa está linda nessa manhã, espiando por trás dos véus que a recobrem em março. Quando pergunto a Fernando se ele não concorda, o estranho não me ouve. Paramos no Zanon para tomar um *espresso*, depois atravessamos correndo a Ponte San Giovanni Crisostomo como se esse fosse o caminho para o banco, e não a direção oposta. Agora estamos quase correndo, passando pela Calle Dolfin e atravessando outra ponte rumo ao Campo Santi Apostoli, cheio de crianças que berram a caminho da escola, depois ao Campo Santa Sofia até chegar à Strada Nuova. Ele não diz nada até chegarmos ao *vicolo* que vai dar no cais da Ca' d'Oro. Então, tudo o que diz é:

– Vamos voltar. – Subimos no barco, mas não saltamos no ponto seguinte, que é o do banco, então penso que estamos indo para casa. Em vez disso, descemos em Santa Maria del Giglio, e ele torna a falar.

– Vamos tomar um café no Gritti. – Diz isso como se fosse um hábito nosso pagar 10 mil liras por um *espresso* no hotel mais requintado de Veneza.

Ele não se senta comigo diante da mesinha do bar, mas deposita sobre o balcão um maço novo de cigarros e o isqueiro e pede ao garçom para trazer um conhaque.

– Um só, senhor? – pergunta o barman.

– Sim. Um só – responde ele, ainda em pé. Então fala comigo em uma voz suave. – Fume estes cigarros, tome o conhaque e me espere aqui. – Vai ver ele se esqueceu que eu não fumo e prefiro tomar conhaque depois do jantar, não às nove e meia da manhã! Em um instante, ele desaparece. Mas para onde? Será que foi ligar para Gambara e cancelar a venda? Será que poderia fazer isso mesmo que quisesse? Passa-se meia hora, talvez 35 minutos, e então ele volta. Está com um ar atônito e parece ter chorado.

– *Ho fatto*. Está feito. Fui até a sede do banco na Via XXII Marzo, subi a escada até a sala do diretor, entrei, sentei e disse a ele que estava indo embora – diz ele, enumerando cada ação para garantir a si mesmo que de fato havia realizado todas elas. Sempre com a sua *bella figura* sob controle, ele agora não liga mais para o que os outros possam pensar a seu respeito nesse espaço liliputiano entre os barmen e o *concierge*, três homens tomando cerveja e uma mulher fumando um charuto bem grande. Continua a contar sua história. – E sabe o que o *Signor* d'Angelantonio me disse? "Você quer escrever sua carta de demissão aqui e agora ou prefere me trazer amanhã? Como achar melhor." Tudo o que ele conseguiu me dizer depois de 26 anos foi "como achar melhor". Bom, eu fiz como achei melhor – diz ele.

Conta-me que se sentou em frente a uma Olivetti manual e datilografou com apenas dois dedos a sua carta de alforria, arrancou-a da máquina, dobrou-a em três e pediu um envelope que endereçou a d'Angelantonio, que continuava a um metro de distância, atrás de sua mesa.

Aprendi que essas tempestades de Fernando não são tempestades, mas sim os últimos clarões rápidos de um relâmpago que ocorrem após um longo e intenso período de reflexão. As transformações de Fernando são quase sempre silenciosas e quase sempre íntimas. Eu entendo isso, mas mesmo assim ele me surpreende. Estendo a mão para pegar o conhaque ainda intocado e tento começar a organizar as coisas na minha cabeça. Acho que a história é mais ou menos assim. Eu venho a Veneza e encontro um estranho que trabalha em um banco e mora na praia. O estranho se apaixona por mim e vai até Saint Louis para me pedir em casamento, para pedir que eu abandone minha casa e meu trabalho e venha viver feliz para sempre com ele às margens de uma pequena ilha no mar Adriático. Eu também me apaixono, digo *sim* e vou. O estranho que é agora meu marido decide que não quer mais viver às margens de uma pequena ilha no mar Adriático, e tampouco quer trabalhar em um banco, então agora nem ele nem eu temos casa nem trabalho, e estamos começando do zero. Por incrível que pareça, sinto-me confortável com tudo isso. A única coisa que me incomoda é a forma súbita como ele se movimenta. O que aconteceu com a paciência? Mas, pensando bem, na nossa história não houve um só ato prudente.

Tomo meu conhaque das dez da manhã, choro e rio. Sinto-me novamente na mesma montanha-russa de medo e alegria. Mas enfim, que importância tem se estamos fazendo tudo ao contrário e de viés? Daqui a 10 minutos já terei recuperado o fôlego. Mesmo assim, pergunto a ele:

– Mas por que hoje, e por que você não me disse nada?

– *Sono fatto così*. Eu sou assim – responde ele. Uma autoabsolvição explícita, inambígua, egoísta na minha opinião. Fernando é veneziano, um filho da princesa. E no rosto de ambos a loucura e a coragem têm o mesmo aspecto e vão colorindo aos poucos a luz transparente dessa manhã.

16

Dez bilhetes vermelhos

De volta ao apartamento, que dentro de 81 dias pertencerá ao tal de Maietto, levamos nossa pasta de assuntos financeiros e um bule de chá para a cama que provavelmente sempre será nossa. Contamos pela centésima vez nossos recursos disponíveis, mas nada muda. A rescisão do banco, a renda obtida com a venda do apartamento, o que resta de nossas economias, alguns outros bens, e antes de o chá esfriar nossa reunião financeira já terminou e ficamos ali deitados nos sentindo de certa forma animados, mas sobretudo *pequeninos*. Não "pequeninos" no sentido de "diminuídos" ou "frágeis", mas no sentido de "novos". Começamos a avaliar possibilidades capazes de viabilizar nossa independência econômica. Não temos nenhuma ilusão de conforto ou grandiosidade para o futuro. Vamos realmente abrir uma carrocinha de limonada, mas ambos sabemos que eu irei enfeitá-la com tecidos adamascados antigos e servir a limonada em finas taças de cristal.

Nosso tempo está se esgotando. Sem piedade, limitamos nossa área geográfica a um trecho do sul da Toscana. A chuva da manhã de domingo cai formando lençóis cor de chumbo, e os limpadores de para-brisa do carro fazem um barulho que lembra um lamento. Tomamos a direção de Chianciano, Sarteano, Cetona, depois seguimos por uma estrada de montanha pela qual nunca passamos. Subimos por curvas e mais curvas até um cume ocupado por bosques de pinheiros e carvalhos. O lugar é lindo.

– Para onde estamos indo? – pergunta Fernando, e digo a ele que o mapa indica o pequeno vilarejo de San Casciano dei Bagni.

– Banhos romanos. Águas termais para curar problemas de vista. Torres medievais. População: 200 habitantes. – Leio essas informações com uma voz fingida e alegre. A descida se torna menos sinuosa até as curvas voltarem a ficar mais numerosas, e a última dobra bruscamente à esquerda, e a partir desse instante, assim como aconteceu comigo, com ele ou com ambos em outros momentos de nossa vida juntos, nada mais é o mesmo. A estrada termina e paramos o carro. Logo à frente, no alto de uma colina, vemos as torres do vilarejo despontando da neblina. O lugar parece fruto da nossa imaginação. Casinhas de pedra em miniatura, todas amontoadas, telhados toscanos vermelhos lavados pela chuva, nuvens ao redor escondendo o vilarejo antes de o vento as soprar para longe e de podermos ver que o lugar é mesmo real. Deixando o carro mais embaixo, subimos a encosta até o vilarejo. Um homem com um único dente largo e afiado na boca e uma boina azul-marinho está sentado no silêncio do único bar da *piazza*, parado como se fizesse parte da mobília. Andamos até ele de fininho e começamos um interrogatório cauteloso.

Ele nos diz que duas famílias são proprietárias de quase tudo dentro e ao redor da cidade. São descendentes de facções que se odeiam, inimigas desde os tempos medievais, e podemos estar certos de que nenhuma das duas vai vender uma oliveira que seja. Ele diz que as famílias sobrevivem reformando minimamente um imóvel por vez e depois alugando-o em um contrato longo para artistas, escritores, atores ou qualquer outra pessoa disposta a pagar um preço alto pela solidão da Toscana.

O homem parece saber tudo. É sacristão da igreja de San Leonardo e está indo conduzir um cortejo fúnebre da igreja até o cemitério.

– Enfarte – revela ele. – Ontem mesmo, Valerio estava em pé exatamente onde vocês estão agora, e depois de tomarmos a nossa *grappina* matinal juntos ele foi para casa e morreu, *poveraccio*, coitadinho. Tinha só 86 anos. – Diz que podemos acompanhar o cortejo, talvez seja uma boa forma de conhecer as pessoas, mas recusamos o convite.

Na despedida, ele nos aconselha a conversar com a matriarca de uma das famílias que dominam a cidade. Um de seus imóveis está em obras, *un podere*, uma fazenda, na estrada para Celle sul Rigo, poucos metros depois dos limites do vilarejo.

– Ela tem 89 anos e é uma fera – avisa o homem.

Quando batemos à sua porta, a mulher grita do terceiro andar que não quer saber de nenhuma Testemunha de Jeová. Dizemos que somos apenas venezianos em busca de uma casa. Bochechuda, com os cabelos quase azuis, ela hesita, mas conseguimos convencê-la a nos revelar que uma de suas fazendas está em obras. Sim, podemos visitá-la, mas não hoje. Não, a fazenda não está à venda. Ela ainda não decidiu o preço do aluguel, e nós por acaso sabemos quantas pessoas de Roma estão esperando há sabe-se lá quantos anos para alugar uma casa nessa região? Respondemos que tudo o que sabemos é que aquele vilarejo é lindo e que gostaríamos de morar ali. Voltem na semana que vem, diz ela. Subimos a estrada até a casa, dando voltas e mais voltas em torno dela em busca de algum motivo para não brigar por ela. Não encontramos nenhum.

Feita de pedras cortadas de forma irregular, mais alta do que larga, é uma casa austera, cujo jardim se espalha e desce até uma campina e um curral de ovelhas, depois continua a descer até a estradinha que serpenteia de volta em direção ao vilarejo. Ficamos em pé no final do jardim debaixo de uma cúpula de céu toscano ainda pingando água. Não há epifania, nenhum grande júbilo. Não vemos estrelas na chuva em pleno meio-dia. Mas somos dominados por um suave enlevo, como se tivéssemos sido beijados por uma bruxa. Olhamos para o vilarejo e para a sequência ondulada de vales amarelos e verdes, aninhada ao redor e além de suas casas, até a Cassia, a antiga estrada para Roma. É uma propriedade singela, e talvez seja um bom lugar para nós dois morarmos.

Uma fresta foi deixada aberta em uma das janelas do segundo andar, então subo em um cadafalso improvisado na pequena varanda, ergo a janela mais um pouco e me catapulto para dentro de um banheiro com um chão de ladrilhos muito feios, recém-colocados, de uma cor entre o marrom e o roxo. O estranho me segue até lá dentro e, enquanto passeamos pelos cômodos, dizemos um ao outro que nos sentimos em casa ali.

~

Todas as peças em suspenso vão se encaixando no lugar. O apartamento está mesmo vendido. Fernando saiu mesmo do banco. A matriarca de cabelos azuis concordou em assinar um contrato de locação de dois anos e de fato vamos morar em um pequeno vilarejo na Toscana. Embora possamos nos mudar já nos primeiros dias de maio, decidimos fazer as malas com calma e sair de Veneza em 15 de junho. Com nossos longos dramas agora solucionados, queremos simplesmente *estar* em Veneza, e depois nos despedir dela em paz.

Fazemos uma cerimônia fúnebre para marcar a morte do despertador, mas ainda assim Fernando continua acordando todos os dias exatamente meia hora antes de o sol nascer. Seus grunhidos de incredulidade me despertam, e logo estamos os dois de pé. Visto um moletom da Aeronautica Militare por cima de uma lingerie velha da Victoria's Secret e calço um par de galochas. Fernando põe seus óculos Ray Ban mesmo que ainda esteja escuro, e juntos atravessamos a rua cambaleando para ver o mar e o céu se acenderem. Com nossos trajes folclóricos, somos os primeiros clientes da Maggion, e levamos nossa bandeja de papel de *cornetti* de damasco morninhos e a velha cafeteira Bialetti, fumegante e soltando pingos, de volta para a cama. Às vezes cochilamos mais um pouco, mas em geral nos vestimos e vamos até os barcos.

Fernando carrega por toda parte uma pequena pasta amarela repleta de matérias sobre o cultivo de oliveiras e com seus desenhos para um forno de pão que ele planeja construir a partir das ruínas de uma lareira externa no jardim da casa na Toscana. Ele plantou em pequenos vasos de plástico 12 oliveiras de 30 centímetros de altura que planeja transplantar para a encosta ocidental do jardim. Calcula que, se tudo correr razoavelmente bem, terá sua primeira coleita em 25 anos e produzirá um pouco mais que uma xícara de azeite. Diariamente, ele enche uma caixa de papelão ou mala com a mesma alegria e nervosismo de um menino prestes a partir para a colônia de férias.

– Estou animadíssimo – diz ele 50 vezes por dia com seu inglês esquisito. Às vezes olho para ele e me pergunto como vai conseguir se virar em terra firme, atrás da carrocinha de limonada, em vez de em um *palazzo* acima da lagoa, sentado atrás de uma mesa de tampo de mármore.

– Nós provavelmente vamos ser pobres, sabe, pelo menos por algum tempo – digo a ele.

– Nós já somos pobres – lembra-me ele. – Assim como qualquer negócio subcapitalizado, assim como qualquer vida subcapitalizada, teremos que ser pacientes. Com as coisas grandes. Com as coisas pequenas. É difícil. Mas não tão difícil assim. Se não conseguirmos fazer algo funcionar, podemos tentar outra coisa.

Em nossa última manhã de sábado, ele diz:

– Me mostre um lugar de Veneza que você acha que eu nunca vi.

Então pegamos o *vaporetto* até o Zattere. Apesar de já termos tomado café da manhã duas vezes, eu o arrasto até o Nico e peço três *gelatos* de avelã regados com *espresso*.

– Três? Por que três? – pergunta ele.

Eu simplesmente pego a terceira xícara e a terceira colherzinha de madeira e lhe digo para me seguir. Percorremos os poucos metros até o Squero San Trovaso, o mais antigo ateliê de toda a cidade, onde as gôndolas ainda são fabricadas e consertadas. Apresento meu marido a Federico Tramontin, terceira geração de uma família de construtores de gôndolas, que está lixando a proa de uma embarcação nova com as duas mãos e os braços bem esticados. Ele diz a Fernando que está usando uma lixa de joalheiro, fina o suficiente para lixar ouro. Ele sabe que eu já sei disso. Entrego-lhe o seu *gelato*, e Fernando e eu vamos nos sentar em cima de uma tábua um pouco afastada, cada um mexendo e bebericando sua deliciosa bebida. Fazemos um ou dois comentários sobre o tempo, depois mais um ou dois comentários sobre o prazer de termos passado esse tempo juntos. Ainda estou no comando quando arrasto Fernando até a pequena agência de viagens virada para a rua em cuja vitrine suja está pregado um cartaz escrito à mão, um velho convite de Yeats.

Vamos embora, ó criança humana!
Para as águas e a selva
De mãos dadas com uma fada,
Pois o mundo é mais cheio de tristeza
[do que podes compreender.

Traduzo as palavras para Fernando e digo-lhe que, quando deparei com esse cartaz durante minhas primeiras semanas em Veneza, pensei que o poema fosse para ele, que a criança perdida fosse *ele*; agora, porém, às vezes acho que sou *eu* que estou um pouco perdida. Mas quem de nós não está perdido? Quem não anseia dar as mãos a uma fada que sabe mais do que nós sobre este triste mundo? Um casamento é isso: é se revezar nos papéis da criança perdida e da fada.

As lojas estão começando a abrir quando, em outra manhã, chegamos para andar pela Strada Nuova. Tudo ali ecoa. Um homem assobia enquanto varre a frente da loja onde vende galochas e material de pesca, e um segundo homem do outro lado da rua assobia a mesma canção enquanto esfrega berinjelas lisas e roxas e as arruma dentro de um caixote de madeira. Por coincidência, os dois formam um dueto. A água bate na *fondamenta*, o dique; sinos, alertas de névoa, passos arrastados subindo uma ponte, descendo uma ponte. Tudo ressoa. Às vezes acho que Veneza não tem presente, que é toda feita de lembranças, de quem nela já viveu e dos que estão *aldilà*, do outro lado. Em Veneza, lembranças novas e lembranças antigas são a mesma coisa. Aqui tudo o que existe são reprises de um diáfano *pas de deux*. *Veni etiam*, voltem outra vez. Um convite em latim que, segundo alguns dizem, deu origem ao nome da cidade. Até mesmo o nome é um reflexo. Qual será a imagem verdadeira? A imagem refletida? A que reflete? Toco o rosto de Fernando enquanto encaro seu reflexo que cintila no canal.

– Quem você acha que vamos ser quando formos velhos? – pergunto a ele.

– Bom, segundo os padrões de algumas pessoas, nós *já* somos velhos, então acho que vamos ser iguais a agora. Mas a verdade é que, com tantos recomeços, eu não tenho certeza se teremos tempo de ficar realmente velhos – responde ele.

– Você acha que vai sentir muitas saudades de Veneza? – quero saber.

– Não tenho certeza, mas sempre que sentirmos saudades daqui podemos simplesmente voltar para visitar – diz ele.

– Eu quero voltar todos os anos para a Festa del Redentore – digo.

Palladio construiu a igreja do Redentor em 1575, na ilha da Giudecca, que fica em frente a San Marco, em agradecimento ao fim de mais um longo surto de peste. Desde então, a cada ano, os venezianos comemoram a data com seus próprios aleluias sagrados de barcos a vela, luzes e água. Na tarde de julho marcada para a festa, todos os venezianos que têm um barco se reúnem no Bacino San Marco, na entrada do Canal da Giudecca, e começa o festival. As embarcações são enfeitadas com flores e bandeiras, e a água fica tão coalhada que é possível passar um copo de vinho para quem estiver no barco ao lado. As pessoas atiram suéteres para um amigo, uma caixa de fósforos para outro. E, se os barcos forem pequenos o suficiente, tábuas ou uma velha porta podem ser equilibradas entre os dois para improvisar uma mesa comum para um *aperitivi*.

A festa do Redentore é uma ocasião em que os venezianos celebram a si mesmos. Estão dizendo: "*Siamo veneziani*. Olhem para nós. Vejam como sobrevivemos. Pastores e agricultores, nós sobrevivemos para virar pescadores e marinheiros que construíram uma vida onde não havia terra. Sobrevivemos aos godos e lombardos, aos tártaros, persas e turcos. Sobrevivemos também à peste, aos imperadores e aos papas. E continuamos aqui."

Na noite do Redentor, tudo é ritual. Enquanto o sol se põe, velas são acesas nas proas, mesas improvisadas são montadas e o jantar é servido: panelas cheias de massa e feijão envoltas em toalhas de linho, e pato da lagoa refogado e recheado com linguiça, sardinha frita e linguado ao molho *saor*. Garrafões de Incrocio Manzoni e Malbec se esvaziam a um ritmo alarmante; melancias aguardam a meia-noite. Esse é o festival em que se vê que as fantasias e quimeras são reais; quando fogos de artifício são tão normais quanto estrelas, e sua luz é o outro lado da lua. E todos ficam nos barcos até que, por volta das duas da manhã, como uma flotilha vitoriosa e cansada, as grandes velas brancas e pequenas velas remendadas incham à brisa suave e, ao som dos bandolins, começam a deslizar devagar lagoa acima, em direção ao Lido para admirar o nascer do sol do Redentor.

– Esse festival é meu também – digo a Fernando. – Sou tão veneziana quanto se tivesse nascido aqui. Eu sou veneziana, Fernando. Mais veneziana do que você.

Tínhamos concordado que não haveria nenhuma despedida chorosa de Veneza, mas, enquanto fecho a tampa de mais uma caixa de papelão com a fita adesiva, pergunto-me como Fernando consegue ir embora com tanto desapego. Eu não quero sair da cidade. Em geral sou muito boa para ajeitar e transformar o final de alguma coisa no começo de outra, mas parece que simplesmente não consigo fazer isso agora. Lembro-me da primeiríssima vez em que me despedi de Veneza. Foi muito antes da minha vida com o estranho. Muito tempo se passou desde então. Essa minha primeira visita havia durado apenas 15 dias e, já seduzida, achei difícil ir embora. É claro que estava chovendo.

A bruma do início da manhã toca meu rosto, cálida, suave. Os querubins dourados que comprei para meus filhos na Gianni Cavalier, embrulhados em uma dúzia de folhas do La Nuova Venezia, estão seguros dentro de uma bolsa que pende do meu pulso. Vou puxando a mala preta meio emperrada pelas pedras e degraus. Meus saltos, que estalam com mais confiança do que quando cheguei, são os únicos ruídos nos instantes que antecedem a manhã no Sottoportego de le Acque. Embora seja uma caminhada mais longa do que até o Rialto, quero pegar o barco em San Zaccaria, para passar uma última vez pela piazza, *que parece naufragada, uma aldeia sem habitantes no meio de um mar cor de estanho. É tão bonita! Atravesso a Piazzetta, passo pelo campanário, por entre as colunas de San Teodoro e o leão de San Marco. Assim que dobro à esquerda em direção ao* pontile, *os sinos de La Marangona badalam seis vezes com um som triste. Sinto esse som dentro do peito tanto quanto nos ouvidos, e viro-me para olhar para trás por um instante, perguntando-me o que pode significar o fato de o velho sino solene tocar quando a pessoa vai embora, e não quando ela chega.*

Quando me viro para o barco, é difícil distinguir minhas lágrimas da chuva. Viajo até Piazzale Roma acompanhada apenas pelos funcionários da ferrovia. Certos de que estou fugindo de alguma imensa tristeza, alguma ruptura ou rejeição, eles me oferecem uma empatia coletiva e muda. Menos de uma hora se passou, mas já estou com saudades de Fiorella e do meu engraçado quartinho no primeiro andar de sua pensione. *Ela me preparou alguns* panini: *pãezinhos com muita manteiga, recheados com as costeletas de vitela finas e crocantes que ela fez na véspera. Mais ou menos de hora em hora como um dos sanduíches, fazendo-os durar o curto voo de Veneza até Milão e depois mais dois desembarques e reembarques, quase até em casa...*

Não é como se nunca mais fôssemos voltar aqui, garante Fernando. Quando chega o último dia, descemos até o mar para ver o sol nascer e levamos nossos *cornetti* de volta para a cama, que é apenas um colchão no chão, agora que todos os móveis estão a caminho da Toscana. Atravessamos as águas, caminhamos como sempre fizemos, paramos na Do Mori, depois vamos tomar um chá no canto mais afastado do Harry's Bar. Conversamos sobre todas as coisas que temos de fazer em San Casciano. Voltamos para casa a fim de descansar e tomar um último banho de banheira no cômodo de ladrilhos pretos e brancos. Enquanto nos vestimos, combinamos de jantar não no lugar de sempre, mas sim no Conte Pescaor, um pequeno restaurante atrás do Campo San Zulian. Estamos com vontade de comer um banquete de peixes do Adriático e, segundo o menino veneziano com quem me casei, esse é o melhor restaurante de frutos do mar de Veneza. Em sua varanda empoeirada, protegida por uma tela e adornada com seu colar de luzinhas de plástico, tomamos um Cartizze gelado e comemos uma *frittura mixta*, uma mistura de frutos do mar fritos. Comemos mariscos ao forno e vieiras salteadas, depois enguias assadas com folhas de louro. O garçom saca a rolha de um Recioto de Capitelli 1990 e, como alguém em uma das outras mesas está comendo lingueirão na brasa, um tipo de molusco, nós pedimos a mesma coisa, seguida por cação frito e só uma provinha de perca ao forno e vermelho frito. Já são dez para a uma quando dizemos *buona notte* aos garçons sonolentos. Voltamos até San Marco caminhando devagar.

A partir de meia-noite, o barco só passa a cada uma hora e meia. Temos tempo. Sento-me de lado no lombo do leão de mármore cor--de-rosa da Piazzetta.

– Nós vamos mudar mais do que ela – digo a Fernando. – Quando voltarmos, mesmo que seja na próxima semana, não sentiremos nada como sentimos agora. Já faz mais de mil dias que estou aqui.

Mil dias. Um minuto. Um lampejo. Exatamente como a vida, penso. Ouço o sussurro: *Segure minha mão e rejuveneça comigo; não se apresse; seja um iniciante; enfeite os cabelos com pérolas; plante batatas; acenda as velas; mantenha o fogo aceso; atreva-se a amar alguém; diga a verdade a si mesmo; mantenha-se enlevado.* Fernando me desperta do meu devaneio. Está na hora de ir embora. Eu não quero ir. Tenho a mesma sensação de quando tinha 7 ou 8 anos, depois de uma sucessão de noites de agosto passadas no parque de diversões com tio Charlie. Ele sempre punha na minha mão 10 bilhetes vermelhos e me ajudava a subir no cavalo negro com manchas prateadas. E sempre que a música diminuía e começava a soar abafada, e meu cavalo parava, eu rasgava mais um bilhete e o entregava ao bilheteiro como se estivesse arrancando um pedaço do meu próprio coração. Prendia a respiração, e finalmente o brinquedo recomeçava a andar, dando voltas, voltas e mais voltas.

Eu sempre usava meus 10 bilhetes de uma vez só, um depois do outro. Ali, montada no cavalo negro com manchas prateadas, eu era uma amazona corajosa galopando com energia, depressa, saltando por cima das águas e atravessando florestas escuras a caminho da casa com as janelas douradas. Sabia que lá haveria pessoas à minha espera. Simplesmente sabia que elas estariam lá, em frente à porta, e que me levariam para dentro, e haveria uma lareira acesa, velas, pão quentinho e uma deliciosa sopa, e que juntos comeríamos e daríamos risadas. Elas me levariam para o andar de cima, para uma cama só minha, e me acomodariam bem aninhada entre as cobertas macias; me dariam um milhão de beijos e cantariam para mim até eu adormecer, sem nunca parar de repetir que me amavam, que sempre iriam me amar. Mas 10 bilhetes nunca eram suficientes para chegar à casa das janelas douradas. Dez bilhetes vermelhos. Mil dias. "Hora de ir embora", dizia o tio Charlie ajudando-me a desmontar.

– Hora de ir embora – diz Fernando. Quero chamá-la, mas nenhum som sai da minha garganta. Quero dizer: *Eu te amo, sua princesa em andrajos, princesa malvada. Eu te amo. Sua velha mãe bizantina de saias remendadas, eu te amo. Sua musa perolada de faces cor de canela, ah, como eu te amo.* Meu marido, que mil dias atrás era um estranho, ouve o meu silêncio. E me diz:

– Ela também te ama. Sempre te amou. Vai te amar para sempre.

Comida para um estranho

Porri Gratinati

ALHO-PORÓ GRATINADO

Quando servi esse prato ao estranho em Saint Louis, na primeira vez em que jantamos juntos, ele me disse imediatamente que não gostava de alho-poró. Eu contei uma mentirinha inocente e disse que aquilo na verdade era echalota, e ele deixou o prato tão limpo que quase nem precisei lavá-lo depois. Mais tarde, quando confessei, encabulada, que havia lhe servido alho-poró, levou meses para ele me perdoar. Mas, hoje em dia, Fernando procura alho-poró na feira e compra braçadas, para tentarmos preparar este prato delicioso em quantidade suficiente para satisfazer nós dois.

Na verdade, é um prato tão simples que chega a ser difícil escrever a receita. Ele pode ser preparado com qualquer membro da família das aliáceas, sozinhos ou combinados: alho-poró, echalota, cebola. Você pode assar a mistura em pratos individuais e servi-la como entrada, bem crocante por cima e cremosa por dentro. Mas o meu jeito preferido de servir *porri gratinati* é tirando uma generosa colherada diretamente da minha velha assadeira oval, colocando-a num prato e depois arrumando por cima um bife ou um pedaço de carne de porco recém-saído da frigideira, para que os sucos da carne escorram dando sabor ao gratinado e para que os ingredientes realcem um ao outro.

CERCA DE 12 ALHOS-PORÓS MÉDIOS OU GRANDES (APROXIMADAMENTE 1,5KG), SEM A PARTE VERDE, COM A PARTE BRANCA DESCASCADA, BEM LAVADA EM ÁGUA CORRENTE E CORTADA EM RODELAS FINAS (OU ENTÃO 1KG DE CEBOLAS OU ECHALOTAS – TENTE MISTURAR VARIEDADES MAIS ADOCICADAS DE CEBOLAS, COMO VIDALIA OU WALLA WALLA, COM ALGUMAS VARIEDADES ESPANHOLAS AMARELAS, MAIORES E DE SABOR MAIS FORTE).

2 XÍCARAS DE *MASCARPONE*

1 COLHER DE CHÁ DE NOZ-MOSCADA RALADA NA HORA

1 COLHER DE CHÁ DE PIMENTA-DO-REINO MOÍDA NA HORA

1 ½ COLHER DE CHÁ DE SAL

½ XÍCARA DE *GRAPPA* OU VODCA

⅔ DE XÍCARA DE QUEIJO PARMESÃO RALADO

1 COLHER DE SOPA DE MANTEIGA SEM SAL

Ponha as rodelas de alho-poró dentro de uma tigela grande. Em uma tigela menor, junte todos os outros ingredientes (menos o queijo ralado e a manteiga) e misture bem. Despeje a mistura de *mascarpone* na tigela grande com o alho-poró e, usando dois garfos, envolva bem toda a verdura. Ponha a mistura em um refratário oval untado, de 30 a 35cm de comprimento, espalhando-a por igual, ou então a distribua em seis travessas individuais untadas. Espalhe o parmesão por cima e leve ao forno a 200ºC por 30 minutos, ou até que se forme uma crosta dourada. Diminua o tempo no forno em 10 minutos para gratinados menores.

Rendimento: 6 porções

Tagliatelle con Salsa di Noci Arrostite

MASSA FRESCA COM MOLHO DE NOZES TORRADAS

Outro prato de nosso primeiro jantar em Saint Louis. Nesse caso, não foi preciso persuadir Fernando. Na verdade, depois de terminar, perguntou se eu poderia lhe servir *"un altra goccia di salsa*, mais um pouco de molho". Pus uma tigelinha na sua frente, e ele começou a mergulhar pedaços de pão no molho e comer pequenos bocados entre goles de vinho tinto. Experimentei comer o molho desse jeito também e desde então sempre fazemos mais molho do que o necessário e guardamos para usar em outra coisa. Veja sugestões a seguir.

Para a massa

500G DE *TAGLIATELLE, FETTUCINE* OU OUTRA MASSA COMPRIDA
SAL A GOSTO

Cozinhe a massa em bastante água, com sal a gosto, até ficar *al dente*, escorra e misture com 1½ xícara de molho. Se não for possível conseguir massa fresca, substitua por massa seca artesanal.

Para o molho *(rende cerca de 2 xícaras)*

500G DE NOZES SEM CASCA, LEVEMENTE TORRADAS
½ COLHER DE CHÁ DE CANELA EM PÓ
NOZ-MOSCADA RALADA A GOSTO
SAL
PIMENTA-DO-REINO MOÍDA NA HORA
¼ DE XÍCARA DE AZEITE
¼ DE XÍCARA DE CREME DE LEITE
¼ DE XÍCARA DE VINHO BRANCO TIPO VIN SANTO OU MOSCATO

Moa as nozes usando um processador de alimentos ou liquidificador com lâmina de aço até ficarem com a mesma textura de um fubá bem grosso (não moa demais – é melhor uma textura mais grossa do que mais fina). Acrescente a canela, a noz-moscada, o sal e a pimenta e passe mais um pouquinho no processador, só para misturar. Com o aparelho ligado, despeje uma mistura feita com o azeite, o creme de leite e o vinho e deixe bater apenas até a pasta ficar homogênea. Prove e acrescente mais sal e tempero a gosto.

Rendimento: 4 porções, como prato principal

In più: Por mais divino que este molho fique misturado à massa recém-preparada, ele também oferece alternativas deliciosas: guarde um pouco na geladeira e despeje uma colherada por cima de um frango ou carne de porco recém-saídos do forno; espalhe sobre pão tostado e sirva acompanhado de um vinho branco gelado como tira-gosto; use um pouco para incrementar sopas de legumes, ou tente usar o molho como tempero para aspargos cozidos no vapor.

Prugne Addormentate

AMEIXAS ADORMECIDAS

Uma sobremesa criada por acaso, a partir dos restos de uma massa de pão. Já vi um padeiro da região do Friuli preparar este prato como um bolo de café da manhã para sua família. A massa de pão de batata que serve de base para essa receita também fica uma delícia se assada sem frutas. Esta é uma receita muito fácil, mesmo para o cozinheiro que não está acostumado a preparar pães ou sobremesas. Igualmente maravilhoso quando preparado com outras frutas de caroço (nectarinas, pêssegos, damascos), este doce virou a ceia preferida de Fernando quando ele está se sentindo mal – não quando está de fato doente, gripado ou resfriado, mas quando está cansado de pratos complicados (ou de questões complicadas!) e tudo o que quer é nutrição e conforto. Foi isso que comemos na noite em que ele pediu demissão do banco. Para levar o pão ao forno, até hoje usamos a mesma forma surrada que viajou comigo de Saint Louis até Veneza e à Toscana.

350G DE MASSA PARA PÃO DE BATATA QUE AINDA NÃO CRESCEU (VER ADIANTE)

8 A 10 AMEIXAS, PARTIDAS AO MEIO E SEM CAROÇO

1 XÍCARA DE AÇÚCAR MASCAVO

3 COLHERES DE SOPA DE MANTEIGA SEM SAL FRIA, CORTADA EM PEDACINHOS

⅔ DE XÍCARA DE CREME DE LEITE MISTURADOS COM ¼ DE XÍCARA DE *GRAPPA*

Unte uma forma de bolo redonda ou quadrada de aproximadamente 20cm e disponha a massa dentro dela; pressione as metades de ameixa sobre a massa com o lado cortado virado para cima; despeje por cima a mistura de creme de leite com *grappa* e asse a 200°C por 20 a 25 minutos ou até o pão ficar dourado, as ameixas soltarem seu sumo e o creme e o açúcar formarem uma crosta crocante.

Rendimento: 6 porções

Pane di Patate

PÃO DE BATATA

500G DE BATATAS COM CASCA

1 ½ BOLINHAS DE FERMENTO FRESCO (OU 3 ½ COLHERES DE CHÁ DE FERMENTO DE PADARIA)

1KG DE FARINHA DE TRIGO (CERCA DE 7 XÍCARAS), MAIS UM POUQUINHO PARA ENFARINHAR A SUPERFÍCIE DE TRABALHO

1 COLHER DE SOPA DE SAL

1 COLHER DE SOPA DE AZEITE EXTRAVIRGEM

Ferva as batatas em água e sal até ficarem macias. Escorra, reservando 2 xícaras da água da fervura. Deixe a água e as batatas esfriarem, então descasque e amasse bem as batatas.

Amoleça o fermento por 20 minutos em uma xícara de água morna que sobrou do cozimento das batatas. Em uma tigela grande, misture a farinha, as batatas e o sal. Acrescente o fermento amolecido e a outra xícara de água das batatas, misturando para formar uma massa.

Vire a massa em uma superfície levemente enfarinhada e trabalhe até obter uma textura lisa e elástica – cerca de 8 minutos. Se a massa parecer úmida demais, acrescente mais farinha, tomando cuidado para não exagerar – no máximo ⅓ de xícara. Corte a massa ao meio, use uma das metades para preparar *prune addormentate* e ponha a outra dentro de uma tigela limpa e untada com azeite, cobrindo-a com filme plástico e um pano de prato, e deixe descansar e crescer até dobrar de volume – cerca de uma hora.

Em seguida amasse de leve a massa e molde-a em um formato redondo, levemente achatado. Cubra com o pano de prato e deixe crescer novamente, por mais uma hora. Preaqueça o forno a 200ºC. Ponha o pão sobre uma assadeira forrada com papel-manteiga e asse por 35 a 40 minutos, ou até a casca ficar bem corada e o fundo emitir um som oco quando você bater com o nó dos dedos. Tome o cuidado de abaixar um pouco a temperatura do forno caso o pão esteja assando depressa demais. Deixe o pão esfriar sobre uma grade.

Rendimento: 2 pães, ou massa suficiente para 2 bolos. Você pode congelar qualquer porção da massa já crescida, mas é preciso descongelar completamente e deixá-la crescer de novo antes de prosseguir com qualquer uma das duas receitas.

Fiori di Zucca Fritti

FLORES DE ABOBRINHA FRITAS

Para preparar este prato simples, tudo que você precisa fazer é mergulhar as flores em uma massa sedosa e fina, depois fritá-las até ficarem douradas. Esse é o único método de preparar as tenras e adocidadas flores de *zucchini* que respeita sua delicadeza, além de ser o único jeito civilizado de consumi-las. (Rechear uma flor de abobrinha com ricota, mussarela ou mesmo uma anchova é o mesmo que rechear uma trufa. Tirando a irreverência, nenhum ornamento é capaz de superar o sabor da flor em seu estado puro.)

Este não é um prato a ser preparado para um grupo grande. Em primeiro lugar porque ninguém nunca fica satisfeito com apenas uma ou duas flores; todos sempre querem comer pelo menos mais meia dúzia e costumam se postar junto ao fogão para esperar a próxima leva corar e ficar crocante, igualzinho a filhotes de cachorro à espera de uma guloseima. Quando a fila fica muito longa, o cozinheiro não se diverte. Em segundo lugar, é difícil encontrar (pelo menos era na nossa feira) um produtor que tenha mais de duas dúzias de flores para vender. Portanto, embora eu já tenha preparado esse prato para grupos de quatro ou cinco pessoas, o que costumo fazer com mais frequência é fritar as flores apenas para Fernando e eu. Acompanhadas de uma garrafa de vinho branco seco tão gelado que quase já virou gelo, elas são nosso almoço preferido para uma tarde quente.

20 FLORES DE ABOBRINHA PERFEITAS

1 ½ XÍCARA DE FARINHA

CERVEJA

SAL A GOSTO

ÓLEO DE AMENDOIM

Primeiro, usando uma pequena tesoura afiada, faça um corte no meio de cada pétala até o caule para a flor se abrir mais. Se os caules ainda estiverem presos à flor, corte-os e jogue fora. Salpique as flores com um pouco d'água e ponha-as para secar com o lado do caule virado para cima e as pétalas abertas como um girassol. Em uma tigela rasa e larga, bata a farinha com a cerveja para obter uma massa levemente mais grossa do que creme de leite. Acrescente um pouco de sal. Cubra a massa e deixe-a descansar enquanto o óleo esquenta. Use óleo de amendoim – no mínimo 7,5cm de altura em uma frigideira grossa – porque ele alcança altas temperaturas sem soltar fumaça. Aqueça o óleo em fogo médio, pois aquecer depressa demais produz bolsões frios, que resultam em uma fritura irregular. Quando tudo estiver pronto, mergulhe as flores na massa e em seguida no óleo, uma a uma; frite apenas três ou quatro de cada vez. Quando ficarem bem douradas, retire-as com um pegador e deixe-as descansar um pouco sobre um papel absorvente. Você pode colocar um pouco de sal por cima ou, melhor ainda, borrifá-las de leve com água salgada. Na hora de pensar no vinho, você deve escolher um branco simples, capaz de suportar uma temperatura muito baixa, pois o que funciona tão bem com as flores crocantes e recém-saídas da frigideira é mais a sensação gelada do vinho do que a bebida em si.

Rendimento: 4 porções

Pappa al Pomodoro

MINGAU DE TOMATES TRADICIONAL DA TOSCANA

Nunca consegui convencer o estranho dos méritos da sopa fria de tomates amarelos enfeitada com dois camarões grelhados aromatizados com anis que preparei para o nosso primeiro jantar no apartamento. Pratos como esse pareciam e ainda parecem de um preciosismo exagerado para ele. No entanto, sempre que sirvo esse mingau tradicional da Toscana feito com tomates frescos e maduros refogados com pão dormido, vinho e azeite, ele canta a canção folclórica de sua infância: *"Viva la pappa col pomodoro, viva la pappa che è un capolavoro."* Em tradução livre, a letra diz: "Viva o mingau de tomate, viva o mingau que é uma obra de arte." Quando eu a canto para o vendedor de tomates na feira, ele canta junto, e sempre diz como ele e os irmãos ansiavam por esse prato durante os longos e famintos dias da Segunda Guerra Mundial.

¾ DE XÍCARA DE AZEITE EXTRAVIRGEM

4 DENTES DE ALHO GRANDES, SEM CASCA, AMASSADOS E PICADOS MIÚDOS

1 CEBOLA GRANDE, SEM CASCA, BEM PICADA

4 TOMATES GRANDES BEM MADUROS, SEM CASCA, SEM SEMENTES, PICADOS (OU ENTÃO DUAS LATAS DE 500G DE TOMATES SEM CASCA, LEVEMENTE AMASSADOS JUNTO COM O SUCO)

6 XÍCARAS DE UM BOM CALDO DE CARNE, DE PREFERÊNCIA FEITO EM CASA, OU 6 XÍCARAS DE ÁGUA (NÃO USE CALDO DE FRANGO)

1 XÍCARA DE VINHO BRANCO

SAL

PIMENTA-DO-REINO MOÍDA NA HORA

2 ½ XÍCARAS DE PÃO DE MASSA DENSA, SEM CASCA, CORTADO EM PEDAÇOS DE 1CM

1 XÍCARA DE QUEIJO PECORINO RALADO NA HORA (OPCIONAL)

1/3 DE XÍCARA DE FOLHAS DE MANJERICÃO RASGADAS (NÃO CORTADAS)

½ COLHER DE CHÁ DE UM BOM VINAGRE DE VINHO TINTO

Em uma panela de sopa grande, aqueça o azeite e salteie o alho e a cebola até ficarem translúcidos; junte os tomates, o caldo ou água, o vinho, o sal e a pimenta e deixe refogar por 10 minutos. Acrescente o pão e deixe refogar por mais 2 minutos. Retire a panela do fogo e junte o *pecorino* e o manjericão, mexendo bem. Deixe o mingau descansar por pelo menos uma hora. Acrescente o vinagre e sirva em temperatura ambiente (ou então esquente até ficar morno) em pratos fundos, regado com um fio de azeite de boa qualidade. A refrigeração acaba completamente com o sabor puro do mingau.

Rendimento: 6 porções

Spiedini di Salsiccia e Quaglie Ripiene con Fichi sui Cuscini

ESPETINHOS DE LINGUIÇA E CODORNA RECHEADA COM FIGO NA ALMOFADA

Quando vi o estranho lambendo despreocupadamente os dedos depois de devorar um lindo espetinho desses, soube que havia conseguido derrubar sua arraigada indiferença pelo jantar.

Se você estiver planejando servir este prato em um piquenique, não retire a carne dos espetos. Deixe-os esfriar um pouco; depois ponha-os dentro de um saco de papel pardo grosso forrado com galhos de alecrim e folhas de sálvia; feche bem o saco e coloque-o dentro de uma tigela funda para armazenar o líquido que vai escorrer.

Quando a codorna e a linguiça esfriarem, vão absorver o aroma das ervas e ficar ainda mais deliciosas consumidas à temperatura ambiente do que se tivessem acabado de sair da grelha. Deixe cada pessoa se virar com seu próprio espetinho enquanto você faz circular a pastinha de fígado, o vinho e os guardanapos.

12 CODORNAS DE GRANJA LIMPAS, LAVADAS, SECAS, TEMPERADAS COM SAL E PI-
MENTA E RECHEADAS COM VÁRIAS FOLHAS DE SÁLVIA FRESCA, ALGUMAS FO-
LHAS DE ALECRIM E MEIO FIGO FRESCO, PRETO OU VERDE (RESERVE OS FÍGADOS
PARA A PASTA)

12 FATIAS FINAS DE *PANCETTA*

12 PEDAÇOS DE 5CM DE LINGUIÇA AROMATIZADA COM ERVA-DOCE (OU ALGUMA
OUTRA LINGUIÇA ADOCICADA ITALIANA) FERVIDAS EM ÁGUA POR 5 MINUTOS
E ESCORRIDAS

12 FATIAS DE 2,5CM DE PÃO DE MASSA DENSA

½ XÍCARA DE VINHO BRANCO

2 COLHERES DE SOPA DE MANTEIGA SEM SAL

2 ECHALOTAS SEM CASCA, BEM PICADAS

OS FÍGADOS DAS CODORNAS, MAIS 85G DE FÍGADO DE FRANGO LIMPO E PICADO

2 COLHERES DE SOPA DE VIN SANTO OU OUTRO VINHO DOCE

½ COLHER DE CHÁ DE PIMENTA-DA-JAMAICA MOÍDA

SAL

PIMENTA-DO-REINO MOÍDA NA HORA

Enrole cada codorna em uma fatia de *pancetta*, prendendo com um palito de dentes; enfie as codornas em 6 espetos, alternando com fatias de pão e pedaços de linguiça. Grelhe os espetos no forno em cima de um tabuleiro para recolher o líquido que vai escorrer; regue com o vinho branco, fazendo cada espeto dar um quarto de giro a intervalos de 3 a 4 minutos. Continue regando com o vinho e girando até as codornas ficarem douradas, e as linguiças, crocantes por fora (18 a 20 minutos no total). Enquanto isso, aqueça a manteiga em uma frigideira pequena e salteie as echalotas até ficarem translúcidas; junte os fígados picados e salteie por 3 minutos, ou até ficarem corados por fora mas ainda rosados por dentro; junte o Vin Santo, a pimenta-da-jamaica, o sal e a pimenta, e salteie mais um minuto, amassando a mistura para transformá-la em uma pasta grossa. (Essa pasta pode ser feita em quantidades maiores, usando apenas fígados de frango ou uma combinação de fígados de frango, codorna, faisão e pato, com medidas proporcionalmente aumentadas de manteiga, echalota, Vin Santo e pimenta-da-jamaica. É bom tê-la pronta, para servir com finas fatias de pão recém-tostado, junto com os *aperitivi*.) Quando os *spiedini* ficarem prontos, deixe seus convidados retirarem a carne de seus respectivos espetos sobre um prato aquecido, passarem um pouco da pastinha de fígado no pão, e arrumarem cada codorna sobre sua "almofada" de pão.

Rendimento: 6 porções

Zucca al Forno Ripiena con Porcini e Tartufi

ABÓBORA AO FORNO RECHEADA COM COGUMELOS *PORCINI* E TRUFAS

Se o estranho tivesse me deixado cozinhar para o nosso casamento, eu teria servido essa abóbora assada de entrada. O açúcar natural da abóbora carameliza e derrete, misturando-se aos queijos, enquanto as trufas perfumam toda a deliciosa mistura que exala aromas maravilhosamente sensuais. Mesmo sem as trufas, fica maravilhoso. Se você vai acrescentar apenas um prato ao seu repertório, escolha esse. Na verdade, ele é um repertório por si só.

1 ABÓBORA GRANDE DE CERCA DE 2 OU 2,5KG, COM A EXTREMIDADE DO CABO COR-
TADA PARA FORMAR UMA TAMPA E AS SEMENTES E FILAMENTOS RETIRADOS
DA CAVIDADE (GUARDE A TAMPA PARA MAIS TARDE)

3 COLHERES DE SOPA DE MANTEIGA SEM SAL

2 CEBOLAS GRANDES, SEM CASCA, BEM PICADAS

350G DE COGUMELOS FRESCOS (*PORCINI, CÈPES, CHANTERELLES, PORTOBELLO*) LA-
VADOS, ESCORRIDOS, SECOS E CORTADOS EM FATIAS FINAS (OU ENTÃO 120G DE
PORCINI DESIDRATADOS, AMACIADOS COM ½ XÍCARA DE ÁGUA, CALDO OU

VINHO MORNO, ESCORRIDOS E CORTADOS EM FATIAS FINAS)

2 TRUFAS NEGRAS DE NÓRCIA INTEIRAS (OU ENTÃO 2 TRUFAS NEGRAS EM CON-
SERVA, OU 85G DE PASTA DE TRUFAS NEGRAS) (OPCIONAL)

SAL

1 COLHER DE CHÁ DE PIMENTA-DO-REINO MOÍDA NA HORA

3 XÍCARAS DE MASCARPONE

350G DE QUEIJO EMMENTHAL RALADO

120G DE QUEIJO PARMESÃO RALADO

3 OVOS INTEIROS BATIDOS

2 COLHERES DE CHÁ DE NOZ-MOSCADA RALADA NA HORA

4 COLHERES DE SOPA DE MANTEIGA SEM SAL

8 FATIAS DE PÃO BRANCO DE TEXTURA FIRME, DORMIDO, SEM CASCA, CORTADO
EM CUBINHOS DE 2,5CM

Em uma panela média própria para saltear, derreta a manteiga e
salteie a cebola com os cogumelos até ambos ficarem macios e os cogumelos soltarem sua água (se estiver usando cogumelos secos, coe o
líquido em que ficaram de molho e acrescente-o à panela). Acrescente
as trufas cortadas em fatias finas ou a pasta de trufas (se for o caso) e
misture bem. Junte o sal e a pimenta. Em uma tigela grande, combine
todos os ingredientes restantes, menos o pão e a manteiga; tempere
com sal e pimenta a gosto. Bata até misturar bem, depois junte os cogumelos, cebolas e trufas. Derreta as 4 colheres de sopa de manteiga
em uma panela própria para saltear e doure o pão, mexendo os cubinhos na panela até ficarem crocantes. Ponha a abóbora dentro de uma
travessa ou assadeira grande e pesada. Despeje um terço da mistura de
cogumelos dentro da abóbora, junte metade do pão tostado, mais um
terço dos cogumelos, e em seguida o resto do pão, terminando com
uma camada de cogumelos. Feche com a tampa da abóbora e asse a
180ºC por uma hora e meia, ou até a polpa da abóbora ficar bem
macia. Leve a abóbora direto para a mesa, retire a tampa e sirva porções da polpa misturada ao recheio. Como acompanhamento, o prato
só precisa de um vinho branco seco gelado.

Rendimento: 8 a 10 porções

Vitello Brasato con Uve del Vino

FILÉS DE VITELA REFOGADOS COM UVAS

E este teria sido o prato principal de nosso almoço de casamento se *eu* tivesse cozinhado. Um lindo prato outonal cheio de cor e surpresa – as uvas roliças e macias por causa do vinho, e o sabor morno e azedinho das frutas em contraste com o adocicado da vitela formam uma bela combinação. Se você não for servir a abóbora nem qualquer outra entrada mais pesada, sirva a vitela sobre um purê de batatas com alho. Se trocar a vitela por carne de porco e o vinho branco por um tinto, terá um conjunto mais forte de sabores.

12 FILÉS DE VITELA (COM CERCA DE 120G CADA)

1 COLHER DE CHÁ DE SAL MARINHO FINO

3 COLHERES DE SOPA DE FOLHAS DE ALECRIM FRESCO BEM PICADAS

10 DENTES DE ALHO INTEIROS AMASSADOS

6 COLHERES DE SOPA DE MANTEIGA SEM SAL

1 COLHER DE SOPA DE AZEITE EXTRAVIRGEM

1 ½ XÍCARA DE VINHO BRANCO SECO

3 XÍCARAS DE UVAS BRANCAS OU ROXAS

1 COLHER DE SOPA DE VINAGRE BALSÂMICO DE 12 ANOS

Enxugue a carne com papel-toalha e esfregue-a com sal, alecrim e o alho amassado. Aqueça o azeite e 4 colheres de sopa de manteiga em fogo médio dentro de uma frigideira para saltear. Quando a manteiga começar a soltar espuma, ponha os filés (apenas a quantidade que couber confortavelmente na panela, sem abarrotar). Salteie até dourar dos dois lados, colocando então os filés em um prato enquanto prepara os outros. Regue a frigideira com o vinho, raspando os pedacinhos que ficaram grudados no fundo, e deixe a bebida reduzir por cinco minutos. Ponha as uvas e os filés dourados na frigideira e abaixe o fogo de modo a deixar o vinho em uma fervura bem branda. Refogue de leve a vitela por 4 a 5 minutos, ou até a carne começar a ficar firme quando você a apertar com o dedo. Não deixe a vitela cozinhar demais. Transfira-a do fogo para um prato, cobrindo-a bem de leve para que não "cozinhe no vapor", e deixe descansar. Aumente o fogo e torne a reduzir o líquido do refogado até que este comece a encorpar. Retire do fogo, junte as 2 outras colheres de sopa de manteiga e o vinagre balsâmico. Mexa bem e despeje o molho por cima da vitela. Não se preocupe com os caroços das uvas ou, se isso for um problema, use uvas sem caroço.

Rendimento: 8 porções

Porcini Brasati con Moscato

COGUMELOS *PORCINI* REFOGADOS COM VINHO BRANCO

De todos os pratos que preparamos em nossa estadia no hotel ao lado de nosso apartamento durante a obra, esse ganhou o status de tesouro de família. Nós o fazemos a qualquer momento e em qualquer lugar em que consigamos trocar, colher, comprar ou implorar por um cesto de *porcini*. Após uma bem-sucedida colheita no outono, preparamos quantidades grandes o suficiente para alimentar os vizinhos e organizamos nossa própria *Sagra di Porcini*.

5 COLHERES DE SOPA DE MANTEIGA SEM SAL

1 COLHER DE SOPA DE AZEITE EXTRAVIRGEM

½ KG DE COGUMELOS FRESCOS (*PORCINI, CÈPES, CHANTERELLES, PORTOBELLO*) ESFREGADOS COM UM PANO MACIO UMEDECIDO PARA RETIRAR A SUJEIRA E CORTADOS EM FATIAS FINAS

225G DE ECHALOTAS SEM CASCA BEM PICADAS

SAL

PIMENTA-DO-REINO MOÍDA NA HORA

1 XÍCARA DE MOSCATO OU ALGUM OUTRO VINHO BRANCO DE COLHEITA TARDIA

1 XÍCARA DE CREME DE LEITE

4 OU 5 FOLHAS FRESCAS DE SÁLVIA

Em fogo médio, aqueça 3 colheres de sopa de manteiga junto com o azeite em uma frigideira para saltear e, quando a manteiga começar a soltar espuma, acrescente os cogumelos e as echalotas, mexendo para que sejam cobertos pela gordura quente. Abaixe o fogo e refogue até os cogumelos começarem a minar água. Salpique generosamente com sal e pimenta. Junte o vinho e continue a refogar em fogo baixo por 20 minutos, até quase todo o vinho e o líquido terem sido absorvidos pelos cogumelos. Enquanto isso, em uma frigideira pequena, aqueça o creme de leite com as folhas de sálvia em fogo baixo. Quando a mistura estiver quase fervendo, retire do fogo e tampe (o creme irá absorver o aroma da sálvia enquanto os cogumelos refogam). Coe o creme e descarte a sálvia. Então junte o creme aromatizado aos cogumelos e continue a refogar bem lentamente, deixando-o reduzir por 2 ou 3 minutos. Sirva o prato bem quente com torradas finas e copos do mesmo Moscato usado para refogar, bem gelado.

Rendimento: 4 porções

Sgroppino

GELATO DE LIMÃO SICILIANO COM VODCA E ESPUMANTE

Aprendi depressa a amar essa conclusão gelada, cremosa e viciante para quase todos os almoços e jantares servidos em qualquer *osteria* e *ristorante* do Vêneto. Infelizmente, aqui nas colinas da Úmbria, onde moro agora, ninguém sequer sabe o que é um *sgroppino*. Embora eu nunca tenha preparado essa bebida quando morávamos em Veneza, depois da mudança comecei a improvisá-la por pura nostalgia. Ela é tão leve e desce tão bem que faz quem está bebendo se sentir quase nobre – como se houvesse aberto mão da sobremesa e se contentado com uma bebida gelada. Esta é a nossa versão caseira.

250ML DE SORVETE OU *SORBET* DE LIMÃO SICILIANO

4 A 6 PEDRAS DE GELO

120ML DE VODCA

1 XÍCARA DE VINHO ESPUMANTE (NO VÊNETO, USA-SE O ONIPRESENTE PROSECCO)

RASPAS DE 1 LIMÃO SICILIANO

Ponha o sorvete ou *sorbet*, o gelo, a vodca e o vinho no liquidificador e bata até ficar grosso, cremoso e quase sólido. Ponha dentro de copos de vinho gelados, salpique com as raspas de limão e sirva com colherinhas.

Guia romântico de Veneza

*E*ste ensaio foi publicado pela primeira vez na revista *The Algonkian*, na primavera de 2002 e, posteriormente, atualizado pela autora, Marlena de Blasi.

• Peguem um cobertor e sigam para a ilha de Torcello. Embarquem na *motonave* (ferryboat) no Lido, de preferência na que parte às 8h20. Sentem-se do lado de fora, principalmente se estiver frio, bebendo o *cappuccino* que vocês compraram no café Chizzolin, na Grand Viale. Ao desembarcarem em Torcello, passeiem um pouco e depois estendam o cobertor sobre os canteiros de grama alta que margeiam a via principal. Fiquem em silêncio para apreciar a tranquilidade ancestral do lugar. Visitem a Basílica di Santa Maria Assunta, construída no século XVII. Tomem um drinque na Locanda Cipriani e depois sigam para almoçar na ponte del Diavolo, pedindo uma mesa que seja atendida pelo garçom usando uma gravata salmão e com cabelos cheios de gomalina repartido ao meio. Se estiver em maio, peçam *risotto con i bruscandoli* (risoto com brotos de lúpulo).

• Planejem estar em Veneza no terceiro domingo de julho, quando acontece a Festa del Redentore, um festival no qual os venezianos celebram a si mesmos enquanto agradecem a Deus por ter livrado seus ancestrais da peste. Quando reservarem suas acomodações, perguntem se o hotel ou *pensione* pode ajudá-los a alugar um pequeno barco, a remo ou motorizado, para a tarde e a noite do festival ou, melhor ainda, reservem uma mesa para jantar em uma das embarcações maiores. Ser espectador, em vez de estar no meio da multidão na água, só é divertido se vocês tiverem a sorte de serem convidados para um *palazzo* com *altana* (terraço), de onde vocês podem ver e sentir o espetáculo. Nem cogitem a possibilidade de reservar uma mesa num dos restaurantes ou bares às margens do canal, onde vocês pagarão caro e não verão quase nada. Apreciem o luar, as estrelas, as velas, os fogos de artifício, os pratos típicos e o vinho, os bandolins e as canções alegres, tocadas no mais esplêndido canal do mundo.

• Apreciem o pôr do sol no *vaporetto* Número 1. Embarquem assim que a luz começar a mudar, no Lido ou em San Zaccaria, e depois sigam até a estação de trem, ou então comecem o passeio na estação de trem e sigam em direção ao centro. Sentem-se sempre do lado de fora, bebendo Prosecco em *flutes* de cristal. Depois saiam para um jantar simples na La Vedova, que fica ao lado da Strada Nuova (a parada do *vaporetto* em Ca' d'Oro), e mandem um abraço meu a Mirella e a Renzo – irmãos que dão alma à mais autêntica *osteria* de Veneza.

• Se estiverem na cidade durante o verão, depois do jantar sentem-se do lado de fora do Café Florian, bebendo Moscato – um vinho doce e cor de âmbar – gelado, ouvindo a orquestra e dançando ao som de Strauss – sem inibições e como se fosse a última dança de suas vidas. Olhem ao redor e vejam por que a Piazza San Marco é considerada a mais bela sala de visitas do mundo. Com a basílica pairando em todo o seu esplendor oriental às suas costas, vocês estarão dançando sobre as mesmas pedras da Ístria sobre as quais cortesãs e nobres franceses e austríacos dançaram.

• Preparem um piquenique e embarquem num *vaporetto* rumo ao Lido, depois subam no ônibus Número 11 para *i murazzi*. Andem 100 metros ao lado da amurada de pedra à beira-mar. Assim que encontrarem uma pedra lisa, comam ao som das ondas. Se vocês comprarem uma réplica de lanterna de bordo (na Maurizio Sumiti, uma pequena e discreta oficina de restauro na Calle delle Bande, no *castello*), podem fazer uma refeição à luz de velas à beira-mar.

• Caminhem por Dorsoduro, o maior dos três bairros de Veneza situados "do outro lado do canal", que algumas pessoas comparam à Rive Gauche de Paris. Escondidos aqui e ali podem-se encontrar lojas, cafés e *osteries* com um ambiente mais cosmopolita, inspirado pela comunidade em constante renovação formada por estudantes estrangeiros que vão à cidade por um ou dois semestres para pintar, esculpir ou estudar arquitetura nas sucursais das faculdades e universidades americanas e europeias. Dorsoduro começa na ponte Accademia, a única ponte de madeira de Veneza, construída em 1932 para substituir a grande monstruosidade de ferro erguida pelos austríacos no período em que governaram a cidade, no século XIX. Foi nessa ponte que, durante minha primeira *passeggiata* com o estranho, *ele me olha como se quisesse me beijar e penso que também gostaria de beijá-lo, mas sei que o guarda-chuva e o jornal vão cair dentro d'água e, além do mais, nós já passamos da idade de protagonizar cenas de amor. Não passamos? Eu provavelmente iria querer beijá-lo mesmo que ele não tivesse olhos cor de mirtilo. Mesmo que ele se parecesse um pouco com o apresentador de TV Ted Koppel. É esse lugar, a vista dessa ponte, esse ar, essa luz.*

• Renovem seus votos na basílica do século XVII onde a Festa di Santa Maria della Salute é celebrada todos os anos no dia 21 de novembro, numa referência ao dia em que, depois de 12 anos de devastação, a peste foi erradicada por um milagre da Madona. Depois saiam para jantar nos jardins perfumados de jasmim na Locanda Montin. Trata-se de um restaurante minúsculo, de uma Veneza mais antiga, talvez um pouco desgastada, mas que, sob o céu da noite que se ergue lentamente, com o vento quente da lagoa em sua pele, uma garrafa de Prosecco gelando num balde ao seu lado e um prato de *canocie* (camarões) levemente adocicado à sua frente, é o melhor lugar do mundo. Um belo vestido não destoaria do lugar.

• Ao anoitecer sigam para o bar no terraço do Hotel Monaco, mas antes verifiquem se não é a noite de folga de Paolo. Deixem que ele decida qual *aperitivi* preparará para vocês. Digam apenas: *"Ci pensi lei"* ("Você decide"). Afinal, foi Paolo quem encheu minhas botas com jornal e as colocou para secar junto ao fogo enquanto eu esperava que a tempestade passasse, naquela noite em que seria meu primeiro encontro com Fernando. E foi lá que paramos a caminho de casa no nosso primeiro dia juntos em Torcello. "Se eu pudesse dar Veneza a vocês por uma única hora, seria essa, e os acomodaria nessa cadeira, sabendo que Paolo estaria por perto, cuidando do seu conforto, certa de que a noite que chega para roubar aquela estupenda *última luz* também levará embora as suas mágoas. É assim que seria." A Veneza dos sonhos é a Veneza verdadeira.

• Façam um passeio pelo mercado de Rialto no início da manhã – por volta das sete horas – para admirar o espetáculo da preparação das barracas. Acompanhem os agricultores e peixeiros a seus bares preferidos para beber um *cappuccino* e comer um *cornetti* quente, recheado com geleia de damasco, depois voltem para o mercado quando mais clientes começarem a chegar. Prestem atenção especial ao espetáculo na grande peixaria de cortinas vermelhas brilhantes, onde estão à mostra todas as criaturas marinhas que já nadaram ou rastejaram no fundo do mar Adriático. Às nove e meia, façam a primeira parada na Cantina do Mori, onde, ao longo de mais de 500 anos ininterruptos, comerciantes, capitães de navios, vilões e reis de Veneza beberam bons vinhos no salão iluminado por um lampião. As circunstâncias extraordinárias de sua visita talvez lhes permitam beber uma dose matinal de Tokay gelado, que o belo Sergio tirará de um barril. Aproximem-se da pequenina vitrine forrada com *tramezzini* (sanduíches cortados ao meio) e outras maravilhas simples e escolha o café da manhã. Se vocês seguirem a dica dos habitantes locais, sairão para outro passeio pelo mercado, voltarão ao Do Mori para mais um café e continuarão nesta coreografia, vivendo uma manhã verdadeiramente veneziana.

• Visitem Veneza durante o *carnevale* – geralmente do meio para o final de fevereiro – e tragam suas próprias fantasias ou aluguem uma magnífica cópia de trajes de festa dos nobres do século XVII. Vistam uma *bauta* – uma típica máscara veneziana – e passeiem pela cidade ao anoitecer, em meio à névoa espessa característica da estação. Dancem na *piazza*, comprem ingressos para um entre dúzias de bailes divinos organizados nos grandes *palazzi* ao longo de todo o Canal e por toda a cidade. Ou então, por pura diversão, façam o que eu sempre faço: vestidos a caráter, façam uma *passeggiata* ao anoitecer, sigam para o Florian para um *aperitivi* e depois para Il Mascaron, na Calle Larga Santa Maria Formosa, onde Gigi Vianello prepara os melhores frutos do mar de Veneza.

• Reservem uma mesa no andar de baixo do Harry's Bar. Caminhem um pouco para abrir o apetite antes de cruzar aquelas portas simples e discretas e entrarem no mais civilizado salão de jantar e bebidas do mundo. Sirvam-se de um *bellini* (suco de pêssego branco com Prosecco) ou de um Montgomery ($14/15$ de gin e $1/15$ de vermute – a mesma proporção que Hemingway dizia que os ingleses usavam para ganhar as batalhas: 14 soldados ingleses para cada soldado inimigo). Quando estiverem prontos, vocês serão acompanhados até a mesa posta com esmero e servida com uma elegância única. Escolham entre as opções venezianas tradicionais, como *sarde in saor* (sardinhas banhadas em molho agridoce árabe) ou *pasta e fagioli* (uma mistura rústica de massa e feijões, que a torna saborosa e suculenta), ou um prato de outra região qualquer do norte da Itália, como um *tagliolini* caseiro, servido com uma fartura de lascas de trufas brancas albanesas.

Agradecimentos

Foi Sue Pollock quem me pegou pela mão e disse: "A primeira coisa a fazer é encontrar um agente maravilhoso para você."

E Sue me levou diretamente até Rosalie Siegel, que, como é típico das pessoas mágicas, mudou o rumo da minha vida. Rosalie é Joana d'Arc vestida com um terninho Chanel. É uma mulher sábia. Com tenacidade, devoção e sua rara perspicácia, guiou a mim e à minha história. Hoje já não consigo imaginar qualquer história minha sem ela.

A quase 10 mil quilômetros de distância por sobre terra e mar, Amy Gash me segurou pelas rédeas. Editora simplesmente brilhante, ela me protegeu de um excesso de "adereços". Ajudou-me a escapar de algumas antigas armadilhas, a ter mais orgulho da minha prosa. Todos aqueles que pensam que editar significa corrigir pontuação e gramática deveriam conhecer a profundidade do seu trabalho. Amy adorou esta história e demonstrou um interesse sincero pela maneira como eu iria contá-la. E sempre que, neste livro, três adjetivos permaneceram juntos, isso se deve à minha própria teimosia e é um vestígio das poucas batalhas que Amy me deixou vencer.

Este livro foi escrito por todos os venezianos que me mostraram o caminho ou me contaram algum segredo, cada um de vocês que tomaram um Prosecco comigo, que me ensinaram alguma palavra, que me deram comida, um abraço ou que me resgataram. E que choraram comigo. Vocês formam uma raça especial, uma tribo mais abençoada do que amaldiçoada, e o fato de eu ter vivido esses mil dias na sua companhia é um amuleto divino, um amuleto que reflete até mesmo o mais tênue raio de sol e que me mantém aquecida.

Por fim, não é que eu não me lembre – com ternura ou nem tanto – de vocês que estão ausentes destas páginas. Mas este é um livro muito pequeno, e a história da minha vida é muito longa, e isso é tudo o que consigo dizer por enquanto.

Conheça o próximo
lançamento da autora

MIL DIAS NA TOSCANA

No vilarejo de San Casciano dei Bagni, deliciosas refeições compartilhadas fazem surgir grandes amizades. É nele que Marlena de Blasi e Fernando, seu marido veneziano, começam a descobrir os ingredientes de uma vida bem vivida. O casal deixou Veneza – com mais disposição do que recursos – para viver entre duzentos aldeões, antigos bosques de oliveiras e fontes termais nesse lugar onde a Toscana, a Úmbria e o Lácio se encontram.

Marlena e Fernando se mudam para um antigo estábulo reformado, sem telefone, sem aquecimento central e com uma cozinha minúscula. Logo se tornam amigos de Barlozzo, o incomum líder do lugar. Suas histórias sobre o folclore local farão Marlena e Fernando – assim como os leitores – mergulharem mais fundo na alma da Toscana.

Com Barlozzo como guia, eles visitam incríveis festivais e provam um saboroso pão torrado com um fio de azeite recém-prensado, além de flores de abobrinha fritas e borrifadas com água e sal. Conhecem osterias rústicas onde o jantar é qualquer coisa que tenha sido capturada ou colhida no mesmo dia. Nós os acompanhamos enquanto eles apanham castanhas, colhem uvas e sobem em árvores no frio de dezembro para pegar as azeitonas uma a uma.

Barlozzo compartilha seu conhecimento sobre tudo, desde antigas poções para curar doenças até as tradições das famílias da Toscana. Mas ele também guarda seus segredos, e um deles tem a ver com uma beldade chamada Floriana.

Repleto de rituais diários da vida no vilarejo – e de deliciosas receitas de Marlena de Blasi –, *Mil dias na Toscana* é uma história sobre refeições compartilhadas e paixões delicadas num dos lugares mais bonitos da Itália.

Conheça outros títulos
da Editora Sextante

ESCOLA DOS SABORES
Erica Bauermeister

Todos os meses, na primeira segunda-feira à noite, a cozinha do restaurante de Lillian se transforma na Escola dos Sabores. Ali, um grupo de oito alunos se reúne para aprender deliciosas receitas. Ou pelo menos é isso que esperam que aconteça.

Ainda criança, Lillian descobriu sua paixão pela culinária e o poder que a comida tem de transformar e curar a vida das pessoas. Por isso, sempre que inicia uma nova turma, ela observa os alunos atentamente, em busca de sua verdadeira motivação para estar ali.

A cada aula, ela lhes apresenta um novo desafio: nada de receitas tradicionais, com quantidades definidas e descrição do modo de preparo. Em vez disso, coloca diante deles apenas alguns ingredientes essenciais e os convida a fechar os olhos e se deixarem levar pelos sentidos.

Cada tempero, aroma e textura exerce um efeito mágico diferente sobre os alunos. Com o correr dos meses, eles têm a oportunidade de olhar para dentro de si mesmos e de conhecer uns aos outros. Ao fim do curso, terão descoberto muito mais do que os segredos da cozinha: paixões, vocações e amizades.

Escola dos sabores é uma história comovente sobre o que de fato importa na vida. Você vai saborear cada capítulo e, depois de ler esse livro, nunca mais fará uma refeição como antes.

COMO FALAR COM UM VIÚVO
Jonathan Tropper

Desde que sua esposa, Hailey, morreu há um ano, Doug Parker só pensa em se afogar em autopiedade e Jack Daniel's. Não tirou nada do lugar em que ela deixou: o sutiã continua pendurado na maçaneta da porta, o livro, sobre a mesinha de cabeceira. Nada mais tem graça e até os coelhos que insistem em aparecer no gramado de sua casa no subúrbio de classe média alta de New Radford o tiram do sério.

Mas Doug tem outras coisas com que se preocupar. Seu pai sofreu um AVC e não se lembra de quase nada. Sua mãe, uma ex-atriz de teatro, continua agindo como se ainda vivesse seus dias de fama. Sua irmã caçula e certinha, Debbie, conheceu o noivo durante o velório de Hailey, e Doug não consegue perdoá-la por isso. Seu enteado de 16 anos, que já foi um rapaz tranquilo, agora vive arrumando encrencas cada vez mais sérias.

E tudo se torna ainda mais confuso para Doug quando Claire, sua divertida e mandona irmã gêmea, grávida e prestes a se divorciar do marido, se muda para sua casa, disposta a arrancá-lo do estupor do luto e trazê-lo de volta à vida – e isso inclui começar a sair com outras mulheres.

Doug é jovem, charmoso e triste, ou seja, tem a química perfeita para protagonizar os mais inusitados encontros românticos. Em pouco tempo sua vida vira do avesso e lhe escapa totalmente ao controle, gerando uma hilária série de equívocos sexuais e episódios familiares tragicômicos.

O SÍMBOLO PERDIDO
Dan Brown

Em *O símbolo perdido*, o célebre professor de Harvard é convidado às pressas por seu amigo e mentor Peter Solomon – eminente maçom e filantropo – a dar uma palestra no Capitólio dos Estados Unidos. Ao chegar lá, descobre que caiu numa armadilha. Não há palestra nenhuma, Solomon está desaparecido e, ao que tudo indica, correndo grande perigo.

Mal'akh, o sequestrador, acredita que os fundadores de Washington, a maioria deles mestres maçons, esconderam na cidade um tesouro capaz de dar poderes sobre-humanos a quem o encontrasse. E está convencido de que Langdon é a única pessoa que pode localizá-lo.

Vendo que essa é sua única chance de salvar Solomon, o simbologista se lança numa corrida alucinada pelos principais pontos da capital americana: o Capitólio, a Biblioteca do Congresso, a Catedral Nacional e o Centro de Apoio dos Museus Smithsonian.

Neste labirinto de verdades ocultas, códigos maçônicos e símbolos escondidos, Langdon conta com a ajuda de Katherine, irmã de Peter e renomada cientista que investiga o poder que a mente humana tem de influenciar o mundo físico.

DESAPARECIDO PARA SEMPRE
Harlan Coben

No leito de morte, a mãe de Will Klein lhe faz uma revelação: seu irmão mais velho, Ken, desaparecido há 11 anos e acusado do assassinato de sua vizinha Julie Miller, estaria vivo. Embora a polícia o considere um fugitivo, a família sempre acreditou em sua inocência. Ainda aturdido por essa descoberta e tentando entender o que realmente aconteceu com seu irmão, Will se depara com outro mistério: Sheila, seu grande amor, some de repente, e o FBI suspeita do envolvimento dela no assassinato de dois homens. Apesar de estarem juntos há quase um ano, Sheila nunca revelou muito sobre o seu passado.

Enquanto isso, Philip McGuane e John Asselta, dois criminosos que foram amigos de infância de Ken, passam inexplicavelmente a rondar a vida de Will.

Para descobrir a verdade por trás desses acontecimentos, ele conta apenas com a ajuda de Squares – seu colega de trabalho em uma fundação de assistência a jovens carentes e proprietário de uma escola de ioga famosa entre as celebridades, o que lhe garante acesso a todo tipo de pessoas e de informações.

Mestre do thriller de ação, Harlan Coben se supera nesta eletrizante história cheia de incríveis reviravoltas. Um suspense que mostra a busca pelo assassino, pela vítima e, acima de tudo, pela verdade.

Conheça os 50 Clássicos
da Editora Sextante

ESPIRITUALIDADE/INSPIRAÇÃO
A cabana, de William P. Young
Muitas vidas, muitos mestres, de Brian Weiss
Jesus, o maior psicólogo que já existiu, de Mark W. Baker
Conversando com os espíritos, de James Van Praagh
A última grande lição, de Mitch Albom
O Mestre dos Mestres, de Augusto Cury
O Poder do Agora, de Eckhart Tolle

NEGÓCIOS
O monge e o executivo, de James C. Hunter
Como se tornar um líder servidor, de James C. Hunter
Jesus, o maior líder que já existiu, de Laurie Beth Jones
O ócio criativo, de Domenico De Masi
Faça o que tem de ser feito, de Bob Nelson
A hora da verdade, de Jan Carlzon
Transformando suor em ouro, de Bernardinho

FICÇÃO
O Código Da Vinci, de Dan Brown
Ponto de Impacto, de Dan Brown
Anjos e Demônios, de Dan Brown
Fortaleza Digital, de Dan Brown
As cinco pessoas que você encontra no céu, de Mitch Albom
O guardião de memórias, de Kim Edwards
A conspiração franciscana, de John Sack

LIVROS DE BOLSO
Dez leis para ser feliz, de Augusto Cury
Seja líder de si mesmo, de Augusto Cury
Você é insubstituível, de Augusto Cury
Palavras de sabedoria, de Sua Santidade, o Dalai-Lama
A vida é bela, de Dominique Glocheux

Filtro solar, de Mary Schmich
Posso conseguir o que desejo, de Iyanla Vanzant
Quem acredita sempre alcança, de Peter McWilliams

AUTOAJUDA
Por que os homens fazem sexo e as mulheres fazem amor?, de Allan
    e Barbara Pease
Desvendando os segredos da linguagem corporal, de Allan e Barbara Pease
Por que os homens mentem e as mulheres choram?, de Allan e Barbara Pease
Nunca desista de seus sonhos, de Augusto Cury
Pais brilhantes, professores fascinantes, de Augusto Cury
Não leve a vida tão a sério, de Hugh Prather
Mantenha o seu cérebro vivo, de Laurence Katz e Manning Rubin
A Boa Sorte, de Álex Rovira Celma e Fernando Trías de Bes
Enquanto o amor não vem, de Iyanla Vanzant
O poder da paciência, de M. J. Ryan
Os segredos da mente milionária, de Harv T. Ecker

COLEÇÃO VOCÊ S.A.
Aprendendo a lidar com pessoas difíceis, de Rick Brinkman
    e Rick Kirschner
Como administrar seu tempo, de Marc Mancini
Como motivar sua equipe, de Anne Bruce

COLEÇÃO AUTOESTIMA
O poder das afirmações positivas, de Louise Hay
Histórias para aquecer o coração, de Jack Canfield e Mark Victor Hansen
Lições sobre amar e viver, de Morrie Schwartz

REFERÊNCIA
1001 filmes para ver antes de morrer, de Steven Jay Schneider
1001 discos para ouvir antes de morrer, de Robert Dimery
1001 vinhos para beber antes de morrer, de Neil Beckett
1.000 lugares para conhecer antes de morrer, de Patricia Schultz

Informações sobre os próximos lançamentos

Para receber informações sobre os lançamentos da
EDITORA SEXTANTE, basta enviar um e-mail para
atendimento@esextante.com.br
ou cadastrar-se diretamente no site
www.sextante.com.br

Para saber mais sobre nossos títulos e autores, e enviar
seus comentários sobre este livro, visite o nosso site:
www.sextante.com.br

EDITORA SEXTANTE
Rua Voluntários da Pátria, 45 / 1.404 – Botafogo
Rio de Janeiro – RJ – 22270-000 – Brasil
Telefone: (21) 2538-4100 – Fax: (21) 2286-9244
E-mail: atendimento@esextante.com.br